인도인의 논리학

문답법에서 귀납법으로

인도인의 논리학

문답법에서 귀납법으로

카츠라 쇼류 지음 | 권서용 외 옮김

산지니

이 책은 인도인들의 사고방식의 근간(根幹)을 역사적으로 거슬러 올라가 고찰해보고자 하는 것이다. 인도 하면 2차 세계대전 직후에 유년기를 보낸 우리 세대 가운데는 네루 수상을 떠올리는 사람도 적지 않을 것이다. 네루 수상이 세계대전 중에 죽은 코끼리를 다시 한번 보고 싶어하는 일본 어린이들의 소원에 대한 답으로 우에노동물원에 새끼 코끼리를 보내주었기 때문이다. 새끼 코끼리의 이름이 네루 수상의 딸 이름과 같은 '인디라' 였기 때문에 우리는 자연히 네루 일가에 친밀감을 느끼게 되었다.

영국에 의한 오랜 식민지 지배에서 해방된 인도가 파키스탄과 분리하여 독립하는 과정에 겪었던 참담한 비극은 일본 어린이들에게 알려질 리가 없었다. 네루는 동서냉전의 틈바구니 속에서 유고슬라비아의 티토, 인도네시아의 수카르노 등과 함께 '제3세계' 의 지도자로 눈부신 활약을 하였다.

연합군에 의한 점령 상태에서 샌프란시스코 강화조약을 거쳐 서서히 국제사회에 복귀한 패전국 일본과 비교해볼 때 신흥독립국 인도는 눈부신 활약을 보였다. 파키스탄과 치른 전쟁, 중국과 벌인 국경 분쟁을 거쳐서 소련과 밀접한 관계를 맺은 후에도 미국으로부터 경제 원조를 이끌어낸 네루의 탁월한 외교수완은 우리로서는 흉내 낼 수 없는 것이었다.

한국전쟁 이후에도 베트남전쟁과 같은 아시아 이웃 여러 나라들의 불행을 교묘하게 이용하여 일본은 1960년대, 바로 우리가 대학생이 된 시기에 경제적으로 '기적의 부활'을 성취하였다. 한편 인도에서는 1966년 네루의 딸 인디라 간디가 아버지의 업적을 계승하여 새로운 인도 지도자로 떠올랐다. 그 뒤로 암살되기까지 18년간, 도중 총선거에서 패하여 일시적으로 정권의 권좌에서 물러난 적도 있었지만, 인디라는 차남 산자이의 악명 높은 산아제한정책으로 대표되는 근대 합리주의와 강력한 민족주의에 의해서 강권으로 인도를 근대국가로 이끌었다. 인디라의 업적을 계승하여 수상의 자리에 오른 장남 라지브도 1991년 어머니와 같은 운명을 걷는다. 결국 독립 후 인도 정치를 지배했던 '네루왕조'는 막을 내리게 되었다. 지금은 독립운동을 지도한 국민회의파에서 힌두교 지상주의를 내세우는 인민당 연합정권으로 인도 정부의 조류 또한 크게 변한 것 같다. 네루=간디의 근대주의를 더 이상 인도인들은 받아들이지 않았던 것이다.

그러나 공산당에 의한 일당 지배가 계속되는 중국과는 달리 수억의 유권자들이 투표를 하여 정권을 교체하는 인도는, 닉슨시대의 국무장관 키신저가 지적한 것처럼 의회민주주의의 가능 여부를 확인하기 위한 장대한 실험실이다. 이것은 그나마 영국의 식민통치가 남긴 긍정적인 유산 가운데 하나일 것이다. 그와 더불어 또 하나의 유산이 있다면 바로 영어이다. 독립 후 수준이 현저하게 떨어졌다고 한탄하

6

기도 하지만 인도 지식인층의 영어사용능력은 우리에 비할 바가 아니다. 그리고 그것이 지금은 컴퓨터 소프트웨어 개발의 강력한 무기가 되고 있다. 인디라 간디가 이끌었던 위로부터의 근대화가 좌절되었음에도 불구하고 인도 사회는 서서히, 게다가 확실하게 아래로부터의 근대화를 완수해가고 있는 중이다.

1980년 여름, 1년간 영국유학을 마치고 돌아오는 길에 3주가량 인도에 들른 적이 있다. 인디라가 후계자로 무척이나 사랑했던 산자이가 불의의 비행기 사고로 사망한 직후였다. 뉴델리에서 아메다바드로 향하는 열차를 타게 되었는데, 당시로서는 아직 진기한 냉방 일등차 안에서 네이폴(V. S. Naipaul)이 쓴 『인도, 상처 받은 문명』(1977)을 읽고 있었다. 그런데 옆자리에 앉아 있던 중년의 인도 신사가 요즘 젊은 일본인들은 주머니 사정이 넉넉한 것 같다는 표정으로 한소리 하는 것이었다. "네이폴이 쓴 인도는 정확하지가 않지요." 트리니다드 태생의 인도계 식민지 3세이며 영국에서 활약한 작가 네이폴은 당시 인도의 현상에 대해 비판적이었고, 심지어는 비관적이기까지 했다. 그러나 네이폴도 최근의 저작 『인도, 새로운 얼굴』에서는 현재 인도에서 다양하게 벌어지고 있는 아래로부터의 변화를 호의적으로 보고 있는 것 같다.

입장을 바꾸어 우리가 인도를 바라보는 시각을 반성해본다. '석가모니의 고국'이라는 전통적인 사고방식에서 전쟁 후에는 '제3세계의 리더'라고 즉각 경의를 표하는 형태로 변했다면, 우리가 고도경제성장을 이룬 후에는 '가난한 나라'라고 한 수 아래로 보는 듯한 이미지가 고정되어버린 것 같다. 그것은 네이폴이 말한 바와 같이, 인도 정치가들이 빈곤을 '성화(聖化)'하여 외국 원조 획득을 위한 캐치프

레이즈로 삼았던 탓도 있지만, 무엇보다도 우리의 시선이 선진자본주의 시민의 눈이 되어버렸기 때문일 것이다. 1960년대 후반에 도입해 비약적인 농작물 증산을 가져왔던 그린혁명은 인도의 식량사정을 완전히 변화시켰다. 또한 최근의 소프트웨어산업을 비롯한 산업구조의 변화는 극단적인 빈부 대립을 완화하는 새로운 중산층 계급의 출현을 재촉했다. 가난한 나라 인도라는 우리의 환상도 어차피 수정하지 않으면 안 될 것이다.

한편, 인도에 무전여행을 간 일본 젊은이들은 인도인의 친절을 접하고서 감동하는 것도 사실이다. 아마도 전후 일본사회에는 없어져버린 몇 가지 중요한 사회규범이 아직 인도에는 엄연히 존재하기 때문일 것이다. 그중 하나가 모르는 사람에게도 친절하게 대하는 것이다. 우리는 타인을 의심하는 데 익숙해져버렸다. 그리스도교 신자로 잘 알려진 엔도 슈사쿠(遠藤周作) 씨가 마지막 장편 『깊은 강(deep river)』의 무대를 인도, 더욱이 그 성스러운 강 갠지스로 한 것은 대단히 인상적이었다. 산 자들은 목욕하고 죽은 자들은 떠다니는 갠지스 강과 같이 인도는 서로 양립할 수 없는 종교조차도 한꺼번에 삼켜버릴 정도로 생각이 깊은 나라라고 작가는 바라본 것 같다. 엔도 씨뿐만 아니라 많은 사람들이 무언가 정신적인 구원을 얻기 위해 인도로 여행하는 것 같다. 확실히 인도에는 다른 데서 볼 수 없는 다양한 수행법이나 명상법이 실천되고 있고, 진위 여하는 논외로 치더라도 저명한 초능력자나 종교지도자가 대거 활약하고 있다. 그러나 모든 '마음의 문제'가 인도에 가면 해결된다고 생각하는 것 또한 잘못된 환상이다.

인도의 종교와 사상이라고 하면, 불교는 별도로 치고, 요가와 우파니샤드의 신비사상이 잘 알려져 있다. 그러나 인도인의 사고방법을 생각할 때 무시해서는 안 되는 것이 발달한 논리학 전통이다. 거기에는 신비주의와는 선을 긋는 합리적인 사변이 보인다. 이 책은 인도에서 어떠한 논리적 사고가 어떻게 발전해왔는가를 밝히고자 하는 것이다. 필자는 인도인의 사고방법의 기본이 관찰에서 법칙을 도출하는 귀납법에 있고, 거기에 그리스의 아리스토텔레스가 창조한 연역법적 논리학과 차이가 있다고 생각한다. 상세하게 기술할 수는 없었지만 인도인의 귀납법적 사고의 연원은 인도 문법학의 전통, 더 거슬러 올라가서 붓다가 설한 '연기(緣起)'의 가르침에 있는 것은 아닌가 생각한다. 그런 의미에서 논리학 역사에 흥미가 있는 전문가뿐만 아니라 인도나 불교에 관심을 갖는 일반 독자들이 이 책을 읽어준다면 행운이라고 생각한다. 또한 이전에 중앙공론사에서 간행된 '세계의 명저' 시리즈 제1권 『바라문교전 · 원시불전』, 제2권 『대승불전』과 그 뒤 간행된 '대승불전' 시리즈 『용수논집(龍樹論集)』 가운데 인도 논리학을 다룬 부분에 대한 일종의 해설의 역할을 담당할 수 있지 않을까 하고 은근히 기대해본다.

머리말 5

제1장 인도에 철학은 있는가?

인도의 '철학' 19 | 안빅시키(철학) 20 | 안빅시키(논리적 탐구) 22 | 철학의
세 가지 전통 23 | 그리스의 철학–변론술 · 문답법 · 논증법 26 | 중국의 철
학 27 | 인도의 철학 29

제2장 인도논리학의 구조

인도철학으로 가는 여정–신화에서 철학으로 38 | 새로운 신화–업보 · 윤
회 40 | 철학체계의 형성 42 | 인식론 · 존재론 · 우주론 · 해탈론 43 | 니야
야학파 44 | (1)인식론 45 | 지각 45 | 3종의 추리 46 | 『차라카상히타』 47 |
밧쯔야야나 48 | 추리를 정당화하는 관계 50 | 그 밖의 지식수단 53 | (2)존
재론 56 | 바이세시카학파의 6범주 58 | 보편과 특수 59 | 내속 60 | 실체
61 | 속성과 운동 62 | 제7의 범주 64 | (3)인과론 그리고 우주론 65 | (4)해
탈론 67 | (5)논리학 70 | 의심과 동기 72 | 실례와 정설 73 | 음미와 확정 76
| 인도논리학의 영역 78 | 인도에서 논리학의 지위 82

제3장 인도에서 토론의 전통

우파니샤드의 신학적 대화 89 | 제1의 문답 92 | 제2의 문답 93 | 문답의 계속 95 | 최후의 문답 97 | 왕과의 토론–『미린다 왕의 물음』 100 | 토론의 마음가짐–『차라카상히타』 102 | 토론의 의미 102 | 우호적인 토론 규칙 103 | 적대적인 토론에 들어가기 전에 주의할 점 104 | 적대적인 청중 앞에서는 논쟁하지 말라 105 | 어리석은 청중 앞에서는 열등한 상대를 논파하고, 우등한 상대와는 논쟁하지 말라 106 | 현명한 청중 앞에서 107 | 논쟁에 있어서도 도리는 지켜야 한다 110 | 청중을 자기편으로 만들어라 111 | 문답을 위한 항목들 111 | 학술서의 방법(탄트라유크티) 112 | 주장과 반대주장 117 | 패배의 입장 118 | 궤변 128 | 토론 131 | 잘못된 논란 136 | 말바니야 선생 138

제4장 귀류법–나가르주나의 반논리학

나가르주나 144 | 프라판차–언어본능? 146 | 불교의 두 개의 전통–돈오와 점오 148 | 아비다르마 149 | 범주론적 실재론 비판 152 | 『바이다리야론』 155 | 상호의존의 오류 157 | 귀류법 159 | 논힐과 궤변 160 | 2종의 부정 161 | 사구분별 163 | 파괴적 트리렘마 166 | 저울[秤]의 비유 168 | 등불[灯]의 비유 170 | 삼시불성(三時不成)의 논리 174 | 4종의 인식 방법 178 | 『니야야수트라』 제2편 제1장–'삼시불성의 논리' 비판 181 | '저울의 비유'와 '등불의 비유' 184 | 『니야야수트라』 제5편 제1장–잘못된 논란 187 | 『중론송』 제1장 제1게송 190 | 『중론송』 제25장 194 | 잔여법 혹은 소거법 198 | 『중론송』 제2장 202 | 나가르주나의 반논리학 206 | 다시 미시간으로 207

제5장 인도인의 사유방법-귀납법

유클리드와 파니니 214 ǀ 파니니문법학 216 ǀ 수반과 배제-귀납법의 원리 218 ǀ 바수반두 222 ǀ 인도논리학의 논증형식-5지논증 223 ǀ 논증의 과정-유추 229 ǀ 논증의 오류-『니야야수트라』의 의사적 이유 230 ǀ '논증인의 3 상설'-잘못된 이유의 반성에서 바른 이유의 발견으로 238 ǀ 유비추리에서 귀납추리로 242 ǀ 귀납영역의 분석 243 ǀ 디그나가-변충관계 248 ǀ 9구인설 252 ǀ 3종의 의사적 이유 256 ǀ 바른 이유 258 ǀ 디그나가의 논증식-3지논증 258 ǀ 웃또타카라의 16구인 261 ǀ 순수부정인 266 ǀ 헴펠의 까마귀 269 ǀ 귀납법의 문제 271 ǀ 디그나가-아포하 이론 274 ǀ 수반과 배제-언어의 표시 기능 276 ǀ 열린 논리학 279 ǀ 다르마끼르띠-변충관계의 근거 282 ǀ 다르마끼르띠의 아포하 이론 285 ǀ 본질적 결합관계-열린 논리학에서 불교논리학으로 288 ǀ 다르마끼르띠의 논증식 290 ǀ 타심의 존재논증 294 ǀ 다르마끼르띠 이후의 인도논리학 296 ǀ 인도인의 사유방법-귀납법 297 ǀ 다시 버클리에서 툴민을 만나다 302 ǀ 끝으로 끽연의 옳고 그름을 추리하다 306

글을 마치면서 309

참고문헌 314

역자후기 321

찾아보기 324

제 1 장

인도에 철학은 있는가

빌 게이츠가 애플컴퓨터 회사에 1억 5천만 달러 출자를 결정한 것을 보도한 아사이신문(1997년 8월 8일)의 '하늘의 소리 사람의 말'에 다음과 같은 기사가 있었다.

퍼스컴(개인용 컴퓨터)의 원조는 애플이다. 1976년, 캘리포니아의 젊은이들이 자기 집 주차장에서 만든 것이 제1호이다. 창업자 중한 사람은 '인도철학'에 몰두하고 있던 원조 히피이다.

'인도철학'에 인용부호를 붙인 것이 특징적이다. 인도철학이라고 하면 서양철학이나 중국철학과는 달리 그다지 보통 사람들은 흥미를 보이지 않지만 퍼스컴 등을 만든 약간은 별난 사람들이 빠지는, 왠지 심오하고 대단히 불가사의한, 세속을 초월한 세계라는 것이 20세기 말 일본 지식인의 상식이다.

인도철학에 대한 몰이해는 일본에 국한하지 않는다. 꽤 이전의 일이지만 교토대학에서 불교학 석사과정을 마친 뒤 1968년 가을부터 캐나다의 토론토대학에서 티베트어를 가르치면서 대학원에서 인도철학을 공부하는 생활을 6년간 한 적이 있다. 재정이 궁핍한 지금의 캐나다 정부에서는 생각도 할 수 없는 일이지만 그때는 영어도 제대로 구사하지 못하는 유학생에게 매달 장학금을 지불하여 공부할 수 있게 해주었다. 당시는 미국 1달러=360엔의 고정 환율이었는데, 캐나다 달러는 미국 달러와 거의 같은 가치였으며 때로는 미국 달러를 상회한 적도 있었다. 좋은 시절이었다.

그러나 국경 이남은 달랐다. 베트남전쟁의 수렁에서 빠져나올 수 없었던 미국에서는 '징병기피자(draft dodger)'라 불리는 양심적 병역거부 젊은이들이 대거 캐나다로 도망쳐 와 있었다. 캐나다 정부는 그들을 돌려보내지 않고 오히려 관대하게 받아들였던 걸로 기억한다. 내 주변의 토론토대학 학생이나 대학원생 중에도 상당히 많은 징병기피자가 있었다. 그 가운데는 나중에 북미를 대표하는 불교학자가 된 사람도 있지만 당시는 미국에서 캐나다로 일종의 두뇌 '역' 수출 시기였던 것이다. 통상은 물론 지금 한창 이름을 날리는 MIT(매사추세츠공과대학)의 인지과학자 핑커(S. Pinker, 1954~)와 같이 인재는 흔히 북에서 남으로 이동하는 경향이 있다.

히피의 시대였다. 젊은이들은 남녀를 불문하고 길게 머리를 기르고, 몇 명 혹은 몇 십 명씩 모여 집 한 채를 빌려서 '코뮌'이라고 하는 공동생활을 했다. 인종·민족·성을 불문하고 오는 사람 막지 않고 가는 사람 잡지만 않는다면 이상적인 공동체로 들리겠지만 실태는 다양했을 것이다. 마지막에 출연자 전원이 나체로 출연하여 센세이션을 불러일으켰던 뮤지컬 '헤어(Hair)'는 그러한 코뮌의 단면을 전한 것으로, 체제 측에 서 있는 어른들은 흥미진진한 볼거리로밖에 여기지 않았다.

록과 마약의 시대였다. 호감이 가는 비틀즈와 그다지 호감이 가지 않는 롤링 스톤즈가 인기를 양분하고 음악 이외에도 젊은이들에게 깊은 영향을 주었다. 1969년 8월, 4일 동안 열린 '우드스턱음악예술축제(Woodstock Art and Music Fair)'에는 젊은이들이 30만 명이나 모여들었다. 같은 달 10일, 로스앤젤레스 교외 자택에서 로만 폴란스키 감독의 아내이자 여배우 샤론 테이트가 찰스 맨슨(Charles Manson, 1934~)을 숭배하는 히피 일당에게 무참하게 살해되었다. 피 묻은 거실 벽에는 비틀즈의 노래 '헬터 스켈터(Helter Skelter)'의 가사가 춤추고 있었다고 한다. 우드스턱이 히피와 록의 밀월시대의 클라이맥스였다고 한다면 샤론 테이트 사건은 양자의 음울한 관계를 상징하는 것이었다. 마리화나에서 LSD(환각제)까지 마약은 도처에 있었다. 어느 시대나 젊은이들은 기성사회의 규칙 깨기에 매력을 느끼는 걸까? 젊은이들만이 아니다. 지난해 방문한 미국의 고명한 인도철학자는 캘리포니아의 자택 거실에서 마리화나 나무를 화분에 심어 기르고 있었다. 마약에 관한 한 노선생은 아직도 60년대 꿈속에 살고 있는 듯했다.

당시 미국 대학에서는 처음으로 위스콘신대학에 '불교학과'를 창설한 로빈슨(R. Robinson, 1926~1970)이 많은 학생들 앞에서 '불교란 무엇인가'라는 질문에 대한 답으로 '섹스·마약·평안·명상'이라고 외쳐 모든 사람들에게 박수갈채를 받았다. 스즈키 다이세츠(鈴木大拙, 1870~1966)가 씨를 뿌린 불교에 대한 북미의 관심은 학자와 일부 호사가의 범위를 넘어서 극적으로 확대되었다. 그 대상도 선(禪)

에 한정되지 않고 정토교(淨土敎)에서 일련정종(日蓮正宗)에 이르기까지 일본 불교, 한국과 대만 불교, 타이와 미얀마 상좌불교(上座佛敎), 그리고 티베트 밀교 등으로 다양화되는 시대의 시작이었다. 거리에는 삭발을 하고 이상한 모습을 한 남녀가 '하레 크리슈나'라고 힌두교 성자를 칭송하는 노래를 부르며 춤을 추고 줄지어 천천히 걸어가고 있었다.

1971년부터 1972년에 걸쳐서 방글라데시가 파키스탄으로부터 분리·독립하였고 그 와중에 많은 난민이 발생하였다. 조지 해리슨이 난민구호를 호소하며 콘서트를 열었는데, 그때 많은 청중들의 마음을 짧은 순간 '정적'인 세계로 이끈 것은 해리슨의 소개로 등장한 라비 샹카르(Ravi Shankar, 1920~)의 시타르 연주였다. 록 콘서트에 인도 음악 연주자가 초대되는 것 자체가 서구사회의 물질문명에 비판적인 히피들의 '신비의 나라 인도'에 대한 무한한 동경을 상징하는 듯했다. 신비체험을 갈구하며 인도로 갔던 비틀즈를 본떠 많은 젊은이와 히피들이 인도를 향해 떠났다. 그중에는 인도에 망명 중인 달라이 라마가 머무는 다람살라로 가서 티베트 불교에 흥미를 느끼고 결국에는 유럽대학에서 교편을 잡아 일류 불교학자가 된 캐나다인 히피도 있었다. 당시 인도철학은 북미에서 상당히 유행을 타고 있었다.

3년간 유학하면서 나는 매시 칼리지(Massey College)라는 남자기숙사에 살았는데 대학원생을 위한 이 기숙사는 영국의 옥스브릿지 기숙사를 본떠 만든 것이었다. 마스터는 로빈슨 데이비스라는 문학자로 흰 턱수염이 인상적인 사내였다. 이 칼리지 학생의 절반 정도는 전 세계에서 모여든 유학생이었다. 나이지리아에서 온 철학자 모제스, '프라하의 봄' 후에 동란을 피해 왔던 지질학자 조지, 칠레에서 학생운동을 한 생화학자 하이메, 잠비아 태생의 정치학자 이안, 아일랜드 출신의 윤리학자 마이켈 등 뛰어난 인재가 많았다. 기숙사에 들어간 지 얼마 되지 않아 같은 층에 사는 캐나다 의대생이 나한테 무얼 공부하는지 물어왔다. 물론 '인디언 필로소피(Indian Philosophy)'라 대답했다. "뭐라고요, 인디언에게도 철학이 있습니까?" 이것이 최초의 반응이었다. 그날 이후 미덥지 못한 내 영어실력이지만 이 나라에서라면 해나갈 수 있을 것 같은 자신감이 가슴속에서 무럭무럭 피어 올라왔다. 캐나다는 너무나 좋은 나라였다. 무슨 일이든 느긋한 캐나다인을 아직도 나는 좋아한다.

인도의 '철학'

그런데 정말 인도에는 '철학'이 있는 걸까? 중세철학 전공 동료가 "유럽 이외에 철학이 있는 곳이 있습니까?"라는 어이없는 말을 하기에 "철학을 어떻게 정의하는가에 따라 다르다"고 대답한 기억이 있지만, 도대체 인도에 '철학(Philosophy)'에 해당하는 말이 있는 걸까?

덧붙여서 1884년에 푸네에서 출판된 『영범사전』에서 '필로소피' 항목을 찾아보니 '다르샤나(darśana)'라고 한다. '다르샤나'는 '본다'라는 의미의 동사어간에서 파생한 동명사이다. 보는 것·직관·통찰·지견·견해 등을 의미하고, 인도의 '육파철학(saddarśana)' 등이라는 용례에서는 일종의 '철학체계'를 의미한다. 그러나 '다르샤나'에는 '지혜를 사랑하다'라는 그리스어 '필로소피아'의 본래 의미는 없다.

안빅시키(철학)

'애지(愛智)'에 가까운 의미의 산스크리트어로 한때 주목을 받았던 말이 '안빅시키(ānvīkṣ ikī)'이다. '안빅시키'는 '추구하다'라는 의미의 동사어근으로부터 파생한 동명사 '안빅샤(anvīkṣā, 추구)'에서 2차로 파생한 언어이며, '추구를 목적으로 하는 것'을 의미한다. 간편한 『영범사전』에는 논리학·형이상학·철학 등의 의미가 부여되어 있다.

마우리야왕조의 창시자, 찬드라굽타(재위 기원전 317~기원전 293년경)의 명재상으로 알려진 카우틸리야(Kautilya, 기원전 300년경에 활동한 인도의 정치가·철학자)의 저술이라고 추측되는 고대인도의 제왕학 『실리론(實利論)』(artha-śāstra)은 그 서두에 당시의 학문을 열거하면서 다음과 같이 말하고 있다.

> 학문은 철학과 베다학과 경제학과 정치학이다. (중략) 상키야와 요가와 순세파(順世派, 로카야타, 유물론)이다. 철학은 베다학에 있어서 법[善]과 비법[惡]을, 경제학에 있어서 실리와 실리에 반하는 것을, 정치학에 있어서 바른 정책과 바르지 않은 정책을, 그리고 그것들[三學問]의 강함과 약함을 논리(hetu)로 추구하면서 세간 사람들을 이롭게 하는 것이다. 그리고 그것은 재화와 번영을 추구함에 있어서 (사람들의) 판단력을 확립하고, 지혜와 말과 행동에 통달하게 한다. 철학은 항상 일체학문의 등불이며, 일체행동의 수단이며, 일체법이 근거하는 바이다.〔上村勝彦 역 『實利論』, 암파문고(상), 1984, 27~28쪽〕

여기서 '철학'으로 번역된 원어는 '안빅시키'이다. '안빅시키'는 다른 3가지 학문과 같은 차원으로 다루어서는 안 된다. 3가지 학문 고유의 도달 목표와 그 상호간의 우열관계를 '논리적으로 추구하는 학문', 개개의 학문으로부터 독립해 있고, 게다가 어떤 학문에도 적용 가능한 일종의 '메타이론'으로 이해된다. 따라서 '철학'이라는 이름 아래 열거된 상키야·요가·로카야타는 후에 등장한 같은 이름의 각 철학 학파와 전혀 관계가 없는 것은 아니지만 그것들을 직접 지시한다고 할 수는 없다.

　'상키야(Sāṃkhya)'는 아마도 불교와 자이나(Jaina)교 등 출가주의 사문교단의 등장에 자극을 받아 전통적 바라문 사상의 내부에 일어났던, 베다의 제식주의나 우파니샤드의 주지주의에 비판적인 합리적 '사색'을 의미했을 것이다. 후에는 고전 상키야학파로 발전해갔을 것이다.

　'요가(Yoga)'는 후에 정착하는 '명상(瞑想)'이나 '실수(實修)'라는 의미가 아니라, 여기서는 같은 어근(yuj)에서 파생된 '육티(yukti)'와 같이, 논리·논증을 의미했다고 생각된다. 후에 바이세시카학파나 니야야(정리)학파로 발전해갔던 실증적 경향의 선구일 것이다. 덧붙여서 기원후 5세기경에 활약했던 인도 논리학자 밧쯔야야나(Vātsyāyana, 별명 박그시라스바민, 『카마수트라』의 작자와는 다른 사람)는 바이세시카학파를 '요가파'로 부르고 있다.(『니야야수트라』1장 1절 29주해)

　'로카야타(Lokāyata)'도 여기서는 전통적 바라문 사상에 정면으로 대립하고, 유물론을 신봉한 순세파 그것이 아니라, 승리를 위해서는 궤변(詭辯)이나 논힐(論詰) 구사도 불사하는 '논쟁술'을 의미한다. 논쟁에 있어서 자신의 주장을 증명하기보다 오히려 대론(對論)상대의 비판에 전념하는 극단적 자세는 8세기 말에서 9세기 초에 걸쳐 활약했던 순세파 학자 자야라시에게서 농후하게 보이는 것이다.

안빅시키(논리적 탐구)

이와 같이 '안빅시키'는 일종의 '논리적 탐구(logical investi gation)'를 의미하고 있었다고 말할 수 있다. 야코비(F. H. Jocobi, 1743~1819)는 『실리론』의 이 말이 서양 전통에 있어서는 '신학'에서 독립한 비판적 '철학'에 상당한다고 생각했지만, 『실리론』 이후에 쓰이고 있는 이 말의 용례를 상세하게 조사한 학카나 하르브핫스는 '안빅시키'라는 말이 인도에서 서양의 철학과 같은 의미로 사용되어 똑같은 역할을 담당해왔다고는 생각하기 어렵다는 결론에 도달하고 있다. "인도 문화의 특징은 철학이라는 개념은 알고 있어도 그 개념을 충분히, 더구나 전일적으로 나타내는 말은 몰랐다는 점에 있다"라고 학카는 말한다.

인도에 '철학'에 해당하는 말이 없었다고 하더라도 철학이 없었던 것은 아니다. 사정은 일본도 마찬가지다. 네덜란드 유학 후 일본에 처음으로 서양철학을 소개했던 니시 아마네(西周)가 '현철(賢哲)[明智]의 희구'라는 의미로 '필로소피'를 '희철학(希哲學)'이라 번역하고 나서야 '철학'이라는 말이 정착하였지만, 메이지(明治) 이전의 일본에서 철학적 영위가 전혀 이루어지지 않았다고는 말할 수 없을 것이다. 대항해시대에 아득히 먼 일본에 가까스로 도달한 예수회 선교사들과 창조신의 존재나 영혼의 불멸 등 신학상의 문제에 관해서 일본의 불교스님들은 대등하게 논의하는 것이 가능했고, 에도시대에 이탈리아 선교사 시도티(G. B. Sidotti, 1668~1715)를 방문했던 아라이 시라이시(新井白石)는 그리스도 교의를 비판하는 한편 서양 학술의 우수성을 충분히 평가할 수가 있었던 것이다. 인도에 관해서 하르브 핫스는 다음과 같이 말한다.

> 오늘날 유럽 철학자들의 영위나 유럽 철학서에 기록되어 있는 내용과 완전히 같은 의미로 인도에도 철학이 존재했다는 점에 관해서는 더 이상 논의의 여지가 없다. 인도에는 실천적인 지혜와 개념적인 정치함, 창조적인 형이상학과 엄밀한 인식론, 존재론과 언어분석이 동시에 존재했다. 일반적으로 말해서, 유럽과 같은 척도로 잴 수 있는 높은 차원의 숙고와 개념적 표출이 존재했던 것이다.(『인도와 유럽』, 델리, 1990, 286쪽)

철학의 세 가지 전통

1879년 12월 25일 하라단잔(原坦山)이 동경대학에서 '불서강의(佛書講義)'를 개강하고, 2년 후에 이루어진 조직개편과 동반하여 철학과 안에 '인도철학'이 공인된 것이 일본 '인도철학' 연구의 효시이다. 인도철학=불교연구라는 공식은 현재 일본에서도 '잘못된' 상식처럼 느껴지지만, 그 연원은 원래의 출발점에 있었다고 볼 수 있다. 불교가 그 기원을 인도에 두고 있는 것은 사실이지만, 인도의 전통 바라문교도나 중세 이후의 힌두교도 눈으로 보면 불교는 단순한 이단 종교의 하나에 지나지 않는다는 점에 주의해야 한다. 무엇보다도 메이지시대에 이르러서야 처음으로 한역불전의 인도원전을 접할 수 있었던 일본 불교도들이 인도철학의 연구과제로 우선 불교를 선택한 것은 충분히 이해할 수 있는 일이다.

그 이래로 백년 이상의 세월이 흘러 주요 국립대학 문학부에서는 서양철학·중국철학과 함께 인도철학을 연구하고 또 강의도 하고 있지만, 이들 세 가지 철학의 전통을 비교·대조해서 종합적인 평가를 내리려는 시도는 거의 이루어지지 않았다. 이 어려운 과제에 과감하게 도전해서 오늘날까지도 유효한 하나의 약도를 그린 분이 바로 노다 마타오(野田又夫)인데, 그는 뛰어난 데카르트 연구자이기도 하다.

노다 마타오에 따르면 우선 청동기시대부터 철기시대의 이행에 대응해서, 이른바 도시국가시대 말기에 그리스·북인도·북중국 세 곳에서 신화로부터 철학으로 이행하였음이 확인된다고 한다. 기원전 6세기경에 서로 약속이나 한 듯 탈레스·붓다·공자가 각각의 장소에 등장했던 것은 시대의 전환을 상징한다고 말할 수 있다. 똑같이 '철학' 이라는 이름을 붙일 수 있는 이들 세 개 전통의 각기 다른 특색을 노다는 다음과 같이 간단하게 정리하고 있다.

　　그런데 철학에 앞서 신화가 있다. 신화적 상상은 인간의 우주적 운명에 의미를 부여하였지만, 인간의 우주적 운명에 대해 철학은 이성적 반성으로 임했다. 철학은 그 문제를 신화로부터 계승하고, 나아가 그 답을 이성으로 찾아내려는 것이다. 그리고 신화가 안고 있는 문제, 특히 어떤 측면을 철학이 계승하여 전개하는가 하는 점에서 위에 언급한 세 개의 철학 전통은 상이한 특색을 드러낸다.

중국에는 신화를 도덕철학·정치철학에 의해서 합리화하고, 신화에 나오는 신들을 역사적 인물로 새로 만들었다. 은나라 사람은 무(巫)와 거북점에 나타나는 비합리적인 천명(天命)을 따랐지만, 주나라 사람은 천명을 오로지 도덕적인 것으로 해석하고, 또한 그것에 의해서 정치혁명을 합리화했다. 주나라 사람의 사고를 하나의 철학으로 표현한 공자는 괴력난신(怪力亂神)을 말하지 않고, 귀신을 공경하되 그것을 멀리해야 한다고 생각했다.

인도에서는 베다의 신들이 차츰 하나의 원리에 의해서 통일되고, 마지막으로 우파니샤드의 신비주의에 도착한다. 이것은 신화에서 형이상학으로 향하는 길을 제시하는 것이다. 그러나 이때 신화의 새로운 형태라고도 말할 수 있는 업·윤회(業·輪廻)의 설이 나타난다. 이것은 원시적인 생사의 생각에 도덕적 의의를 부여한 것이며, 이 신화적 상상을 출발점으로 해서 불교와 자이나교 등의 철학적 반성이 생겨났다. 업·윤회를 전혀 무의미하다고 보는 것은 극단적인 유물론자뿐이고, 대부분의 학파는 그것을 인정하고 있다. 결국 중국에서 신화가 소멸한 것과는 반대로 인도에서는 신화와 철학의 연속성이 두드러지게 나타난다.

중국철학이 도덕철학을 위주로 하고, 인도철학이 형이상학을 축으로 하는 데 대해, 그리스의 철학은 우선 무엇보다도 자연학의 경향이 강하고, 신통기·우주발생론의 신화적 상상을 합리화하여 우주론(자연학)에 이르렀다. 헤시오도스와 호메로스의 시는 현대의 흔적을 전하고 있지만, 여기 나타나는 신들 가운데 대표적인 것은 탈레스 이후에 우주론으로 받아들였던 지·수·화·풍 4원소에 대응할 수 있다. 그리고 피타고라스와 플라톤에서 보이는 것처럼 그리스에도 윤회의 신화가 철학의 시대에 새롭게 나타나고 있지만, 인도철학의 경우와는 달리 신화적 상상과 이성적 사고를 확실히 나누는 경향이 있다.(『철학의 세 가지 전통』, 축마서방, 1974, 26~27쪽)

그리스의 철학-변론술 · 문답법 · 논증법

노다는 '고대 그리스의 철학이 고대 중국이나 고대 인도의 철학과 비교해서 좀 더 엄격한 논리에 따라서 사고하고 있다'(32쪽)고 추정한다. 소크라테스에서부터 아리스토텔레스에 이르는 사상 논리의 발전단계로서 노다는 변론(rhetoric) · 문답(dialectic) · 논증(apodeixsis)의 세 가지 층을 구별한다.

'변론술' 이라는 것은, 예를 들면 "인간으로서 국가사회의 일원으로 가져야 할 덕목을 과연 소피스트들은 교육할 수 있는가?" 라고 소크라테스가 던진 의문에 대답하여 프로타고라스가 전개하는, 이야기(mythos) · 설명(logos)으로 이루어진 장대한 연설에 의한 설득 즉, '변론술 · 수사법' 이다.

이에 대하여 소크라테스는 일문일답으로 프로타고라스의 주장을 하나하나 논리적으로 음미하여 제시하고, 상대의 주장에 포함된 모순을 지적하여 논박한다. 그와 같은 소크라테스의 문답법을 '디알레틱' 이라 한다.

플라톤은 철학 전체를 몇 가지 기본 명제로부터 다른 여러 명제가 도출되는 엄격한 논리체계로 정리해내려고 하였으며 그것을 '디알

레틱' 이라고 불렸지만, 반드시 성공하지는 못했다. 플라톤의 이상은
유클리드의 『기하학 원본』에 나타난 완전한 공리체계로서 그의 아카
데미에서 수학의 세계로 실현되었다.

아리스토텔레스는 디알레틱을 다시 한 번 더 소크라테스와 같은
문답법에 근거해서 개연적 추론으로서의 '변증법' 으로 규정하고, 대
부분의 철학적 논의를 이에 포함시키는 한편, 엄격한 '논증법' 으로
서의 '아포데이크시스' 를 수사법이나 변증법으로부터 구별하고 있
다. 아리스토텔레스는 삼단논법의 논리학을 공리(公理) 체계화하는
데 성공하여, 소위 '형식논리학' 을 완성했다.

중국의 철학

이와 같은 노다의 그리스철학 이해가 그다지 독특한 것은 아니지
만, 노다의 독창성은 그리스 이외의 철학 전통에서 사상의 논리성·
객관성을 평가하기 위하여 프로타고라스와 같은 수사법적 단계, 소
크라테스와 같은 변증법적 단계, 그리고 아리스토텔레스와 같은 논
증법적 단계라는 구별을 적용한 점에 있다. 노다는 일반적으로 말해
서, 중국의 고대철학 대부분은 수사법적 단계였지만 인도의 고대철
학은 어떤 종류의 변증법에까지 도달했다고 생각하였다.

우선, 중국 고대사상의 스타일을 보면, 제자백가 학설의 대부분
은 소크라테스의 변증법(일문일답)에 의한 정확한 논의보다도 프
로타고라스의 수사법 연설에 가깝다고 평가받는다. 변증법적 논
의를 버리고 수사의 세련됨을 취하는 경향은 특히 중국철학 정

통파가 된 유가에서 현저한 것 같다. 그에 비해 묵가나 법가의 주장 쪽은 좀 더 논리적 · 변증법적이다.(『철학의 세 가지 전통』, 64~65쪽)

　이와 같은 평가의 옳고 그름은 중국철학 연구자의 판단에 맡길 수밖에 없지만, 수사학적 설득의 한 예로서, 도가(道家)의 장자(莊子)가 중국학 속의 논리학파인 명가(名家)의 혜시(惠施)와 주고받은 재미있는 대화를 인용해보자.

　　장자와 혜자가 냇물에 놓여 있는 징검다리에서 놀고 있었다. 장자가 말했다. "피라미가 한가롭게 헤엄치는 것을 보니 물고기가 즐거운 모양이오." 혜자가 말했다. "당신은 물고기가 아닌데 어찌 물고기의 즐거움을 안단 말이오?" 장자가 말했다. "그대는 내가 아닌데 어찌 내 마음이 모른다는 것을 아는가?" 혜자가 말했다. "그렇소. 나는 당신이 아니니까 당신을 모르오. 마찬가지로 당신은 물고기가 아니니까 정말 당신은 물고기의 즐거움을 모른다고 해야 논리상 옳지 않겠소?" 장자가 말했다. "질문의 처음으로 돌아갑시다. 그대가 처음 나에게 물고기의 즐거움을 아느냐고 말한 것은 이미 그대는 내가 알고 있다는 걸 알고서 나에게 반문한 것이오. 내가 물 위에서 지각한 것은 물고기가 즐겁다는 것이었소."(金谷治 역주 『장자』 추수편 제17, 암파문고 제2책, 1975년, 282~293쪽, 번역은 기세춘의 장자 참조)

인도의 철학

인도의 고대철학이 도달했던 변증법의 한 예로서 노다는 나가르주나(龍樹, 150~250년경, 중관파의 시조)의 '공(空)의 이론'을 상정하고 있지만, 인도의 논리학 발달에 관해서는 조금 더 상세한 기술도 부여하고 있다.

> 인도에서는 비정통 철학에 속한 승론학파의 다원론과 결부되어 정리학파의 논리연구가 발생했다. 인식론에 있어서 직접적인 지각을 넘은 간접적인 추리에 의한 인식이 채택되어 추리형식이 제시되는 것이다. 그 추리형식은 5구로 이루어지며, 아리스토텔레스의 삼단논법의 결론에 해당하는 주장을 우선 기술하고, 이어서 소전제에 해당하는 구와 대전제에 해당하는 구를 기술하며, 끝으로 다시 한 번 소전제와 결론을 반복하는 형식으로 되어 있다. 분명히 대론의 경우 수사적 형식을 보존하고 있고, 논리적으로는 나머지 두 구가 필요하지 않다. 또 삼단논법의 제1격 제1형식에 있어서 소전제가 긍정이며 대전제는 전칭이 아니면 안 된다는 두 가지 조건, 특히 후자가 충족되지 않으면 추리는 연역추리라고 할 수 없으며 유비추리에 지나지 않았다. 여기에서, 정리학파에 있어서 추리형식의 위와 같은 점을 5세기의 불교학자 디그나가가 재고하여 3구로 이루어진 연역추리 형식을 만들어 내, 이것이 인도에 있어서 논리학의 성립을 나타내는 것으로 인정받고 있다.(『철학의 세 가지 전통』, 35~36쪽)

니야야학파의 추리는 연역추리가 아니라 유비추리였다는 비판은 옳지만, 디그나가(Dignāga, 陳那, 480~540년경)가 연역추리형식을 만들었다는 평가는 그다지 정당하다고 할 수 없다. 필자는 인도의 논리학이 그 가장 발전된 형태에 있어서도 기본적으로 '귀납적 논증'이 었다고 생각한다. 디그나가나 디그나가의 최대 후계자 다르마끼르띠(Dharmakīrti, 法稱, 600~660년경)가 인도논리학 추리형식의 엄밀화에 지대한 공헌을 했음은 의심할 바가 없지만, 그들의 논증에서도 그 본질은 귀납적이다. 더욱 상세한 사항은 제5장에서 밝힐 것이다.

철학의 세 가지 전통은 제각기 독립적으로 성립했음에도 불구하고 세계와 인생에 관한 이성적 해석을 충분히 제공할 수 있었다고 노다는 생각한다. 다만 사상의 논리성에 관한 한 중국이나 인도에서도 결국 그리스와 같은 논리학의 공리적 체계를 만들어낼 수 없었기 때문에 아리스토텔레스의 논증법적 단계에는 도달하지 못했던 것이다.

유럽에서도 고대 그리스의 철학전통이 현대까지 그대로 계승된 것은 아니다. 유럽인들은 고대 말에 성립한 새로운 신화, 바로 기독교라고 하는 신화를 받아들였는데, 노다는 유럽인들이 뛰어나면서도 보편적이고 또한 논리적인 이 신화와 강한 긴장관계 위에 서서 다시 '철학'을 되살렸다고 생각한다. 그것은 12세기부터 13세기에 걸쳐 아리스토텔레스 철학의 전모가 이슬람 문화권을 통해 유럽에 전해졌기 때문이다. 그 결과 17세기에 이르러 교학적 체계로서의 자연학, 근대과학이 확립된다. 이리하여 유럽에 대한 인도나 중국의 문화적 대응성은 사라지고, 유럽 열강은 세계지배가 가능하게 되었다. 바야흐로, 좋든 싫든 서양식 사고가 세계인의 생활 모든 분야에 침투하게 되었다. 단순히 과학·기술뿐만이 아니라 정치·경제나 학문·교육,

그리고 예술·종교에 이르기까지 서양의 가치관이 계속 지배하고 있다고 말해도 지나친 말은 아닐 것이다. 그렇기 때문에 인도식 사고의 특색, 중국식 사고의 특색, 그리고 그것들이 서양식 사고와 어떻게 다른지를 분명하게 밝히지 않으면 안 되는 것이다.

유럽에서 철학이 한 번 쇠퇴한 뒤 재생했다는 노다의 지적은 매시 칼리지의 학생들 사이에서 돌려가며 읽었던 월터 밀러(W. Miller)의 SF 명작 『묵시록 3174년』(원제 『리보위츠를 위한 송가(*Canticle for Leibowitz*)』, 1959년 번역, 창원추리문고, 1971)을 연상시킨다. 핵무기에 의한 3차 세계대전의 결과로 중세 이전 단계까지 후퇴한 서기 3000년대의 지구 문명은 한 전기기술자 리보위츠가 남긴 과학적 지식 기록을 해석하면서부터 오랜 세월에 걸쳐 서서히 재생되지만, 궁극에는 인류가 다시 전면적 핵전쟁으로 돌입한다는 스토리이다. 문명 보존을 위하여 리보위츠가 그리스도교의 수도사가 되어 수도원을 설립하고, 그 수도원 안에서 신학적 지식뿐만 아니라 과학적 지식이 수백 년에 걸쳐 배양되어 진보해간다는 설정은, 중세 유럽의 수도원을 무대로 아리스토텔레스 철학 재학습에서 시작하여 자연학, 그리고 자연과학이 만들어져가는 과정과 잘 부합한다고 본다. 여하튼 밀러의 미래예측이 적중하지 않기를 바랄 뿐이다. 베를린 장벽 붕괴 이후 핵전쟁의 위험성은 다소 감소했다고 하더라도 노후해가는 원자력 발전소와 핵폐기물 처리를 잘못하면 지구환경은 열악해지고 그와 함께 현대문명의 쇠퇴·멸망을 가져올 가능성은 충분하다고 말하지 않을 수 없다.

제 2 장

인도논리학의 구조

1979년 가을부터 1년간 영국 카운슬러 장학금을 받고 옥스퍼드로 유학을 가게 되었다. 수년 전 토론토에서 옥스퍼드대학의 전통 있는 '동양윤리와 종교' 정교수로 부임한 마티랄(B. K. Matilal)의 문하에서 다르마끼르띠의 불교논리학 연구를 계속하고 싶었기 때문이다. 무슨 일이든 개방적인 북미사회와는 달리, 말투 뒤에 숨어 있는 사람의 심리를 소중하게 생각한다고 표현하면 듣기에는 좋겠지만, 요컨대 참으로 뭘 말하고 싶어 하는지 그 속내를 알 수 없는 영국인과 인간관계를 맺는 일이 다소 망설여지기는 했다.

5월, 보수당의 대처 정권이 탄생하자마자 곧바로 닥쳐올 '추운 겨울'을 예감하는 대학생들은 거의 없었다. 내가 도착했을 때 마티랄 교수는 시카고 대학에 출강하느라 자리를 비우고 없었다. 마티랄 교수를 대신해서 나를 지도해준 분은 산스크리트어(梵語)의 정교수 곰브리치(R. Gombrich)였다. 매주 목요일 밤, 당시 곰브리치 교수가 머물고 있던 밸리올 칼리지(Balliol College)의 3층에서 인도의 고전극

『샤쿤탈라(Sakuntala)』의 윤독회에 참가한 것은 지금에 와서 생각해 보면 꿈같은 경험이었다. 그때 함께한 콜린스(S. Collins)와 그리피스(P. Griffith)는 지금 북미에서 지도적 불교학자로 활약하고 있다. 파리에서 방문한 친구에게 한 살 된 딸의 베이비시터를 부탁하고 우리 부부는 라비 샹카르(Ravi Shankar)의 연주회에 간 적도 있었다. 인도의 전통음악과 오래된 석조교회가 불가사의한 조화를 이루고 있었다. 친구는 완다 가그(W. Gag)의 그림책 『백만 마리 고양이』를 딸에게 보여주며 '이것도 고양이, 저것도 고양이'라고 말하면서 시간을 보냈던 것 같다.

시카고에서 돌아온 마티랄은 『인도철학저널(*journal of indian philosophy*)』에 '고전인도연구총서'의 간행을 시작할 정도로 인도철학 연구의 젊은 리더로서 절정의 활동을 하고 있었다. 그 잡지는 1970년에 인도철학 연구를 위한 학술전문잡지로 창간한 것이었다. 마티랄은 세계적인 철학자라 말할 수 있는 옥스퍼드의 스트로슨(P. F. Strawson, 1919~2006)과 더밋(M. Dummett, 1925~) 등 당대 일류의 논리학자들과 가까운 거리에 살면서 지적 교류를 즐겼다.

60년대 후반에서 70년대 전반에 걸쳐 토론토대학은 북미에서는 고전인도연구의 중심이었다. 에든버러대학에서 옮겨온 팔리불교 연구의 제1인자 워더(A. K. Warder)가 세계 중심에서 의욕적으로 젊은 연구자를 모아 인도연구를 위한 새로운 학과를 구축했기 때문이다. 그들 중에 하버드대학에서 '신니야야학파의 부정이론'을 연구하여 학위를 받은 마티랄이 있었다. 마티랄은 캘커타대학에서 인도논리학의 전통적 교육을 받은 후 60년대 초 하버드대학에 유학하여 잉골스(D. Ingalls)의 문하에서 인도문헌학을 공부하고, 동시에 콰인(W. Quine,

1908~2000)으로부터 현대 서양논리학의 가르침을 받았다.

마티랄은 인도의 전통적인 철학 · 종교에 현대논리학과 분석철학의 관점에서 새로운 빛을 던짐으로써 인도의 지적 전통이 가진 보편성이 현재 세계의 지식인 한 사람에게라도 더 많이 이해되기를 염원했다. 옥스퍼드는 마티랄의 꿈을 펼칠 수 있는 최고의 장이었다. 그러나 옥스퍼드의 철학자들이 인도철학의 보편성을 어느 정도 이해했는지는 의문이다. 마티랄의 최후의 대저 『지각(知覺)-고전 인도의 인식론에 관한 에세이』(1986)를 가지고 있다고 하더라도, 인도의 철학적 전통에서 러셀(B. Russell, 1872~1970)이나 비트겐슈타인(L. Wittgenstein, 1889~1951)과 유사성이 있다는 것을 지적하더라도, 서양철학 전통의 보편성이 재확인된 것 이외에는, 서양의 철학자에게 잘 받아들여졌는지는 알 수가 없다.

1990년 여름이 끝나갈 무렵 오래간만에 토론토를 방문했다. 동양학 관계의 큰 국제학회에 참가한다는 명분도 있지만, 부모가 처음으로 만났던 땅을 조금 자란 두 아이에게 보여주기 위한 이유도 있었다. 아울러 수년 전부터 혈액암에 걸려 병세가 위중하다는 소식을 듣고 있었던 마티랄을 만나는 것도 또 하나의 이유였다. 마티랄은 항암치료를 받으면서 휠체어를 타고 옥스퍼드에서 참가했는데 바르트리하리(Bartṛhari)의 언어철학에 관한 초대강연 두 번을 무사히 마쳤다. 그리고 자신의 연구발표에서는 현대 인도지식인의 서구문화에 관한 반응에서 인도의 문화적 전통의 보편성을 서구인의 오해를 배제한 채 인도인 자신의 손으로 확립해야 한다고 힘주어 말했다. 학회가 끝난 뒤 오랜만에 우리 두 사람은 느긋하게 이야기할 수 있는 기회를 얻었다. 『인도인의 논리학』이라는 책을 쓰고 있다고 하자, 마티랄은 자신도 『인도논리학 소사』를 쓰고 있다고 자신 있게 말했다. 서양논리학은 '과정지향형(process oriented)'이고 인도논리학은 '목적지향형(goal oriented)'이라는 그의 말이 지금도 귀에 생생하다. 많은 업적을 남기고 다음해 6월 마티랄은 세상을 떠났다. 향년 56세였다.

인도철학으로 가는 여정–신화에서 철학으로

인도에 대하여 내가 알고 있는 최초의 문명은 인더스 문명이다. 이 문명은 기원전 2000년을 중심으로 약 천 년 동안 인더스 강 하류의 하랍파와 모헨조다로 2대 도시를 비롯하여 광범위한 지역에 걸쳐 번영했다고 알려져 있다. 20세기가 되어서야 처음으로 그 존재 자체가 알려진 이 청동기시대의 문명에 대해서, 많은 유적이나 유물이 발굴되었음에도 불구하고, 그 정신문화에 관해서는 유감스럽게도 거의 알려진 바가 없다. 남겨진 인장에 조각되어 있는 문자를 해독하지 못했기 때문에 지모신(地母神) 숭배나 동물·수목(樹木) 숭배가 행해지고 있었다는 것, 후대의 요가와 비슷한 명상수행이 이루어졌을 가능성을 겨우 상상할 뿐이다.

인도의 역사를 훑어보면, 인도인들이 흔히 '잠부드비파(Jambudvīpa, 염부주)' 혹은 '바라타족의 땅'이라고 불러왔던 이 역삼각형의 아시아대륙이 점차 외국세력의 지배하에 놓이게 되었다는 사실을 새삼스럽게 깨닫게 된다. 1600년 동인도회사 설립 이후 서서히 세력을 확대하던 영국인의 손에 의해서 거의 인도 전역이 식민지 지배에 놓이게 된 것은 19세기 초였고, 이후 1947년 인도·파키스탄이 분리·독립할 때까지 수탈은 철저하게 계속되었다. 그 이전에는, 11세기 초에 인도 침입을 시작한 이슬람교도들이 12세기 말에서 13세기 초반에 걸쳐 인더스·갠지스 강 하류 유역을 정복하고, 그 후 많은 왕조를 세워 약 550년의 긴 시간에 걸쳐 지배를 계속했다. 그 이전을 더 돌이켜보면, 기원전 4세기 마케도니아 왕 알렉산더의 인도 침입을 계기로, 기원전 2세기부터 약 500년간 서북인도는 그리스인·발데아족·샤카족·이란인 등 이민족의 지배를 받았다. 이와 같이 서쪽에서 동쪽으로 민족이 대이동하는 물결은 이미 기원전 2000년경부터 시작되었다고 볼 수 있다.

어쩌면 유럽대륙의 어딘가에서 시작하여 남하한 후 그리스·로마의 고대문명을 형성하고, 동진(東進)하여 이란의 고대문명을 형성한 '아리야인'이라는 민족이 또다시 동쪽으로 이주하여 인더스 강 상류의 오하(五河, 펀잡) 지방에 살기 시작한 것이 기원전 1500년경이다. 그들은 먼저 살던 민족인 드라비다인과 문다인을 때로는 정복하고 때로는 남인도로 추방하면서, 현재 우리가 알고 있는 고대 인도문명을 완성시켰다. 그들의 종교는 기원전 1200년경에 성립되었다는 인도 최고(最古)의 성전 『리그베다』에서 알 수 있는 바와 같이, 하늘과 땅, 태양과 별, 비와 바람 등 자연계의 여러 현상을 신격화한 다신교였다. '바라문'이라 칭하는 제관(祭官)이 신들을 찬양하는 찬가(讚歌)를 부르고, 제화(祭火)의 등(燈)을 켠 제단에 신들을 초청하여 공물을 봉양함으로써 전승과 자손번영 등 여러 가지 제주의 소원을 빌었을 것이다. 이와 같이 바라문에 의한 제사를 중심으로 하는 종교를 우리는 '바라문교'라 부른다.

인도에 있어서 철학적 사변의 맹아는 몇 편의 우주개벽 찬가에서 발견되는데 이 찬가는 『리그베다』의 최신층을 이루는 제10권에 포함되어 있다. '그때 우주의 시초에는 비존재도 없고, 존재도 없었다'라는 구절로 시작하는 일종의 미신(주술)적인 그 시구(X. 129)는 우주의 창조에 관한 다양한 고찰을 제시한 후에 신들조차 창조의 소산이라고 말하고 있다. 그리고 '이 창조는 어디에서 생긴 것인가, 누구에 의해서 이루어진 것인가, 최고천(最高天)에 있어서 이 세계를 지켜보는 분은 반드시 알고 계실 것이다. 아니 모를지도 모른다' 라고 하면서, 신에 대한 회의적인 술회로 끝맺고 있다. 많은 인도철학 역사가들은 이 찬가를 통해 신화에서 철학으로 이행하는 단서를 감지했던 것이다.

새로운 신화-업보 · 윤회

기원전 1000년경 아리야인들은 계속 동쪽으로 이주했고, 야무나 강과 갠지스 강의 중간지역에 진출하여 씨족제 농촌사회를 확립했다. 베다(veda) 제사의 복잡화에 수반하여 제사의식의 규정이나 그 신학적 해석과 더불어 우주의 근본원리나 개체의 본질에 관계되는 철학적 고찰도 첨가되었다. 후자의 기록이 일군의 우파니샤드(Upaniṣad, 奧義書) 문헌이다. 그 가운데 가장 오래된 것은 기원전 6세기경에 성립되었다. 여기에 '범아일여(梵我一如)' 라고 하는 우주원리(브라흐만, 梵)와 개체원리(아트만, 我)의 등치(等値), 신비적 동일화에 관한 지식을 추구하는 신비주의적 철학이 성립되었다. 한편, 노다가 정확하게 지적한 바와 같이, '업보 · 윤회' 라는 새로운 신화가 등장하였고, 여기서 해탈이 그 이후에 나오는 인도의 모든 종교 · 철학의 공통과제가 되었다. 실로 업보 · 윤회 사상은 현대에 이르기까지 인도인의 사생관(死生觀)을 강력하게 지배해온 것이다.

인간은 죽으면 천상의 낙토(樂土)에 가게 된다는 베다시대의 낙천적 사생관(死生觀)은 곧 바로 천상계(天上界)에 있어서 '재사(再死)'라고 하는 관념을 거쳐 우파니샤드시대가 되면, 화장(火葬)한 것은 연기가 되어 천상계에 올라간다. 하지만 '신의 길'을 통해서 불사의 세계에 이르지 않는 한 '조령(祖靈)의 길(道)'을 통해 비가 되어 다시 지상으로 되돌아와 먹이사슬을 거쳐 재생(再生)을 반복한다는 절망적 윤회설로 전환한다. 한편 선(善)을 행한 사람은 즐거운 결과를 얻게 되고 악(惡)을 행한 사람은 괴로운 결과를 얻게 된다는 업보사상은 본래 윤회설과는 독립하여 성립한 것이지만, 행위의 결과가 사후에도 행위주체에 따라다닌다는 생각은 윤회설을 정당화하는 원리로 여겨졌을 것이다.

기원전 6세기에서 5세기경의 인도는 시대의 큰 전환점이었다. 갠지스 강 중류에는 많은 상업도시가 생겨, 작은 촌락을 단위로 한 씨족제 농촌사회는 도시를 중심으로 하는 군소국가로 발전하고, 이윽고 코살라(Kosala), 마가다(Magadha)와 같은 거대국가로 변모하였다. 이에 부응하여 전통적 바라문교의 제식중심주의에 비판적인 자유사상가가 많이 배출되었다. 그들은 촌락이나 도시에서 활동하는 바라문(브라흐마나, 梵)에 대하여, 출가 수행자를 의미하는 '사문(슈라마나, 沙門)'이라고 불렸다. 그들 가운데 후대까지 영향을 끼친 사람이 자이나교의 창시자 마하비라(Mahāvīra)와 불교의 개조(開祖) 고타마 붓다(Gautama Buddha)이다. 마우리야왕조의 아쇼카 왕(기원전 268년 즉위)으로 대표되는 것처럼, 기원전 5세기 이후 인도사회에서는 불교 · 자이나교 등의 비정통적 사문교단이 바라문교를 누르면서 적지 않은 지지를 받고 영향력을 뻗쳤다.

철학체계의 형성

한편, 이러한 새로운 사상운동이 계속되는 가운데 기원전 4세기에
서 3세기가 되면 바라문교의 내부에서도 새로운 운문(韻文) 스타일의
우파니샤드가 등장한다. 그리고 그로부터 인도 최초의 철학학파라고
할 수 있는 상키야학파가 성립된다. 상키야학파는 우파니샤드의 브
라만에 해당하는 것으로 현상세계의 근본원인인 '원질(prakṛti)'을 세
우고, 아트만에 해당하는 '정신원리(puruṣa)'와 준별(峻別)하는 전형
적인 물심이원론(物心二元論)을 주장하였다. 그러나 '인생은 고(苦)'
라고 생각하여 고(苦)를 제거하는 방법을 제시하려고 하는 점, 베다
의 제식주의에 비판적인 점 등 사문파와 공통하는 자세가 보인다. 후
에 상키야학파의 이원론은 바라문교의 쇠퇴와 더불어 등장하면서 인
도 토착의 민간신앙을 짙게 반영하는 힌두교의 사상적 기반으로서
중요한 역할을 담당하게 된다.

붓다의 열반 이후 불교도 사이에는 그 교의를 체계화하려는 시도
가 발전하였다. 곧 우리의 경험세계를 구성하는 구체적인 물질적 또
는 심리적 요소(dharma)를 분석하여, 그것들 사이의 다양한 관계를
음미 · 검토한 '아비다르마 철학'이 불교 각 부파에 의해 형성되었
다. 다시 그에 호응하여 기원전 2세기경부터 현상세계를 실체 · 속
성 · 운동 · 보편 · 특수 · 내속이라고 하는 6개의 범주로 분석한 바이
세시카학파가 성립하기에 이르렀다. 이와 같이 존재를 그 구성요소
로 분석하려는 자연철학적인 생각은 물론 우파니샤드에서 그 원류를

찾을 수 있으나, 제식중심주의의 전통적 바라문교 속에서는 이단에 속한다고 생각해도 틀리지 않는다. 이와 같이 인도 고대문화의 황금 시대라 볼 수 있는 굽타왕조시대(4~5세기)에 이르기까지, 베다 제사의 의의를 철학적으로 해석하는 미망사(Mīmāṃsā)학파, 인식론·논리학을 전문적으로 연구하는 니야야(Nyāya)학파, 요가의 실수법(實修法)을 체계적으로 고찰한 요가(Yoga)학파, 그리고 우파니샤드의 '범아일여' 사상을 더욱 깊이 추구한 베단타(Vedānta)학파가 차례로 등장하였다. 이렇게 해서 정통 바라문교 내부에 이른바 '육파철학'이 성립하게 되었던 것이다.

인식론 · 존재론 · 우주론 · 해탈론

20세기를 대표하는 인도철학자의 한 사람인 프라우발너(E. Frauwallner, 1898~1974)가 『인도철학사』의 서론에서 명쾌하게 설명한 바와 같이, 육파철학뿐만 아니라 불교와 자이나교를 포함해서 인도철학 제 학파의 체계는 어떤 구조를 공유하고 있다. 우선 바른 인식의 기반을 음미하여 해당되는 철학이론을 도출하기 위해 인식수단의 확립을 목적으로 하는 '인식론'이 있다. 다음으로 세계를 구성하는 존재요소의 열거, 바꿔 말하면 범주론적 '존재론'을 동반한 학파 고유의 세계관이 제시된다. 게다가 그들 구성요소에서는 세계의 창조와 지속을 기술한 일종의 '우주론'이 제시되며, 마지막으로 이와 같은 세계상에서 귀결되는 인간의 행위에 관한 윤리적 논의, 요컨대 '해탈론'이 있다. 이렇게 보면, 그리스나 중국의 철학적 전통과 비교할 때, 인도철학의 최대 특색은 해탈론에 있다는 것이 분명하다. 해탈이란 물론 업보 · 윤회로부터의 해방을 의미한다. 그와 같이 가장 오래된 우파니샤드에서 제시한 업보 · 윤회의 교설은 인도철학의 체계적 구조를 결정해버렸던 것이다.

니야야학파

그러면 육파철학 중에서도 논리학을 전문적으로 연구하는 학파라고 할 수 있는 니야야학파의 최초의 학설강요서인 『니야야수트라(Nyāyasutra)』(正理經)의 내용을 살펴보고, 인도논리학의 수비범위를 확인해보자. 『니야야수트라』는 약 520여 개의 간결한 정구(定句, 經)로 이루어지며 각각 2장으로 나누어지고 5편으로 배분된다.

제1편에는 니야야학파가 인정하는 논리학의 주제가 되는 16원리(padārtha)를 표시 · 분류 · 정의하고 있다. 제2~4편에는 그 원리들에 관한 이설(異說)을 비판하면서 상세한 검토를 덧붙이고 있다. 제5편에는 16원리의 마지막에 있는 '잘못된 논란'과 '패배의 입장'을 재론하고 각각의 정의와 구체적인 예를 들고 있다.

『니야야수트라』의 제1편과 제5편은 카니시카 왕의 시의(侍醫) 차라카가 편집한 의학서 『차라카상히타(Carakasaṃhitā)』(1~2세기경)와 나가르주나의 저작이라 여겨지는 『방편심론(方便心論)』에 포함되는 토론을 위한 매뉴얼과 많은 공통점이 발견된다. 제2~4편에서 비판하는 이설(異說)의 내용에서 보면, 3세기 말에 거의 현재의 형태를 취하기에 이르렀다고 생각된다.

『니야야수트라』는 서두에 논리학의 연구대상인 16원리를 표시한다. 아래에서는 『세계의 명저1 · 바라문교전 · 원시불전』(중앙공론사,

1969)의 『논증학 입문』에 포함된 핫토리 마사아키(服部正明)의 번역을 원칙적으로 이용하였고, 극히 간결한 정구 해석에는 병행해서 번역되어 있는 밧쯔야야나의 『주해(注解)』를 이용했다.

> 지식수단·지식대상·의심·동기·실례·정설·지분·음미·확정·논의·논쟁·논힐·의사적 이유·궤변·잘못된 논란·패배의 입장의 진리 인식에 의해 지복(至福)의 달성이 있다.(1·1·1=제1편·제1장·제1정구)

(1) 인식론

16원리에서 첫 번째로 제시되는 것은 대상을 인식하기 위한 수단으로서의 '지식수단' 또는 '인식수단(pramāṇa)'이다. 이것은 『니야야수트라』그리고 인도논리학 일반의 제1과제가 인식론이라는 것을 시사한다. 니야야학파는 지식수단으로서 지각·추리·비정(比定, 유추)·증언의 4종을 인정한다.(1·1·3)

지각(Pratyakṣa)

> 지각이라는 것은 코(鼻)·혀(舌)·눈(目)·피부(皮膚)·귀(耳)의 다섯 가지 감각기관이 각각의 인식대상인 향기(香)·맛(味)·색깔(色)·가촉성(可觸性)·소리(音)와 접촉하는 '작용'이지만, 그 결과로서 생긴 지식도 지각이라고 불린다. 감각기관과 대상의 접촉에 의해 생긴, 착오 없는 결정성을 가지는 지식이 '지각'이

다.(1 · 1 · 4)

결과로서의 지각은 맛이나 냄새 등의 대상 인식이지만, 아직 '맛' 이나 '향기' 등이라는 말을 수반하지 않는, 소위 대상의 전언어적(前 言語的)인 직접적 파악이다. 그리고 동일한 감관지(感官知) 중에도 아 지랑이를 물로 보는 착오지(錯誤知)나, 먼 곳에서 무엇인가 날아 올라 가는 것을 보고 연기인지 아니면 먼지인지 결정할 수 없는 불확정인 지식은 지각에서 배제된다.

지각 주체인 아트만은

(1) 우선 감각기관에 의해 대상을 맛이나 향기 등으로 확인하고,
(2) 그 뒤 사고기관(manas)에 의해 '이것은 달다', '이것은 향기 롭다' 등 개념적으로 파악한다.
(3) 그 결과 '이것은 하고 싶다', '이것은 필요 없다', '무관심'과 같은 판단을 내리고, 각각에 상응하는 활동을 일으키는 것이다.

3종의 추리

추리란 지각에 의해 직접적으로 알 수 없는 대상을 현재 지각되고 있는 징표(liṅga)를 통해 아는 것이다. 그 대상과 징표 사이에는 추리 를 정당화하는 무엇인가의 관계가 있어야 한다.

예를 들면, 연기에 의해 불을 추리하는 것은 양자 사이에 연기는 불 에서 생긴다는 인과관계가 있다는 사실이 잘 알려져 있기 때문이다.

(1) 멀리 있는 산에 피어오르는 연기를 지각한 뒤,

(2) 연기와 불 사이에 특별한 관계를 상기하여,

(3) 다시 그 산에 연기가 있다는 것을 확인하고,

(4) 거기에 불이 있다고 판단한다.

라는 일련의 과정이 추리라고 하는 것이지만, 그 어느 부분을 지식수단으로 볼 것인가는 초기 니야야학파에서 명확하지 않다.

불의 인식이 결과라는 것은 말할 필요도 없다. 무엇보다도 『니야야수트라』는 3종의 추리 명칭만을 거론할 뿐 일반적인 정의나 개개의 추리에 의한 구체적인 예를 제시하지는 않는다.

그런데 그것(=지각)을 전제로 하는 세 가지 추리가 있다. 과거의 것을 (대상으로서) 가진 (추리)와 미래의 존재를 (대상으로서) 가진 (추리)와 (현재의 존재를) 공통성에 근거하여 인식하는 (추리) 등이다.(1 · 1 · 5)

『차라카상히타』

3종의 추리의 어원은 각각 '푸르바바트(pūrvavat)', '세샤바트(śeṣavat)', '사마냐토드리슈탐(sāmānyatodṛṣṭam)'이며 다양한 문헌에 기록되어 있는 그 해석은 실로 다양하다. 위의 핫토리(服部) 번역은 『차라카상히타』의 해석에 근거하고 있다. 같은 책 제1권 제11장에 의하면 추리는 지각을 전제하며 과거 · 미래 · 현재의 삼시(三時)에 걸쳐 기능한다.

(1) '과거의 존재(pūrva)를 대상으로 갖는(vat) 추리' 란 예를 들면 현재 잉태(孕胎)한 외견에서 과거의 성교(性交)를 추리하는 경우이다.

(2) '미래의 존재(śeṣa)를 대상으로 갖는 추리' 란 예를 들면 씨앗에서 싹이 나오는 것을 경험하고 나서 현재의 씨앗에서 미래의 싹이 나올 것을 추리하는 경우이다.

(3) '공통성에 근거하여(sāmānyato) 인식하는(dṛṣṭam) 추리' 란 예를 들면 현재 눈에 보이는 연기에서 눈에 보이지 않지만 현재 존재하는 불을 추리하는 경우이다.

간단히 말하면,

(1) 현재 → 과거
(2) 현재 → 미래
(3) 현재 → 현재

라는 삼시(三時)에 걸친 3종의 추리이다.

같은 해석이 『방편심론』에도 보인다. 그곳에서 3종의 추리는 (1)전비(前比) (2)후비(後比) (3)동비(同比)로 한역되어 있다.

밧쯔야야나

3종 추리의 다양한 해석 가능성을 승인하는 것처럼, 『니야야수트라』의 주해자 밧쯔야야나는 『차라카상히타』 등과는 다른 두 종류의

해석을 제시한다. 우선,

(1) '푸르바바트' 는 '원인을 갖는 것' 으로 이해된다. 예를 들면, 구름이 일어나는 것을 근거로 '비가 내릴 것이다' 라고 추리하는 것처럼, 원인에서 결과를 추리하는 경우이다.

(2) '세샤바트' 는 '결과를 갖는 것' 으로 이해된다. 예를 들면, 강물이 흐리거나 물이 불어난 상태를 근거로 '상류에 비가 내렸음에 틀림없다' 라고 추리하는 것처럼, 결과에서 원인을 추리하는 경우이다.

(3) '사마냐토드리슈탐' 은 앞의 두 경우와는 달리 전혀 지각되지 않는 대상 영역에 관한 추리이다. 예를 들면, 전에 어떤 장소에서 보였던 사람이 뒤에 다른 장소에서 보이는 것은 그가 걸어갔기 때문이다. 태양도 마찬가지로 동쪽에서 떠서 서쪽으로 지는 것이 보이기 때문에, 지각되지는 않지만 태양의 운행을 추리할 수 있는 것이다. 이와 같은 추리는 상키야학파의 '원질'이나 '정신원리' 와 같이, 정의상 지각될 수 없는 존재의 증명에 자주 이용되어왔다.

밧쯔야야나의 다른 해석에 의하면,

(1) '푸르바바트' 는 '이전(pūrva)과 같이(vat)' 라 이해된다. 예를 들면, 연기의 지각에서 불의 존재를 추리하는 것처럼, 이전에 동시에 지각된 두 개의 존재 가운데 어느 한 쪽을 현재 지각함으로써 지각되지 않는 다른 쪽의 존재를 추리하는 경우이다.

(2) '세샤바트'는 '잔여법(pariśeṣa)'과 등치된다. 요컨대 무엇인가의 이론적 가능성을 점차 부정함으로써 남겨진 유일한 명제의 정당성을 논증하는 일종의 귀류논증(배리법)이다. 이 귀류논증은 제4장에서 상세히 기술할 것이다.

(3) '사마냐토드리슈탐'은 예를 들면, 욕구 등의 심리작용에서 지각 불가능한 아트만의 존재를 추리하는 것처럼, 연기와 불의 경우와 달리 욕구와 아트만 사이의 관계가 지각되지는 않아도, '욕구는 속성이다, 속성은 실체에 의존한다, 따라서 욕구가 의존하는 실체, 즉 아트만이 존재한다.'와 같이 간접적으로 추리하는 경우이다. 이것은 앞의 해석 (3)과 본질적으로 다르지 않다.

추리를 정당화하는 관계

추리에서 중요한 위치를 점하는 것은, 연기에 의해 불을 추리하는 경우의 '인과관계'와 같이 그 추리를 정당화하는 징표와 그것을 통해 추리하는 대상 사이의 어떤 관계이다. 이점에 관해서는 『니야야수트라』에도, 그 『주해』에도 특별한 언급이 없다. 어쩌면 니야야학파는 그 성립 당초부터 협의의 논리학에 해당하는 '문답법'이나 '논증법'을 주된 연구대상으로 하고, 광의의 인도논리학에 포함되는 '인식론'이나 '존재론'에는 그다지 관심이 없었다고 말할 수 있다. 이에 대해 상키야학파와 바이세시카학파는 인도에 있어서 인식론의 형성에 지대한 공헌을 했을 뿐만 아니라 어떠한 추리가 정당화되는가 하는 문제에 대해서도 언급하고 있다.

예를 들면, 바이세시카학파의 최초의 학설강요서인 『바이세시카
수트라(Vaiśeṣikasūtra)』(1~2세기)는 A와 B 두 항 사이에

(1) 'A는 B의 원인이다' 또는 'A는 B의 결과이다' 라는 인과관계
(2) 연기와 불과 같은 결합관계, 혹은 뿔과 소와 같은 내속관계
(3) 손과 발이 같은 신체에 내속하는 것과 같이 동시에 동일물 C
    에 내속하는 관계
(4) 비가 내리지 않는 것과 바람과 구름의 결합처럼 서로 양립될
    수 없는 관계

가 있을 때 A를 징표로 하여 B의 존재를 추리할 수 있다고 말한다. 소
의 뿔을 보면 거기에 보이지는 않아도 소가 있다는 것을 추리할 수
있고, 사람의 손을 보면 거기에 발이 있다는 것을 추리할 수 있다. 비
가 내리지 않으면 하늘에 비를 내리게 하는 구름을 바람이 모으지 않
는다는 것을 추리할 수 있다.

한편, 상키야학파의 초기 학설강요서인 『샤스띠탄트라』(60과론,
400년경)는 원본이 산실되어 그 내용을 단편적으로밖에 알 수 없지
만, 마찬가지로 추리를 성립시키는 7개의 관계를 인정하고 있었다고
전해지고 있다. 아래의 내용이 바로 그것이다.

(1) 예를 들면 임금을 따르는 가신(家臣) 사이에는 일종의 '소유
    자와 소유물의 관계' 가 있다. 만약 가신이 있다면 그 근처에는
    임금이 있는 것으로 추리할 수 있다.
(2) 우유와 버터 사이에는 '본질과 변이의 관계' 가 있다. 만약 우

유가 변화한 것인 버터가 있다면 선행하는 우유의 존재를 추리할 수 있다.

(3) 수레와 그 구성요소인 수레바퀴 사이에는 '질료인과 결과의 관계'가 있다. 만약 수레바퀴가 보이면 수레 전체의 존재를 추리할 수 있다.

(4) 도공과 항아리 사이에는 '동력인과 결과의 관계'가 있다. 만약 항아리가 있다면 그것을 만든 도공의 존재를 추리할 수 있다.

(5) 나무와 그 가지 사이에는 '소재와 형성물의 관계'(또는 '부분과 전체의 관계')가 있다. 만약 나뭇가지가 있다면 나무의 존재를 추리할 수 있다.

(6) 화목을 상징하는 것으로 알려져 있는 원앙 한 쌍은 '공존관계'가 있다. 만약 수놈이 있으면 암놈이 있다는 것도 추리할 수 있다.

(7) 뱀과 몽구스 사이에는 뱀을 발견하면 몽구스가 잡아먹는다는 '적대관계'가 있다. 만약 뱀이 있다면 몽구스는 없고, 몽구스가 있다면 뱀은 없다고 추리할 수 있다.

뒤에 인도논리학을 재편성하여 '새로운 논리학'을 확립했다고 볼 수 있는 불교논리학자 디그나가는 이상과 같은 구체적인 관계에 의거하여 추리를 철저히 배제했다. 이 책 제5장에서 기술하는 것처럼, 디그나가에 있어서 추리란 우리의 '대화의 세계(the universe of discourse)' 즉 추상적인 개념의 세계에서 성립하는 A와 B, 두 항 사이의 A에 의한 B의 포섭관계에 근거하여 행해지는 것이다. 따라서 A가 없는 곳에는 B도 없다는 두 항 사이의 '불가분의 관계'에 의해 B를 징표로 하여 A의 존재를 추리하는 일이 정당화되는 것이다. 바이세시카학파나 상키야학파에서 거론하는 다양한 '관계'가 바른 추리를 도출하는 데 성공한다면, 그것은 두 항 사이에 '불가분의 관계'가 성립하고 있기 때문이라고 밧쯔야야나는 생각했다. 이에 대해 디그나가의 후계자인 다르마끼르띠는 다시 '인과관계'와 '동일성의 관계'라는 관계개념을 도입하여 추리론을 전개했다.

그 밖의 지식수단

니야야학파는 제3의 지식수단인 '비정(比定, 유추)'을 다음과 같이 정의한다.

> 누구나 아는 사물과의 유사성에 의해서 증시(證示)되어야 하는 것을 증시하는 것이 '비정'이다.(1 · 1 · 6)

예를 들면 시내에 사는 사람이 '가바야는 소와 유사하다'라고 배운 뒤 숲에 가서 소와 아주 유사한 네발동물을 보고 '이것이 가바야다'라고 이해하는 경우이다. 소와 가바야의 유사성에 근거한 인식이기 때문에 핫토리는 '유추(Analogy)'라고 번역하지만, 아직 알려져 있지 않은 대상에 명칭을 적용하는 것이기 때문에 '비정(比定, Identification)'이라는 번역어를 채용해둔다.

끝으로 '증언'은 다음과 같이 정의된다.

> 신뢰할 만한 사람의 교시가 '증언(証言)'이다.(1 · 1 · 7)

그것(증언)은 대상이 지각되는가, 대상이 지각되지 않는가에 따
라 두 종류로 분류된다.(1 · 1 · 8)

밧쯔야야나는 '신뢰할 만한 사람'을 주석하여, '존재의 본성을 직
증(直証, 직관 · 체득)한 사람'이라 말하고, 성선(聖仙)인가 일반인인
가, 아리야인인가 외국인인가를 따지지 않는다고 하였다. 현재 우리
는 일상생활에서 대부분의 지식을 학교교육을 비롯한 책 · 신문 · 잡
지 등의 활자미디어나 TV · 라디오 등의 시청각미디어 등 모두 '언
어'를 매개로 하여 획득한다. 다만 그 발신원이 '신뢰할 만한'가 아
닌가는 별개의 문제이다. '대상이 지각되지 않는' 증언이란 '업보'
나 '내세' 등 일반사람은 알 수 없는 영역에 관한 성선(聖仙)들의 증
언일 것이다.

이상과 같이 니야야학파는 (1)지각 (2)추리 (3)유추 (4)증언 등 네
가지 지식수단을 인정한다. 아마도 지식수단에 관한 한 이것이 인도
에서 가장 상식적인 이해방식일 것이다. 다만 학파마다 다른 견해가
있는데, 예를 들면 로카야타 또는 차르바카(Cārvaka)라고 불리는 인
도 유물론자들은 새로운 신화인 업보 · 윤회 사상을 거부하고, '내일
의 공작보다는 오늘의 비둘기가 좋다'는 철저한 현실 긍정주의 입장
을 취했다. 그들은 신뢰할 만한 지식수단으로서 지각만을 인정한다.
밤사이 왕도의 모래 위에 양손 세 손가락으로 늑대 발자국을 표시해
둔 로카야타학파 사람이, 다음 날 아침이 되어 '발자국을 보고 추측
하건대 밤사이 늑대가 왔다 갔음에 틀림없다'고 출랑대며 부산을
떠는 학자들을 비웃는 이야기는 잘 알려져 있다. 추리에 근거한 직
접적 논증을 신뢰하지 않는 로카야타학파는, 실제의 교의논쟁에서

는 '오로지 대론상대의 비판에 전념'하는 일종의 귀류논증을 구사하게 된다.

바이세시카학파는 지식수단으로서 지각과 추리만을 인정한다. 그 이외의 것은 추리의 일종으로 간주한다. 이러한 사고는 뒤에 디그나가 이후의 불교논리학자들이 인정했던 것이다.

상키야학파는 지식수단으로서 지각과 추리와 증언, 3종을 인정한다.

미망사학파의 프라바카라(Prabhākara)파는 지각·추리·유추·증언에 더하여, (5) '요청'이라는 지식수단을 인정한다. '요청'이란 눈으로 본 사실이나 귀로 들은 사실 이외에 어떻게 달리 설명할 수 없다는 의미에서, 다른 어떤 무엇인가가 논리적으로 요청되는 것이다. 예를 들면, 엄청나게 살찐 남자가 낮에는 전혀 먹지 않는 걸 확인하고서, '그는 밤에 식사를 한다'고 판단하는 경우이다.

미망사학파의 밧타(Bhaṭṭa)파는 그 위에 (6) '비존재'라는 지식수단을 세운다. 이것은 대상에 관해서 다른 어떤 지식수단도 발동하지 않고 어떤 지식도 얻지 못할 경우, '그 대상은 존재하지 않는다'고 판단하는 경우이다.

요청이나 비존재도 바이세시카학파나 불교논리학자의 눈으로 보면 추리의 일종에 지나지 않는 것이다.

이상이 주요한 지식수단인데 그 밖에

(7) 말을 듣는 즉시 그 의미를 이해하는 '직관'

(8) 연극에서 관객에게 특정한 의미를 이해시키는 '몸짓'

(9) 베다성전 등의 '구전(口傳)'

(10) 천(千)에 근거한 백(百)의 지식의 '수생(隨生)' (또는 포함)

등도 독립적인 지식수단으로 보는 사람들도 있다. 후대의 자이나교 논리학자 중에는 지각 · 추리 · 증언 이외에 (11) '상기' (12) '재인식' (13) '귀납법' 을 독립적인 지식수단으로 인정하는 사람도 있다.

(2) 존재론

다시 『니야야수트라』의 서두로 돌아가면, 니야야학파의 16원리 가운데 두 번째 원리인 '지식의 대상(prameya)' 이 거론된다.

> '지식의 대상' 은 이것에 대해 아트만 · 신체 · 감각기관 · 대상 · 의식 · 사고기관 · 활동 · 결함 · 전생 · 결과 · 고(苦) · 해탈이다.(1 · 1 · 9)

밧쯔야야나의 『주해』에 의하면 모든 것을 인식하는 주체이자 일체의 것을 경험하는 주체가 아트만, 그 경험이 일어나는 장소가 신체, 경험의 도구가 감각기관, 경험되는 것이 그 대상, 경험내용이 의식이다. 지각에 의해 파악되지 않는 '아트만' 은 욕구 · 혐오 · 의지적 노력 · 쾌감 · 불쾌감 · 지식이라는 특유의 속성에 의해 그 존재를 추리할 수 있다. '신체' 는 행동 · 감각기관 · 대상의 의지처이다. '감각기관' 은 코 · 혀 · 눈 · 피부 · 귀 등이며, 각각 지 · 수 · 화 · 풍 · 허공이라는 원소로 이루어진다.

감각기관의 '대상' 은 지(地)원소 등의 속성으로서 향기 · 맛 · 색 · 가촉성(可觸性) · 소리이다. 간단히 말하면 감각기관은 각각 고유의 원소를 질료인으로, 그 원소에 고유의 속성을 대상으로 한다. 즉, 코-

지(地)원소-향기, 혀-수(水)원소-맛, 눈-화(火)원소-색, 피부-풍(風)원소-가촉성, 귀-허공(虛空)원소-소리라는 대응관계에 있다.

'의식(buddhi)'은 아트만 특유의 속성이며 인식(upalabdhi)이나 지식(jñāna)과 동의어이다.

모든 것이 감각기관에 의해 지각되는 것은 아니다. 기억 · 추리 · 증언 · 의심 · 상상 · 꿈속의 의식 · 사려 · 쾌감 등의 내적 지각 및 욕구 등의 심리작용의 원인으로서 '사고기관'이 요청된다. 감각기관에 의해 지각된 내용은 사고기관에 의해 아트만으로 전달된다. 따라서 복수의 감각기관이 동시에 각각의 대상에 접촉해 있는 경우에도 여러 종류의 지식이 동시에 생기는 것은 아니다. 이것이 또한 감각기관에 의해서 지각되지 않는 사고기관의 존재를 추리하게 하는 징표(linga)이다.

'활동'이란 언어 · 의식 · 신체의 작용이며, 그것을 유발하는 것이 탐욕 · 혐오 · 몽매(蒙昧)라는 인간의 '결함'이다.

아트만이 생명체를 구성하는 제 요소인 신체 · 감각기관 · 사고기관 · 의식 · 감수(感受)와 결합을 버리는 것이 죽음이고, 다른 제 요소와 다시 결합하는 것이 '전생(轉生)'이다.

인간의 결함과 그것이 야기하는 활동의 '결과' 인간은 즐거움이나 괴로움을 향수(享受)한다.

실로 인간의 생존은 '고(苦)' 그 자체이며, 고(苦)로부터 궁극적으로 해방되는 것, 생사연속의 차단이 '해탈'이다.

이상과 같이 『니야야수트라』에서 지식의 대상은 인간존재의 존재방식과 그 생사유전에서 해탈까지 이르는 과정을 12항목으로 정리한 것이다. 해탈을 '고로부터의 해방'이라고 규정한다는 점에서 불교나 상키야학파와 친근성을 볼 수 있다.

바이세시카학파의 6범주

그런데 후대 니야야학파의 학설강요서에서는 위와 같은 이른바 실존적 존재론이 아니라, 실체·속성·운동·보편·특수·내속이라는 바이세시카학파의 6개 원리(padārtha)에 근거한 범주론적 실재론을 '지식의 대상'으로 채용하고 있다. '파다 아르타'란 문자상으로는 '언어(pada)의 표시대상(artha)'을 의미하며, 한자로는 '구의(句義)'라고 하지만, 열거항목에서 쉽게 짐작할 수 있듯이 여기서는 '존재의 범주'를 의미한다.

바이세시카학파에서 자연철학의 핵심을 이루는 이 범주론은 일찍이 의학서인 『차라카상히타』에 의해 채용되었다. 뒤에 문법학자 바르트리하리나 불교논리학자 디그나가가 언어의 지시대상이나 적용근거를 논의할 때도 유사한 존재의 범주를 전제하고 있다.

따라서 바이세시카학파와 자매관계에 있는 니야야학파가 바이세시카학파의 범주론을 전면적으로 수용하는 것은 전혀 놀라울 것도 없다. 니야야학파의 '4종의 지식수단'과 마찬가지로 바이세시카학파의 '6범주'라는 생각도, 인도에서는 일종의 철학적 사변의 상식으로서 학파의 범위를 초월하여 받아들여졌던 것이다.

여기서는 주로 『바이세시카수트라』에 의거해 간단하게 6범주를 설명하고자 한다. 인도의 도시에서 흰 소 한 마리가 큰길을 천천히 걷고 있다고 하자. 눈앞에 보이는 것은 머리에 뿔 두 개가 있고, 목덜미에는 특유의 피부 늘어짐이 있으며, 등에는 융기가 있는 네 다리소의 '신체' 이지만, 소의 신체는 '지(地)원소' 로 구성되는 실체이다.

실체에는 다수의 속성과 운동이 내속되어 있다. 예를 들면, 지금의 경우 적어도 '흰색' 과 '1이라는 수' 라는 두 개의 속성과 '진행' 이라는 운동이 내속되어 있다. '내속' 이란 바이세시카학파 특유의 범주로, 나무와 도끼처럼 각각 독립하여 존재하는 두 개의 존재 사이의 결합관계와는 달리 소의 흰색과 소, 혹은 소의 보행과 소처럼 별개로는 존재할 수 없는 두 개의 존재 사이에 성립하는 관계이다.

보편과 특수

나아가 이 소에는 이 세계에 존재하는 다른 모든 소와의 공통성, '이것도 소' , '저것도 소' 라는 관념을 낳는 원인인 '소의 성질(牛性)' 이라는 보편이 내속한다. 소의 성질은 '이것은 말이 아니다' , '개가 아니다' 등으로 다른 관념을 배제하는 원인이기 때문에 특수라는 범주에도 속하는 것으로 간주된다.

소에는 실로 많은 보편이 내속되어 있다. 소의 성질보다 상위의 보편으로서 '지(地)원소로 이루어진 성질' , '실체성' , '존재성' 등이 있고, 하위의 보편으로서는 '백우성(白牛性)' 등이 내속되어 있다. 소의 성질 가운데 지(地)원소로 이루어진 성질에 대해서는 특수, 백우성에 대해서는 보편이라고 간주한다.

바이세시카학파의 범주론에서 보편과 특수는 종과 류(genus-species)와 같이 상대적인 관계이고, 최고위의 보편인 '존재성' 에서 최저위의 특수인 '원자성' 등에 이르기까지 일종의 나무 모양의 분류체계(hierarchy)를 형성하고 있다.

초기 바이세시카학파에서는 보편=특수를 '관념에 의존하는' 것으로 간주하고 실체·속성·운동과 같은 차원의 존재라고는 생각하지 않았던 같지만, 뒤에

무릇 알려질 수 있는 것, 이름을 붙일 수 있는 것은 실재한다.

는 범주론적 실재론이 확립되자 6범주는 동등하게 외계에 실재한다고 생각했던 것 같다.

또한 소에 내속하는 속성이나 운동에도 '속성성(屬性性)'이나 '운동성', 나아가 '색성(色性)', '백색성(白色性)', '일성(一性)', '진행성(進行性)' 등의 보편=특수가 내속해 있다. 그러나 보편과 특수에서 나아가 '보편-성', '특수-성', '색성-성'이라는 보편이 내속하는 것은 아니다. 'ㅇㅇ性-性-……'처럼, 무한히 보편이 증대해버리기 때문이다. 내속에도 '내속-성'이라는 보편이 내속하는 것은 아니다. 마찬가지로 무한히 증대해버리기 때문이지만, 동시에 내속은 이 세계에 단지 하나밖에 존재하지 않는다고 생각되고 있음에도 유일자에게는 다수 존재의 공통성으로 간주되는 보편이 있을 수 없기 때문이다.

내속

속성과 그 기체인 실체, 운동과 운동자인 실체, 보편과 그 개물(個物)에 해당하는 실체와 속성, 그 밖에 거의 불가분리하게 성립해 있는 두 개의 존재 사이에는 이 내속이 일종의 '접착제'로서 반드시 있다고 생각되는 것이지만, 그것이 소 등과 같이 외계에 실재하며, 게

다가 단 하나라는 것은 상식적으로는 받아들이기 어려운 면이 있다. 내속이라는 것은 우리의 관념 속에서만 존재하는 개념적 존재일 뿐이라고 말하는 불교논리학자들의 비판 쪽이 오히려 더 이해하기가 쉽다. 그러나 철저하게 범주론적 실재론의 입장에 서 있는 바이세시카학파에게는 'A에게 B가 있다' 는 관념이 있는 한 내속은 그 대상으로 존재하지 않으면 안 되는 것이다.

다시 한 번 소에 주목해보자. 바이세시카학파의 범주(padārtha)란 '흰 소 한 마리가 간다' 는 언명을 구성하는 각 언어(pada)의 표시대상(artha)에 다름 아니다. '한 마리' 는 속성 '1이라는 수(數)' 를, '흰(白)' 은 같은 속성인 '흰색' 을, '간다' 는 '진행' 운동을, 그리고 '소' 는 그들의 기체(基體)가 되는 실체를 표시하는 것이다.

바이세시카학파의 범주란 이들 명칭·관념의 대상에 다름 아니다. '소' 라는 말이 눈앞의 소뿐만 아니라 세계 속의 모든 소에 적용 가능한 것은 '소의 성질(牛性)' 이라는 보편이 내속하기 때문이다.

실체

실체·속성·운동이라는 3개 범주의 하위분류를 들어서 간단히 설명해보자.

실체에는 9종이 있다. 우선, '지·수·화·풍' 의 4원소이며 각각 원자의 상태로 존재한다. 한 개의 원자는 지각되지 않지만 두 개의 원자가 모인 '2원자체' 가 세 개 모인 '3원자체' 에서는 지각 가능하다. 어두운 방에 비치는 태양광선에 떠다니는 미세한 먼지가 이 크기에 해당한다. 이와 같이 다수의 원자가 집합해 있는 결과로 신체·감각기관·대상상태의 실체가 생기는 것이다.

다섯 번째의 원소로서 지각되지 않는 '허공'이 있다. 이 세계에 하나밖에 없고 게다가 편재하며 항상적이다. 허공은 단순한 공간이 아니라 공간을 채우는 에테르와 같은 존재임을 주의하지 않으면 안 된다.

다음으로 '시간'과 '방위(공간)'라는 실체가 있다. '허공'과 같이 단일하며 편재하고 항상적이다. 각각 시간은 동시(同時)·이시(異時), 늦음(遲)·빠름(速)의 관념, 방위(공간)는 동서남북 등의 관념이 생기는 원인으로 간주된다.

끝으로 '아트만'과 '사고기관(manas)'이 있다. 둘 모두 원자의 복합체는 아니며, 허공 등과 같이 단일하고 지각불가능하다. 로카야타 학파나 불교도를 제외한 모든 인도철학 제 학파에 있어서 지각할 수 없는 아트만의 존재 논증은 중요한 공통의 과제였다. 사고기관은 앞에서 기술한 것처럼, 감각기관에 의해 지각된 대상에 관한 정보를 아트만에 전달하는 역할을 담당한다. 원자 크기이며 하나의 감각기관에서 다른 감각기관으로 극히 신속하게 이동하기 때문에 우리는 음악을 들으면서 동시에 춤추는 사람을 보고 있다는 착각을 일으키는 것이다. 바이세시카학파는 2종류의 지각이 동시에 생긴다는 것을 인정하지 않는다. 또한 그것이 사고기관의 존재 증명이 된다고 생각한다. 역시 지각이나 추리 등의 인식은 실체가 아니라 아트만 특유의 속성이라 간주되고 있음을 주의해야 한다.

속성과 운동

속성에는 17종이 있다.

우선 백·청·황 등 7종의 '색(色)', 달다·시다 등 6종의 '맛(味)', 방향(芳香)과 악취 2종의 '향(香)', 냉·열·비냉비열의 '가촉성' 3종이 있다. 색은 지(地)·수(水)·화(火)의 3원소에 내속하고, 맛은 지·수 2원소에 내속하며, 향은 지원소에만 내속하고, 가촉성은 4원소 모두에 내속한다.

다음으로 '수(數)'·'량(量)'·'별리성(別異性)'·'결합'·'분리'가 있고 이것은 모든 실체에 있다.

'저쪽'과 '이쪽'은 4원소와 사고기관에 내속한다.

'지각작용'·'쾌감'·'불쾌감'·'욕구'·'혐오'·'의지적 노력'은 아트만 고유의 속성이다.

후대가 되면 그 위에 7종의 속성이 부가된다.

'무게'는 지·수 2원소에, '유동성'은 지·수·화의 3원소에, '점착성(粘着性)'은 수원소에만 내속한다. 나아가 '음(音)'은 허공에만 있고, '공덕(功德)'과 '죄과(罪過)'는 아트만 고유의 속성이다.

끝으로 관성(慣性)·잠재인상(潛在印象)·탄력성(彈力性)이라는 3종의 '잠세력(潛勢力)'이 있다. 관성은 4원소와 사고기관에 내속하지만, 잠재인상은 아트만에만, 탄력성은 지원소에만 있다.

이어서 운동에는 '상승'·'하강'·'수축'·'신장(伸張)'·'진행'의 5종이 있다.

운동은 어떤 실체와 다른 실체의 결합(속성)을 원인으로 하고, 제3의 실체와 분리(속성)하는 것을 결과로 한다. 운동도 4원소와 사고기관에만 있다. 바꾸어 말하면, 운동 가능한 실체는 4원소에서 생기는 실체와 사고기관에만 있다.

허공·시간·방위·아트만은 편재하기 때문에 운동과는 무관하

다. 허공 등과 달리 아트만은 각 개인에게 존재하기 때문에 단일체이
지만 다수이다. 그러나 다수인 아트만이 각각 어떻게 편재하는가, 또
는 운동하지 않는 아트만이 어떻게 해서 현재부터 내세로 윤회·전
생하는가 하는 질문은 바이세시카학파에 한정하지 않고 인도철학의
교리적 난문(難問)으로서 다양하게 논의되었다.

제7의 범주

나아가 후대의 바이세시카학파는 '비존재'라는 제7의 범주를 부
가하여 4종을 헤아린다.

항아리를 예로 들면, 항아리가 나오기 이전에는 그 구성인자인
두 개의 반구체(半球體)에 항아리의 (1) '미생무(未生無, 발생 이전
의 비존재)'가 있고, 항아리가 파괴된 후에는 그 파편에 항아리의
(2) '이멸무(已滅無, 소멸 후의 비존재)'가 있다고 생각된다. 각각은
'(항아리가) 생길 것이다', '(항아리가) 소멸했다'라는 언어표현의
원인이다.

다음으로 (3) '필경무(畢竟無, 절대적 비존재)'란 어떤 특정의 장소에
과거·현재·미래의 삼시(三時)에 걸쳐 무엇인가가 존재하지 않는
것이다. 예를 들면, 바람이 눈에 보이지 않는 것은 바람에 색의 필경
무가 있기 때문이다.

마지막으로 (4) '교호무(交互無, 상호적 비존재)'란 항아리와 천(布)
은 서로 별개의 존재이기 때문에 항아리에는 천의 비존재, 천에는 항
아리의 비존재가 있다. '항아리는 천이 아니다', '천은 항아리가 아
니다'라는 차이성을 나타내는 언어표현의 원인으로 간주된다.

여기서 주의해야 할 것은 이들 '비존재'도 아직 관념의 대상으로서, 언어의 대상으로서 다른 범주와 동일하게 외계에 실재한다는 것이다. 비존재가 다른 존재로부터 독립적으로 실재한다는 바이세시카학파의 특이한 주장은 비존재는 존재의 부정에 지나지 않는다는 상식적인 입장으로부터 엄격한 비판을 받게 된다. 하지만 그들의 범주론적 실재론의 입장을 철저하게 하면 당연히 도출되는 논리적 귀결일 것이다.

(3) 인과론 그리고 우주론

바이세시카학파의 자연철학이 지향하는 바는, 이상과 같은 존재의 범주에 의해 어떻게 세계를 합리적으로 설명할 것인가에 있었다. 그 진면목은 현상적 존재가 모두 복수의 원자로부터 구성된 것이라는 원자론에 있다. 개조(開祖)라고 할 수 있는 카나다(Kaṇāda, 별명 우루카)의 이름이 '원자(Kaṇa)를 먹는 자'를 뜻하기도 한다는 점에서도, 바이세시카학파에 있어서 원자론이 얼마나 중요한지 쉽게 이해할 수 있을 것이다. 이미 논한 바와 같이, 두 개의 원자가 모여서 2원자체를 구성하고, 그 위에 2원자체가 세 개 모여 3원자체를 구성하는 것처럼, 천천히 크기를 증대시켜 최종적으로 항아리 등의 물질적 존재에서 동식물에 이르기까지 조대(粗大)한 물체가 구성되는 것이다.

이와 같은 바이세시카학파의 생각을 '구성설(積集說)'이라고 한다. 바이세시카학파의 구성설은 현상세계의 모든 것이 제1원인인 '원질'에서 전변된 것이라고 생각하는 상키야학파의 '개전설(開展說, 전변설)'과 좋은 대조를 이루고 있다. 인과론에 대해서도 두 학파는 정반대의 입장을 취하게 된다. 상키야학파는 완전히 새로운 결과 등은 있을 수 없고 결과는 모두 잠재적으로 그 원인에 내재해 있다는 '인중유과론(因中有果論)' 을 취한다. 반면 바이세시카학파는 결과는 모두 새롭게 발생하는 것이라는 '인중무과론(因中無果論)' 을 채용한다. 예를 들면, 실(絲)에서 천(布)이 구성되는 경우, 구성요소로서의 실과 구성물로서의 천이 완전히 다른 존재라는 것은 상식적으로 받아들이기 어렵지만, 결과로서의 '전체' 는 원인인 '부분' 과 다르다는 것이 부분과 전체에 대한 그들의 기본적 입장이다. 천의 일부분을 숨겨도 전체로서의 천의 관념이 형성되기 때문에, 전체는 부분과는 다른 존재라는 그들의 논의는 다시 그 실념론(實念論)적 경향을 명시하는 것이다.

초기의 바이세시카학파나 니야야학파는 세계의 창조에 대해서는 특별히 논한 적이 없다. 그런데 6세기 카시미르의 유력한 니야야학자였던 웃또타카라(Uddyotakara, 550~610)는 힌두교 시바파의 바슈바타파에 속해 있어서, 세계를 창조하는 주재신(Īśvara)의 존재를 적극적으로 논증하여 그 이후 계속되는 불교도 사이의 신의 존재증명을 둘러싼 긴 논쟁의 도화선을 끊었다. 웃또타카라의 영향으로 인해 바이세시카학파 중에서도 6세기 후반에 나타난 프라사스타파다(Praśastapāda, 550~600경)는 『제 원리의 성질 강요(padārthadharmasaṃgraha)』 속에서 전 세계의 주인인 대주재신(大主宰神, 마하슈바라)의 의지 아래 원자상태에 있는 4원소의 집합에서 세계가 창조되고, 그것이 소멸할 때 다시 원자상태로 돌아간다는 우주론을 전개하고 있다.

세계가 창조될 때 마하슈바라의 원(願)에 따라, 허공 속에 바람의 원자에서 차례로 바람의 모임이 생기고, 그 속에서 물의 원자로부터 큰 물의 고임이 생기고, 나아가 그 위에 지(地)의 원자로부터 대지가 생기는 과정은, 원자론은 별도로 한다고 해도 초기불교도의 공륜(空輪)·풍륜(風輪)·수륜(水輪)·금륜(金輪)이라는 사고와 아주 유사하다. 물의 고임에는 그 위에 불의 모임이 생긴다. 다시 일종의 우주란(宇宙卵)이 생기고, 거기에서 세계의 실질적 창조자인 브라흐만신(梵天)이 생긴다. 그 브라흐만신이 쁘라샤빠디나 마누(Manu, 인류의 시조)를 비롯한 신들이나 인간, 나아가 입·팔·대퇴부·다리에서 각각 브라만·크샤트리야·바이샤·수드라의 4성 계급을 창조하는 등 다양한 존재를 창조하는 것이다.

브라흐만신의 계산에 의한 100년(인간의 계산으로는 15,552×10의 9제곱년)이 경과하면 이 신에게도 '해탈'의 시간이 온다. 그때 마하슈바라는 윤회에 지친 모든 생명체에게 밤의 휴식을 주기 위해 그들을 회수하고자 하는 원(願)을 품는다. 지·수·화·풍의 모임을 비롯하여 모든 것이 원자상태로 흩어지고, 다음 창조의 시간이 올 때까지 그대로 장기간 존속하는 것이다. 여기에는 다시 모습을 바꾼 베다신화의 부활이 보인다.

(4) 해탈론

다시 한 번 『니야야수트라』의 서두로 되돌아가면, '지식수단', '지식의 대상' 등 16원리의 '진리 인식에 의해 지복(至福)의 달성이 있다'(1·1·1)고 한다. '지복'이란 윤회로부터 해탈하는 것을 의미한다. 다음 수트라는 해탈에 이르는 구체적 과정을 설명하고 있다.

괴로움 · 생존 · 활동 · 결함 · 잘못된 인식이 뒤에 오는 존재로부터 차례대로 소멸할 때 각각 직전의 존재가 소멸하여 (최후에) 해탈이 있다.(1 · 1 · 2)

밧쯔야야나의 『주해』에 의하면 앞서 거론된 아트만에서 해탈까지 12종의 지식대상에 관하여, '아트만은 존재하지 않는다' 등 다종다양한 '잘못된 인식'이 생길 때 인간은 탐욕 · 혐오 · 질투 · 시기 · 사기 · 욕심 등의 '결함'이 생긴다.

결함이 있는 사람은 살해 · 도벽 · 불륜의 음사(淫事)라는 신체적 '활동', 허언(虛言) · 거친 말 · 극단적인 말 · 맥락 없는 말이라는 언어적 활동, 타인을 해치려는 의도(害意) · 타인의 재화를 뺏으려는 욕망 · 허무한 사상을 품는 등의 심적 활동을 행한다. 이와 같은 악성(惡性) 활동은 죄과(罪過)를 초래한다.

한편 공덕을 초래하는 선의 활동으로서는 보시 · 보호 · 봉사를 행하는 신체적 활동, 진실한 말 · 위하는 말 · 애정이 있는 말 · 경전 독송 등의 언어적 활동, 타인에 대한 동정심 · 타인의 재물을 바라지 않는 마음 · 신앙심을 갖는 등의 심적 활동이 있다.

죄나 허물이 거듭 쌓이게 되면 지옥 · 아귀 · 축생이라는 악의 경우(境遇)에 전생(轉生)하고, 공덕이 쌓이게 되면 사람이나 하늘에 이르는 선의 경우에 전생한다.

그 새로운 '생존'은 신체 · 감각기관 · 의식 등의 집합체라는 특징이 있다. 생존이 있다면 곤고(困苦) · 고통 · 고난이라는 '고(苦)'가 있는 것이다.

이상이 니야야학파의 윤회관이다. '잘못된 인식'에서 '고'에 이르는 과정은 '무명(=인간존재에 대한 근본적 무지)을 조건으로 하여 제행(諸行)이 있고, 제행을 조건으로 하여 식이 있고, (중략) 생을 조건으로 하여 노사가 있고, 시름(愁)·비애(悲)·고(苦)·근심(憂)·괴로움(惱)이 있다' (중부경전 제 115경, 『多界經』)라는 불교 12연기설의 순관(順觀)과 극히 유사하다.

또한 16원리의 진리인식보다 정확하게는 그 가운데 아트만 등 12종의 '지식의 대상'에 관한 진리인식에 의해서 '잘못된 인식'이 소멸할 때 '결함'이 없어지고, 결함이 없어지면 '활동'이 없어지고, 활동이 없어지면 '생존'이 없어지고, 생존이 없어지면 '고'가 소멸하고, 고가 소멸할 때 '해탈(解脫)'한다는 사고는 '무명(無明)의 지멸(止滅)에 의해 제행(諸行)이 지멸하고, 제행의 지멸에 의해 식이 지멸하고, (중략) 생의 지멸에 의해 노사가 지멸하고, 시름·비애·고·근심·괴로움이 지멸한다(=윤회에서 해탈)'라는 12연기설의 역관(逆觀)과 대응하고 있다.

그런데 밧쯔야야나는 정구 1·1·1 의 『주해』에서 이 정구2와 관련하여, '괴로움(苦), 괴로움의 원인(集), 괴로움의 소멸(滅), 괴로움의 소멸에 이르는 길(道)'이라는 불교도의 사제설(四諦說)을 모델로 한, '인생의 목적을 달성하기 위한 4개의 의지처'를 언급하고 있다.

> 버려야 할 것(苦)과 그 원인(근본적으로는 '지식의 대상'에 대한 잘못된 인식), 완전한 (괴로움의) 기각(棄却)('지식의 대상'에 대한 진리의 인식), 그 (괴로움을 기각하기 위한) 수단(니야야의 교설), 도달되어야 할 것(해탈)이라고 말하는, 이들 (인생의) 목적(을 달성하기 위한) 네 가지 의지처를 바르게 이해할 때 인간은 지복(至

福)에 도달한다(는 것이 그 정구의 취지이다.)(服部 역, 336쪽)

한편, 진리의 인식에 의해서 해탈한다는 사고는 상키야학파가 25원리(=정신원리·원질·이성·자아의식·사고기관·5감각기관·5행위기관·5소립자·5원소)의 고찰에 익숙함으로써 잘못된 인식을 없게 하여 청정한 순수지(純粹知)가 생길 때 현상세계를 창조하는 원질이 활동을 정지하고, 정신원리가 궁극적인 독존 즉, 해탈에 이른다는 생각과 윤회나 해탈에 대한 개개의 견해는 다르지만 기본적인 발상을 공유하고 있다고 말할 수 있다.

세 학파에 있어서 윤회관·해탈관의 유사성은 이미 논한 바와 같이, 우파니샤드가 제시한 '업보·윤회'라는 새로운 신화에 불교를 포함시킨 인도철학의 제 학파가 동일하게 대응하지 않으면 안 되었다는 역사적인 사정을 고려하면 쉽게 이해할 수 있다. 고대 인도의 철학 학파 중 이들 세 학파는 제사 시행 등의 주술적인 방법이 아니라 인간과 세계구조의 이성적인 파악에 의해 윤회를 극복한다는 자세를 공유하고 있었다고 말할 수 있다.

(5) 논리학

이상으로 프라우발너가 말한 인도철학의 체계적 구조 가운데 니야야학파는 독자적인 인식론과 해탈론을 갖추고 있었지만, 존재론과 우주론에 관해서는 바이세시카학파에 의존하는 바가 컸음을 제시한 셈이다. 그런데 앞에서는 지금까지 논한 니야야학파의 16원리 가운데 겨우 '지식수단'이나 '지식대상'을 언급했을 뿐이고 나머지

14원리는 모두 논리학 고유에 속하는 문답법과 논증법에 관한 제 원리이다.

도대체 니야야학파 자체가 '니야야(Nyāya)'라는 말을 어떻게 이해하고 있었을까? 밧쯔야야나는 '니야야'를 정의하기를 '지식수단에 의한 대상의 고찰', '지각과 증언에 근거한 추리'라고 말한다.(服部역, 337쪽) 그것은 '지각과 증언에 의해 고찰된 것을 뒤에 고찰한다'는 의미이며 '추찰(追察, anvīkṣā)'이라 불린다. 따라서 니야야학파가 『실리론』에서 언급한 '안빅시키, (ānvīkṣīkī, 논증적 추리)'란 '니야야학'이나 '니야야학설체계'이다. 니야야학파는 자신의 학문적 전통을 베다학 · 정치학 · 경제학과는 일획을 긋는 '논리적으로 추구하는 학문'이라고 의식하고 있는 것이다. '니야야학'이 목표로 하는 바는 아트만을 비롯한 대상의 바른 인식이고, 그 결과로서의 해탈이다. 따라서 '니야야'를 '논리학' 혹은 '논증법'으로 이해한다면, 마티랄이 죽기 전에 말했던 것처럼, 인도인의 논리학은 확실히 '목적지향형'이다. 니야야학파는 '괴로움'의 기각(棄却)에 근거한 '해탈'의 달성이라는 인생의 궁극 목적을 달성하는 데 논리학이 가장 유용하다고 주장한다. 한편 마티랄이 서양논리학을 '과정지향형'이라고 말한 것은 정당화될 것이다. 그리스 이래 서양논리학의 전통에는 논증에 의해 도출되는 귀결의 진위(眞僞)보다도 논증 그 자체의 타당성 · 건전성이 중시되고, 현실의 논증보다 논증의 형식을 연구대상으로 해왔기 때문이다.

밧쯔야야나는 제안 · 이유 · 유례 · 적용 · 결론 등 5지로 이루어진 논증법을 '뛰어난 니야야'라 부르고, 이것이야말로 토론의 기본적 수단이며 진리의 확정도 이것에 근거한다고 언명한다.(服部 역, 339

쪽) 5지논증법이야말로 니야야학파 논리학의 진수(眞髓)이다. 예를 들면 밧쯔야야나는 5지로 이루어진 논증식으로 아래와 같은 논증식을 제시한다.

제안 : 언어는 비항구적이다.
이유 : 발생하는 것이기 때문이다.
비유 : 발생한 사물인 그릇(皿) 등의 실체는 비항구적이다.
적용 : 언어도 마찬가지로 발생하는 것이다.
결론 : 그러므로 발생하는 것이기 때문에 언어는 비항구적이다.(服部 역, 377쪽)

의심과 동기

'지식수단'과 '지식대상' 이외의 14원리는 모두 이와 같은 논증법과 그것을 사용하여 이루어지는 토론에 관한 것이다. 그중 '의심'과 '동기'는 논증의 예비과정에 해당한다. '지각되지 않는 대상이나 이미 확정된 대상에 대해서는 논증이 발생하지 않고, 의심스러운 대상에 대해서 논증은 발생하는 것'(服部 역, 336쪽)이라고 밧쯔야야나가 언급하는 것처럼 '의심'은 논증이 개시되기 위한 제1조건이다. 의심이 생기는 다섯 가지 경우는 다음과 같다.

(1) 두 개의 상이한 존재 사이의 공통성 때문에, 예를 들면 어떤 크기를 가진 것이 멀리 서 있는 것을 보고 '저것은 기둥인가 인간인가' 라는 의심이 생긴다.

(2) 동일한 대상에 다수의 성질이 확인될 때 의심이 생긴다.

(3) 동일한 대상에 관해서, 예를 들면 '아트만은 존재한다', '아트만은 존재하지 않는다' 라는 상반된 견해가 있는 경우 의심이 생긴다.

(4) 예를 들면 아지랑이를 물이라고 오인하는 경우가 있기 때문에, 무엇인가 지각되어도 '존재하는 것이 지각되는 것인가, 존재하지 않는 것이 지각되는 것인가' 라는 의심이 생긴다.

(5) 예를 들면 눈에 보이지 않아도 초목의 뿌리에는 물이 포함되어 있기 때문에, 무엇인가가 지각되고 있지 않아도 '존재함에도 지각되지 않는 것인가, 존재하지 않기 때문에 지각되지 않는 것인가' 라는 의심이 생긴다.

모든 인간의 활동에는 그것을 추구하는 '동기' 가 있다. 논증도 인간의 활동인 한 동기가 없으면 안 된다. 논증의 최종목표는 '진리의 확정' 이다.

실례(實例)와 정설(定說)

다음 두 개의 원리인 '실례' 와 '정설' 은 논증을 위한 자료가 되는 것이다. 『니야야수트라』에서는 실례를 다음과 같이 정의한다.

'실례' 란 보통 사람과 학자들이 그것에 관해서 이해를 같이 하는 것이다.(1 · 1 · 25)

대략 동일한 문구의 정의가 『차라카상히타』에도 보인다. 『차라카 상히타』에는 따뜻한 불·흐르는 물·견고한 땅·빛나는 태양 등의 실례를 설명하고 있다. 이미 기술한 바와 같이, 니야야학파의 논증은 이 세간 일반의 사람이나 학자도 동등하게 인정하는 실례에 근거한 유비적 추리이다. 실례는 앞서 거론한 5지로 이루어진 논증식에 있어서 '비유지'이며 '그릇 등'으로서 언급되고 있다. 그릇 등이 점토 등의 질료인에서 발생하고 또 비항구적인 것은 누구든지 인정하는 바이기 때문에, 해당 논증을 위한 질료·근거가 되는 것이다. 실례는 세간 일반이 인정하는 상식에 다름 아니다.

다음에 '정설'은 '이것은 이러이러하다(X is A)'는 형식으로, 학자 사이에 승인되어 있는 일종의 명제이다. 학자 사이에 이 정설에 대한 상위(相違)가 있을 때 토론이 일어나며, 논증의 필요가 생긴다. 이런 의미로 정설은 논증의 자료가 되는 것이다. 정설에는 4종류가 있다.

    (1) 우선 '모든 학파에 공통된 학설'이 있다. 예를 들면 '코는 감각기관이다', '향기(香)는 그 대상이다', '땅은 원소이다' 등과 같은 명제는 인도철학 각 학파에게 똑같이 승인되는 것이다.

    (2) 특정한 학파에서만 승인되는 '개별적 학설'이 있다. 예를 들면, '비존재는 발생하지 않는다', '존재하는 것은 소멸하지 않는다' 등의 명제는 상키야학파만이 인정하는 것이고, '비존재였던 것이 발생한다', '생겼던 것은 소멸한다' 등의 명제는 바이세시카학파 고유의 학설이다.

    (3) 어떤 학설체계 중에 어떤 명제가 성립되면, 다른 것도 부수적

으로 성립되는 '포괄적 논거가 되는 정설'이 있다. 예를 들면 '신체·감각기관과는 별개로 지식주체(아트만)가 존재한다. 시각기관과 촉각기관에 의해 동일물을 파악하기 때문'(『니야야수트라』 3·1·1)이라는 명제가 성립하며 '감각기관은 다종이 된다', '감각기관은 각각 특정한 대상을 갖는다' 등 복수의 명제가 부수적으로 성립하는 것이다.

(4) 끝으로, 아직 잘 음미하지 않은 것을 잠정적으로 승인하고 그 상세한 내용을 음미하는 '잠정적 인용의 정설'이 있다. 예를 들면 바이세시카학파의 존재론에는 실체가 아니면서 속성의 하나인 소리(音)에 대해 '소리는 실체이다'는 말을 우선 인정하고, '실체라고 한다면 소리는 항구적일까 아니면 비항구적일까'라고 그것을 자세하게 음미하는 경우이다.

모든 학파에 공통하는 정설에 관해서는 의논의 여지가 없고 논증할 필요도 없다. 그 외의 정설은 학파 간 논쟁이나 학파 내의 토론대상이 되는 것이다. 제4의 정설은 위의 사례에서는 자기가 승인하는 학설에 반하는 명제를 임시로 승인하는 경우에 한정되는 것이다. 주석자 웃또타카라는 근본성전에 언급되어 있지 않아도 학설체계 내에서 승인할 수 있는 명제를 '잠정적 인용의 정설'로 본다. 언어 본래의 의미에서 보면, 다른 학파의 학설을 취하여 비판하는 경우이든 자기 학파에 있어서 미확립된 학설을 증명하는 경우이든, 이 잠정적 인용의 정설이 논증의 주제가 되는 것이다.

니야야학파의 16원리에는 여기서 우선 간단히 소개한 논증식을 구성하는 다섯 가지 지분(支分)이 발생한다. 이것이야말로 니야야학파 논리학의 핵심이지만 그 상세한 내용은 제5장에서 소개하도록 하겠다.

음미와 확정

'음미(tarka)'는 일종의 귀류법에 의한 간접논증이다. 예를 들면 아트만에 대해 알고 싶다고 생각하는 사람은 그것은 도대체 '발생하는 것인가', '발생하지 않는 것인가' 라는 의문을 갖는다. 여기서 다음과 같이 숙고한다.

> (1) 만약 아트만이 발생하지 않는 것(=항구적인 것)이라고 한다면 그것은 과거세(過去世)에 있어서 자기가 행한 행위의 결과를 현세에서 경험하고, 잘못된 인식에서 고(苦)에 이르기까지의 모든 항목을 차례로 소멸시킴으로써 해탈한다.
>
> (2) 그러나 만약 아트만이 발생하는 것(=비항구적인 것)이라고 한다면 윤회전생이나 해탈을 설명할 수 없게 된다.

이와 같이 숙고한 결과 '아트만은 발생하지 않는 것, 즉 항구적인 것이다' 라는 니야야학파에 있어서 바른 결과에 도달하는 것이다. 이와 같은 사고과정은

> P인가 P가 아닌가 둘 중 하나이다.
> P가 아니라면 참이 되고
> P라면 거짓이 된다.

따라서 P가 아니다.

라고 하는, 형식적으로도 지극히 타당한 논증이다.

　인도논리학은 전통적으로 귀류법에서 독립한 지식수단(pramāṇa)의 지위를 부여하지 않는다. 귀류법은 지식수단을 보조함으로써 진리 인식에 유용한 것이지만, 그 자체를 진리 인식이라고는 생각하지 않았기 때문이다. '실례'에서 상징하는 것과 같은 경험적 지식에 근거한 '목적지향형'의 인도논리학에서, 가령 대론자를 논파하기 위한 것이라고는 하지만, 사실이나 학설에 반하는 가정에서 사실이나 학설에 반하는 결론을 도출하는 귀류법을 정당하게 평가하지 않았던 것이다. 또한 불교도인 나가르주나가 귀류논법을 구사하여 니야야학파를 비롯한 인도논리학을 철저히 비판했던 것도 영향을 끼쳤음에 틀림없다. 나가르주나와 니야야학파의 논쟁에 대해서는 제4장에서 상세히 논할 예정이다.

　'확정'은 지식수단의 결과로서의 진리 인식이며, 이에 이르러서 토론은 종결된다.

　이상 7개 원리를 다시 한 번 음미해보면, 인도논리학이 철학적 토론이나 문답법의 전통에서 유래한다는 사실은 분명하다.

　　(1) 우선 최초에 '아트만은 존재하는가, 하지 않는가'와 같은 '의심'이 있고,

　　(2) 그 둘 중 어느 것이 바른가를 확정하고자 하는 '동기'가 생긴다.

　　(3) 실제로 논증을 행하기 전에 세계일반에 존재하는 것으로서

인정받고 있는 '실례' 와

(4) 아트만이나 존재에 관한 제 학파의 다양한 '정설' 을 모아 논증의 자료로 삼는다.

(5) 그들 정설 중에서 예를 들면 '아트만은 존재한다' 는 명제를 5가지의 '지분(支分)' 으로 이루어진 논증식에 의해서 직접적으로 논증한다.

(6) 혹은 일종의 귀류법인 '음미' 에 의해 간접적으로 논증한다.

(7) 그 결과, 아트만이 존재하는 것을 '확정' 하는 것이 가능한 것이다.

니야야학파의 16원리 가운데 남아 있는 7원리는 실로 문답법에 관한 것뿐이다. '논의(論議)'·'논쟁(論諍)'·'논힐(論詰)' 은 3종의 토론형식이다. '의사적 이유(疑似的 理由)' 는 5지논증(五支論証)에서 오류이지만, 본래는 마지막에 거론되는 '패배의 입장' 의 일부였다. 마지막으로 '궤변'·'잘못된 논란'·'패배의 입장' 등은 토론에서 나타나는 과실이다. 이들 7개의 원리에 관해서는 인도 문답법의 발전을 다루는 다음 제3장에서 상세히 설명하고자 한다.

인도논리학의 영역

이상 간단히 묘사한 것과 같이 니야야학파의 학설체계를 인도논리학의 하나의 모델로 생각하면 광의의 인도논리학은 '인식론'·'존재론'·'우주론' 그리고 '해탈론' 도 그 탐구의 시야에 들어간다고 말하지 않을 수 없다.

'니야야'가 '추리'와 등치되는 것에서 인식론, 특히 추리론이 갖는 중요성을 쉽게 알 수 있다. 물론 '논리학'만이 니야야 학설체계의 주요부분이다. 그리고 이 협의의 인도논리학은 예로부터 토론·문답의 전통에 그 기원을 소급할 수 있다. 니야야학파가 성립하는 시기에 인도철학 제 학파는 『차라카상히타』나 『방편심론』 등에서 보이는 것처럼 거의 같은 문답법의 매뉴얼을 갖고 있었을 것이다. 어느 정도 공통의 토론규칙이 없으면 학파 간 논쟁에 있어서 승패 결정이 불가능했을 테니 말이다. 니야야학파란 그와 같은 문답법의 전통이 학파로서의 형태를 갖춘 것이라고 말할 수 있다.

일찍이 마티랄이 주장한 바와 같이, 인도논리학은 '무엇이 확실한 인식수단(쁘라마나)인가'라는 인식론과 '어떻게 해야 논의(베다)에서 승리하는가'라는 문답법, 이 두 개의 전통에 뿌리를 내리고 있고, 이들 두 개의 전통이 결합함으로써 형성되었다. 주로 인식론의 전통을 계승한 것이 상키야·바이세시카 두 학파이다. 초기 니야야학파에서는 아직 인식론을 문답법의 체계 속에 정합적으로 짜 넣는 데 성공하지 못했다.

두 개의 전통을 조직적으로 결합하는 데에 성공한 사람은 5세기 말에서 6세기에 걸쳐 활약한 불교논리학자 디그나가이다. 디그나가 말년의 주저 『프라마나삼웃짜야브리띠(Pramāṇasamuccayavṛtti)』(集量論)는 다음 6장으로 구성되어 있다.

제1장 지각론
제2장 추리론
제3장 논증론

제4장 유례론

제5장 아포하(apoha)론

제6장 잘못된 논란(誤難)론

　디그나가는 확실한 지식수단으로서 바이세시카와 같이 지각과 추리 두 개밖에 인정하지 않는다. 디그나가는 먼 산에서 올라오는 연기를 보고 그 아래 불의 존재를 추리하는 것과 같은 심리적 과정을 '자기를 위한 추리' 라 이름 짓고,

　저 산에는 불이 있다.

　연기가 있기 때문이다.

　아궁이의 경우와 같이.

등으로 논증식을 사용하여 타인을 설득하려고 하는 경우를 '타인을 위한 추리' 라 이름 지었다.

　『프라마나삼웃짜야』의 제2장 '추리론' 은 전자를 주제로 하며, 제3장~제4장은 '주장', '이유', '유례' 의 3지(支)로 이루어진 후자를 상세히 논하고 있다. 이와 같은 논증이 추리의 언어적인 표출이라는 것을 명확히 규정함으로써 디그나가는 문답법 전통의 최대 성과였던 논증식에 의한 증명을 인도인식론의 범위 안에서 유기적으로 받아들이는 데 성공했던 것이다.

　『프라마나삼웃짜야』 제5장의 아포하 이론은 언어에 의한 인식이 본질적으로는 개념적 인식인 것을 단서로 하여 니야야학파 등에서 인정하는 '증언' 이라는 지식수단이 추리의 변형에 지나지 않는 것임

을 논증하고자 했다. 그리고 추리지(推理知)이든 언어지(言語知)이든, 개념적 인식의 본질은 지각과 같이 외계의 실재를 긍정적·전면적으로 파악하는 것이 아니라 타자의 부정(아포하)이라는 독창적인 이론을 제시한다.

아포하 이론에 의하면, 가령 '소'라는 개념지는 눈앞에 소가 있어도 그 개물(個物)로서의 소에 직접 관련되는 것은 아니고, 소 이외의 '타자', 즉 코끼리(象), 말(馬), 개(犬) 등은 아니라는 '부정'을 개입시켜 개념적으로 구성된 추상적인 관념으로서의 '소'를 대상으로 한다고 생각한다. 바꿔 말하면, '소'라는 언어의 대상인 '소 일반'은 개념적 구성물에 지나지 않는 것이다. 이것은 이미 소개한 바이세시카학파 등의 보편실재론과 정면으로 대립하는 생각이며, 6세기 이후 불교도와 다른 인도철학 제 학파 사이에는 중세 유럽의 유명론(唯名論), 실념론(實念論)과 같은 보편논쟁이 전개되었다. 문법학자 바르트리하리의 강력한 영향 아래 있었던 디그나가의 아포하 이론은, 각 언어의 지시대상은 무엇인가라는 의미론적 성격이 강하지만, 그의 최대의 후계자였던 다르마끼르띠에 이르러서는 개념이 어떻게 형성되고 어떻게 기능하는가라는 일종의 개념론으로 변모해갔다.

마지막으로, 『프라마나삼웃짜야』 제6장은 니야야학파의 16원리 가운데 하나이며 문답법의 전통적 범주인 '잘못된 논란' 14종을 제시하여 그 하나하나가 디그나가의 '새로운 논리학'의 체계 속에서 처리할 수 있음을 명시하고 있다. 바로 문답법의 잔재를 인식론적 논리학의 체계 속에서 해소시킨 것이다.

이상 간략히 소개한 디그나가 논리학의 등장에 의해서 인도논리학의 영역은 종래의 인식론·존재론·논리학에 더하여 새롭게 의미론이나 개념론이 부가되었다고 할 수 있다.

여기서 디그나가가 존재론을 전혀 논의하지 않은 것은 중요하다. 디그나가 논리학의 전제가 되는 '대화의 세계(논의공간)'는 바이세시카학파의 범주론과 유사한 보편과 특수의 위계질서(hierarchy)에 의해 구성되어 있다. 이런 의미에서 디그나가는 불교도뿐만 아니라 몇몇 인도철학 학파에도 열린, 교의적 입장에서 중립적 논리학의 구축을 목표로 했다고 말할 수 있다. 그렇기 때문에 디그나가는 학파의 범위를 넘어 인도 논리학자에게 널리 영향을 주었던 것이다. 그러나 이러한 경향은 다르마끼르띠 등 차세대 불교논리학자에게는 계승되지 않고, 존재란 무엇인가라는 물음은 불교논리학자의 중요한 과제가 되었다.

인도에서 논리학의 지위

『실리론』에서 '모든 학문의 등불, 모든 행동의 수단, 모든 법의 의지처'로 칭송하는 '논리적 추구(ānvīkṣikī)'를 전문으로 하는 논리학자들은 인도에서 어떻게 평가받았던 것일까? 힌두교 세계의 사회규범 · 행동준칙에 관해서 가장 권위 있는 『마누법전』은 기원전 2세기부터 기원후 2세기에 걸쳐 편찬되었다고 알려져 있는데,

> 논리학(hetuśāstra)에 기초해서 베다(Veda)성전 등의 천계서(śruti, 天啓書)나 마누 등의 성전서(smṛti, 聖傳書)를 경멸하는 바라문은 불신앙자(不信仰者), 베다의 비방자로서 배제되어야 한다.(2 · 11)

라고 말한다. 한편 '서민(庶民)의 베다'라고도 불리며 인도 2대 서사시의 하나인 『마하바라타』(12·180·45 이하)는

> 무의미한 논리적 탐구의 학문에 몰두하고 학문에 코가 꿰인 논리학자는 베다를 비난하는 자이며 일체를 의심하는 허무론자이다.

라고 말한다. 학자들 사이에도 바르트리하리나 샹카라 등은 성전의 권위를 무시한 단순한 논리적 탐구를 '무미건조한 논리'라 한다.

본래 전통적 바라문교의 세계에서 가장 권위가 있었던 것은 말할 필요도 없이 베다성전이다. 그러한 정신풍토에서 논리학은 베다성전 및 그것이 묘사한 인도신화의 세계에 의문을 드러내는 도전으로서 강하게 경계를 받았음에 틀림없다. 위의 일화는 그와 같은 경계심의 반영일 것이다.

니야야학파가 전통적인 바라문교학 속에서 자리를 발견한 것은 베다의 권위를 수용한 결과였다. 『마누법전』(12·111, 渡瀨信之 譯, 중공문고, 1991, 420쪽)이 인간의 바른 생활방식(dharma)을 결정하는 10인의 바라문 가운데 거론한 '논리에 뛰어난 자', '추리에 뛰어난 자'란 그와 같은 논리학자들일 것이다.

고대 인도사회에 있어서 논리학의 지위가 반드시 높았다고는 말할 수 없다. 그렇지만 무릇 학자는 논의를 좋아하는 사람들이다. 고대 인도의 학자도 예외는 아니다. 그들이 어떻게 논의를 했던가는 다음 제3장에서 상세히 살펴볼 것이다.

제3장

인도에서 토론의 전통

토론토의 겨울은 춥다. 영하 25도의 얼어붙는 듯한 추위 속에서 말바니야(D. Malvaniya) 선생과 함께 사르마 선생이 아파트에서 나오기를 기다리고 있었다. 우리 세 사람은 학과장 워더(A. K. Warder) 교수 댁에 주말 식사를 초대받아 가는 중이었다.

말바니야 선생은 당시 인도 아메다바드에 있는 인도학연구소 소장이었고, 다르마끼르띠의 난해한 불교논리학서의 산스크리트 원전을 교정·출판한 직후였다. 매주 한 번 일대일로 다르마끼르띠 인식론 원전을 지도해주었다. 그 간행본은 사회주의자이자 힌디문학의 작가이며 물론 불교학자로서 세계를 돌아다니며 기구한 인생을 보낸 상크리티야야나(R. Sāṅkṛtyāyana)가 티베트 승원에서 자신이 촬영한 사본으로 2차 세계대전 직전에 교정·출판한 것이었다. 그런데 눈먼 대학자 스크라지 상가비의 문하에서 수련을 쌓은 말바니야 선생의 손을 거치자 눈빛이 종이를 뚫는 것과 같이 빛을 발했다. 간행본 뒤에 항상 사본을 상정해서 라후라 선생의 읽는 방법을 차근차근 수정하

면서 읽어나갔다. 불교논리학을 배우는 학생의 입장에서는 대단히
축복받은 한때였다.

아파트 현관에서 기다리는 틈을 타 담뱃불을 붙이려고 하는데 갑
자기 선생이 "담배를 왜 피우나요? 당신도 인도논리학을 공부한다면
흡연을 정당화하는 논증식을 이 자리에서 말해보세요"라고 하는 것
이었다. 반은 농담인 줄 알면서도 "담배를 피울지 말지는 본인의 기
호 문제입니다. 논증할 수 없습니다."라고 항복할 수밖에 없었다. 지
금도 가끔 일본인은 논의를 안 한다, 논의 방법을 모른다, 대학 신입
생에게 토론을 가르쳐야 한다는 말을 하곤 한다. 원래 일본어는 비논
리적인 언어라고 정색을 하며 말하는 식자도 있다. 그러나 한편, 20
세기 말 일본을 뒤흔들었던 신흥종교의, 토론 기술을 마스터했음직
한 젊은 대변인이 TV 토크쇼에서 어려운 질문을 유창하게 타개해가
는 모습을 보고 많은 시청자들은, 그 웅변에 탄복하면서도 약간은 좀
미심쩍다는 느낌을 가졌을 것이다. 언어 그 자체를 논리적이다, 비논
리적이다 평가할 수는 없다고 생각하지만 일본인의 토론수준이 낮은
것은 캐나다 유학생활을 하는 동안 자주 느낄 수 있었다.

토론토는 괜찮은 재즈 도시다. 그래서 당시 활약 중인 뮤지션들은
차례로 연주를 위해 토론토에 왔다. 일본에서처럼 큰 홀에서 공연하
는 것이 아니라 시골 작은 카페의 무대에서 얼마 안 되는 테이블 비
용을 지불한 취객을 상대로 연주를 하곤 했다. 한 번은 세르지오 멘
데스(S. Mendes)나 캐논볼 애덜리(C. Adderley)의 그룹이 그런 작은 선
술집에서 연주하는 것을 보았다. 엄청난 소음 때문에 약간 기분이 언
짢았다. 무엇보다도 데이브 브루벡(D. Brubeck)이 아들의 록그룹과
함께 순회공연한 곳은 큰 홀이었던 것으로 기억한다. 그중에서도 토

론토 출신의 오스카 피터슨(O. Peterson)은 해마다 반드시 한 번은 자신의 트리오를 이끌고 이 도시에 왔다. 연주 중간에 아는 사람과 친하게 대화를 나누는 오스카의 모습은 자신의 고향을 중요시하는 그의 인품을 잘 나타내고 있었다.

그런데 매시 칼리지의 동료들과 오스카 피터슨 트리오를 들으러 갔을 때였을까. 연주 중간에 하찮은 화제를 가지고 활발하게 토론하고 있는데, 영국에서 비교문학 연구를 위해 유학을 왔으며, 철학자 화이트헤드(A. N. Whitehead, 1861~1947)의 손자이기도 한 올리버가 다음과 같은 말을 했다. "당신은 언제나 결론밖에 모르죠. 일본인들은 원래 토론하면서 이유를 말하지 않습니까?" '이유는 있지만 유창하게 영어를 할 수가 없네요' 라고 말하고 싶었지만 입을 꾹 닫고 '뜻 모를 동양의 미소(Inscrutable Oriental Smile)' 만 지은 채 어물어물 넘어갔다. 지금이라면 미소를 띠지 않고 이유를 덧붙여보았겠지만. 그 후 올리버 화이트헤드는 영국으로 돌아가지 않고 재즈 뮤지션으로서 자신의 밴드를 가지고 캐나다에서 활약하고 있다고 한다.

말바니아 선생에게 설득당한 것은 아니지만 6년 후 학위를 취득해서 귀국할 때는, 대학신입생 시절 오월제 기간에 배운 이후 12년간 계속했던 흡연 습관을 단호하게 끊어버렸다. 확실히 그 무렵부터 북미에서는 담뱃갑에 '이것을 피우면 건강에 좋지 않다' 라는 경고문이 붙어 있게 되었다.

우파니샤드의 신학적 대화

인도인이 토론을 좋아하고 토론에 뛰어난 것이 요즈음 일은 아니다. 베다신화를 대신해서 업보·윤회라는 새로운 신화를 인도인에 제시한 우파니샤드는 동시에 '범아일여(梵我一如)'라는 인도 특유의 신비주의적 철학의 출발점이기도 했다. 게다가 윤회와 해탈, 세계와 자기에 관한 다양한 형이상학적 문제에 관해서 학자들 사이에 주고 받았던 논쟁, 스승과 제자 사이의 대화를 다수 기록하고 있다.

이미 기술한 바와 같이, 마티랄은 인도논리학에 인식론의 전통과 문답법의 전통이라는 두 개의 흐름이 있다는 사실을 지적했지만, 인 도에 있어서 문답법의 전통은 제사를 지낼 때 청중 앞에서 상금을 걸 고 행하던 토론에 그 기원을 두고 있다. 그것은 토론 대론자의 위신 과 명성이 걸린 논쟁으로, 패배하면 상대에게 제자의 예를 올릴 것이 요구되었으며, 자신이 답할 수 있는 능력의 범위를 벗어나서 질문을 하게 되면, 뒤에 기술하겠지만, '머리가 깨진다'라고 할 정도로 목숨 을 건 것이었다. 그와 같은 논쟁은 우파니샤드에 선행하는 브라흐마 나 문헌에 자주 보이는데, 『리그베다』(1·1·64)의 '미혹의 노래'에 서까지 그 연원을 구할 수 있다.

최고층의 우파니샤드가 형성된 기원전 7~6세기의 북인도에서는 크샤트리야 계급에 의한 지배체제가 확립되고, 후에 초기불전 속에 '16대국'이라 불리는 고대왕제국가가 서서히 형성되었다. 왕들 중에 는 학식과 교양이 풍부해 철학적 토론을 아주 좋아했던 왕이 있었는 데, 비디하국의 자나카 왕, 판차라국의 프라바하나 왕, 카시국의 아 쟈타샤투르 왕 등의 이름이 알려져 있다. 그중에서도 자나카 왕은 궁 정에 다수의 바라문을 불러 모아 상을 걸고 공개토론회를 개최했다. 초기 우파니샤드의 웅편 『브리하드아란야카우파니샤드』(제3장 제1절 服部正明 역 『세계의 명저1 바라문교전·원시불교』)는 '브라흐모띠야'

90

(신학적 지식을 둘러싼 토론)라고 불리는 바라문·학자 사이의 토론, 일종의 '수수께끼' 문답을 전하고 있다.

> 비디하국의 왕 자나카(Janaka)는, (제관에게) 많은 보시를 하는 제사를 거행했다. 그곳에는 쿠루족·판차라족의 바라문들이 모였다. 자나카는 여기 있는 바라문 가운데 과연 누가 베다에 가장 정통한지 알고 싶다는 생각이 들었다. 자나카는 소 1000마리를 우리에 넣었다. 그리고 각각의 소 양쪽 뿔에 10파다씩 (황금)을 걸었다. 자나카는 바라문들에게 말하였다. "고귀한 바라문이여! 여러분 가운데 가장 뛰어난 사람이 이 소를 끌고 가도 좋다." 하지만 굳이 나서는 바라문이 없었다. 그러자 야즈나발키야(Yājñavalkya)가 자신의 제자에게 말하는 것이었다. "그대 사마시라바즈여! 이 소를 끌고 가라." 제자는 소를 몰고 나갔다. 그러자 바라문들은 '어째서 그가 우리 중 가장 뛰어난 바라문이라고 할 수 있는가' 하고 분개했다. 그때 아시바라는 국왕 자나카의 호트리(hotṛ, 勸請官)제관이었는데, 이 아시바라가 나서서 야즈나발키야에 물었다. "당신은 정말로 우리 중 가장 뛰어난 바라문입니까, 야즈나발키야님이시여!" 야즈나발키야는 "가장 뛰어난 바라문에게 우리는 경의를 표합니다. 우리는 단지 소를 갖고 싶을 뿐입니다"라고 말했다.(服部 역, 59~60쪽)

야즈나발키야는 스승 웃따라카 아르니와 함께 초기 우파니샤드의 대표적인 철학자이다. 만유의 근원을 유(有)로 규정하는 스승의 실재론적인 경향에 대해서 야즈나발키아는 '보는 것의 배후에 있는 보는 주체'에 '예지의 혼'인 아트만, '아니다, 아니다(neti, neti)'라고밖에 표현할 수 없는 아트만으로부터 세계가 생겨 나온다는 관념론적인 사상을 전개했다고 한다. 누가 가장 뛰어난 바라문인지는 알 수 없지만 자신은 단지 상을 받고 싶었을 뿐이라는 그의 말에서 난해한 말만 잘하는 철학자가 아니라 유머를 풀어내는 인간성을 엿볼 수 있다.

함께 있었던 바라문들이 물론 침묵하고 있었던 것만은 아니다. 토론도 하지 않고 상을 가져가려는 야즈나발키야에게 먼저 호트리제관인 아시바라가 '해탈과 그 도달'에 관한 문답을 하기 시작한다.

제1의 문답

"야즈나발키야시여! 이 세상에 있는 모든 것은 죽음에 붙잡혀 있습니다. 모든 것은 죽음에 압박되어 있습니다. 제주(祭主)는 무엇에 의해 죽음의 구속에서 저쪽으로 해방될 수 있습니까?"

"호트리제관에 의해서. 화신(火神)에 의해서. 언어에 의해서. 제사의 호트리제관은 사실은 언어이다. 이 언어는 이 화신이고, 그것은 호트리제관이다. 그것이 해탈, (죽음의) 저쪽으로 넘어가는 해탈이다."(服部 역, 60쪽)

우파니샤드 사상의 중핵을 이루는 '신비적 동일화의 원리(아띠샤)'에 의하면, 대우주에 해당하는 자연계의 요소들과 소우주라 생각되는 인간의 기능들, 나아가 제의(祭儀)의 구성요소들 사이에는 일대일 대응관계가 있다고 한다. 여기에 야즈나발키야는 베다제식을 담당하는 4종의 제관 가운데 신을 제사 지내는 곳으로 권청하고, 찬가를 염송하여 신의 위덕을 칭송하는 '호트리제관'을 인간의 여러 기능 가운데 하나인 '언어'와 등치하며, 언어를 자연계의 여러 요소 중 하나인 '화(火, 불의 신 agni)'와 등치한다. 호트리(hotr)제관=언어=화신이라는 신비적 직관에 근거하여 바르게 지내는 제사는 제주를 천상계로 인도하고 대우주와 합일시켜서 해탈케 한다는 것이 야즈나발키야의 진의일 것이다.

계속 반복되는 아시바라의 질문에 대답하여 야즈나발키야는 '아드바리유(adhvarya)제관=눈=태양', '우드가트리(udgātṛ)제관=호흡(prāṇa)=풍신(vāyu)', '브라흐만(brahman)제관=사고력(manas)=달'이라는 신비주의적 등치를 지적함으로써 대답을 한다. 나아가 야즈나발키야가 제사에 있어서 찬송(리치)과 공물에 관한 질문에 차례로 답변하자 아시바라는 결국 침묵해버린다. 말할 것도 없이 토론에서는 침묵하는 쪽이 패배하는 것이다.

제2의 문답

이어서 쟈랏트카라바 아르타바가는 인간이 가진 여러 기능들(='파악자')과 그것을 다시 파악하는 '초파악자'란 무엇인지 질문한다. 야즈나발키야는 코와 향기, 언어와 명칭, 혀와 맛, 눈과 형태, 귀와 소리, 사고력과 욕망, 손과 동작, 피부와 촉감이라는 8종의 파악자와 초파악자로 답한다. 계속해서 '죽음'이 문제가 되어 아르타바가는 다음과 같이 질문한다.

"야즈냐발키야시여! 이 세계의 인간이 죽어서 그 언어는 불로, 호흡은 바람으로, 눈은 태양으로, 사고력은 달로, 귀는 방위로, 신체는 땅으로, 영혼은 허공으로, 털은 풀로, 머리카락은 나무로 돌아가고 혈액과 정액은 물속으로 흡수될 때 그 인간은 어떻게 되는 것입니까?"

"그대, 내 손을 잡으시게. 아르타바가시여! 우리 둘이서만 토론할 것이다. 이것은 사람들 속에서 논해서는 안 되는 것이다."

두 사람은 그 장소를 떠나서 토론했다. 그들이 말한 것은 바로 '업'에 관해서였다. 그들이 칭송한 것은 바로 업이었다. 실로 인간은 선행에 의해 선하게 되고, 악행에 의해 악하게 되는 것이다. 이렇게 해서 쟈랏트카라바 아르타바가는 침묵해버렸다.(服部 역, 64~65쪽)

업의 사상이 아직 바라문 사이에는 잘 알려지지 않은 새로운 사상이었음을 엿볼 수 있는 대화이다. 덧붙여 말하면 초기 우파니샤드의 또 하나의 웅편 『찬도기야우파니샤드』(제5장 제3절, 앞의 책 수록, 服部 역, 107쪽 이하)에서는 크샤트리아인 바라바하나 왕이 웃따라카 아르니의 아들 쉬베타케투(Śvetaketu)에게 '이도오화설(二道五火說)'이라는 최초기의 윤회설을 가르친 것에 해당하고, 이것은 일찍이 바라문 계급에는 전해진 적이 없으며 크샤트리아 계급만의 비밀 가르침이라고 단언하고 있다. 다만 최근의 인도제식 연구자에 의하면, 윤회전생의 사고는 오히려 정통적인 제식사상 속에서 나타나게 된 것이라고 보는 것이 더 적절하다고 한다.

문답의 계속

계속해서 세 사람의 바라문이 윤회와 그 극복에 관해서 브라흐만과 아트만에 관한 질문을 하지만 야즈나발키야의 명쾌한 답변에 의해 모두 침묵해버린다.

거기서 가르기(Gārgya)라는 이름의 여성 바라문이 등장하여, 이 세상을 지탱하는 기반은 무엇인지 물었다. 야즈나발키야의 대답은 우선 물이지만, 나아가 물은 바람 위에 있고, 바람은 허공, 허공은 간다르바(소마를 지키는 천공의 음악인)의 세계, 간다르바의 세계는 태양의 세계, 태양의 세계는 달의 세계, 달의 세계는 별의 세계, 별의 세계는 신들의 세계, 신들의 세계는 인드라(신들의 왕, 제석천)의 세계, 인드라의 세계는 조물주의 세계, 조물주의 세계는 브라흐만의 세계 위에 있다고 점점 더 기초적인 세계를 거론하고 있다.

끝으로 가르기가 "그렇다면 브라흐만의 세계는 무엇 위에 직조되어 있습니까?"라고 묻자 야즈나발키야는, 자신의 능력을 넘어서 질문하게 되면 머리가 깨져버리기 때문에 물음을 멈추는 것이 좋을 것 같다고 충고한다. 여기서 가르기는 침묵한다.

다음에 스승인 웃따라카 아르니가 '이 세계와 저쪽의 세계 및 모든 피조물을 묶어두는 실(수트라)'과 그것의 내부에서 제어하고 있는 '내제자(內制者)'는 각각 무엇인지 알고 있느냐고 캐묻는다. 야즈나발키야는 그 실은 '바람'이라고 대답한다. 나아가 내제자에 관해서는 먼저 땅·물·불·공간·바람·하늘·태양·방위·달과 별·허공·어둠·빛이라는 신격에 관해서, 그 내제자는 그 모두 '당신의 아트만'이라고 답한다. 다음에 피조물에 관해서도 만물의 내제자는 마찬가지로 '당신의 아트만'이라고 답한다. 끝으로 개체에 관해서 말한다. 아래는 '보는 것의 배후에 있는 보는 주체'라는 야즈나발키야의 아트만관을 잘 표현하고 있다.

> 숨 속에 있고 숨과는 다른 것, 숨은 그것을 알지 못하고, 그 신체가 숨인 것, 숨을 그 내부에서 제어하고 있는 것, 그것이 당신의 아트만, 불사의 내제자이다. (아래에 언어·눈·귀·사고력·피부·인식력·정액에 관해서 동일한 표현이 되풀이된다.) 그것은 눈으로 볼 수 없는 시각의 주체, 귀로 들을 수 없는 청각의 주체, 사고되지 않는 사고의 주체, 인식되지 않는 인식의 주체이다. 그것 이외에 보는 자는 없다. 그것 이외에 듣는 자는 없다. 그것 이외에 사고하는 자는 없다. 그것 이외에 인식하는 자는 없다. 그것이 당신의 아트만이고 불사의 내제자이다. 이것 이외의 것은 재앙을 초래한다. 여기에 이르자 웃따라카 아르니는 침묵하고 말았다.(服部 역, 72쪽)

여기서 다시 가르기가 등장하여 공간과 시간을 지탱하는 기반은 무엇인지 묻자, 야즈나발키야는 그것은 '허공'이고 허공의 기반은 '불멸의 존재(아크샤라)' 즉, 아트만이라고 해설한다. 그 말을 듣고 가르기는 함께 있는 바라문들을 향해 '신학적 지식을 둘러싼 토론'에서 야즈나발키야의 승리를 선언한다.

최후의 문답

마지막 히든카드인 비다그다 샤카리야(Vidagdha Śāklya)가 등장한다. 우선 "신들은 몇 개의 기둥이 있는가?"라고 묻고서 야즈냐발키야가 '3306의 기둥'이라 전승되고 있지만 실은 '33기둥'이라고 답하자, 그 33신(神), 그리고 6신, 3신, 2신·한 기둥 반의 신, 1신의 설명을 차례로 요구한다.

그에 대해 일일이 답한 후 야즈냐발키야는 지금은 '아트만의 귀추'로서의 '인간(puruṣa, 푸루샤)'에 관해서 알고 있는지 샤카리야에게 묻는다. 그러자 샤카리야는 육신의 인간(신격은 불사), 애욕으로 충만한 인간(신격은 여자), 태양 속에 있는 인간(신격은 진리), 귀 속에 있는 인간(신격은 방위), 그림자에서 나온 인간(신격은 죽음), 거울 속의 인간(신격은 생명), 물속의 인간(신격은 물의 신), 어린아이에서 나온 인간(신격은 조물주)이라는 8종의 인간(푸루샤)을 차례로 해설하고 야즈냐발키야로부터 "샤카리야시여! 여기 계신 바라문들이 당신에게 불을 끄는 역할을 맡기신 것입니까?"라는 말을 이끌어낸다.

우쭐한 샤카리야는 어떠한 '신학적 지식(브라흐만)'을 가지고 있는지 야즈냐발키야에게 묻는다. 이에 야즈냐발키야는 "나는 방위들과 (방위의) 신들 및 그 근거를 알고 있다"고 답한다. 요컨대 동쪽 방위의 신격은 '태양신', 태양신의 근거는 '눈', 눈의 근거는 '몸', 몸의 근거는 '마음', 마찬가지로 남쪽 방위의 신격은 '죽음의 신', 그 근거는 순차적으로 '제사-보시-신앙-마음', 서쪽 방위의 신격은 수신, 그 근거는 순차적으로 '물-정액-마음', 북쪽 방위의 신격은 달의 신, 그 근거는 순차적으로 '결제-진실-마음'이라고 야즈냐발키야는 설명한다. 샤카리야는 나아가 다음과 같이 질문한다.

  "이 하늘 꼭대기의 방위에는 당신은 누구를 신격으로 여깁니
까?"
  "불의 신을 신격으로 한다."
  "불의 신은 무엇을 근거로 합니까?"
  "언어를 근거로 한다."
  "그렇다면 언어는 무엇을 근거로 합니까?"
  "마음을 근거로 한다."
  "그렇다면 마음은 무엇을 근거로 합니까?"
  야즈나발키야는 "어리석은 자여!"라고 하면서, "그것이 왜 우
리들 자신 이외의 어딘가에 있다고 생각하는가. 그것이 만약 우리
들 자신 밖에 있다고 한다면, 개라도 그것을 먹어버렸을 것이고,
새라도 그것을 쪼아버렸을 것이다."라고 말한다.(服部 역, 81쪽)

  분명 샤카리야는 자신의 능력을 넘어선 질문을 한다. 그런데도 샤
카리야는 "그대와 그대의 아트만은 무엇을 근거로 합니까?"라고 계
속 질문한다. 야즈나발키야는 '푸라나' 등 5종의 호흡을 아트만의 근
거로 제시한 후, 아트만에 관한 자신의 신학적 지식을 토로하고 마지
막으로 샤카리야를 역습한다.

  "이 '아니다, 아니다'라는 (표시구에 의해 의미되는) 아트만은
파악할 수 없다. 그것은 파악되지 않기 때문이다. 무너지지 않는
다. 그것은 파괴되지 않기 때문이다. 무집착이다. 그것은 집착되

지 않기 때문이다. 그것은 연결되어 있지 않지만 동요도 하지 않고 훼손되지도 않는다. 그것이 8종의 근거, 8종의 세계, 8종의 신, 8종의 인간이지만, 그들 인간을 쫓아 해산시키고 다시 되돌리면서 그들을 초월하고 있고, 그 비의로서 가르친 인간을 당신에게 물어보자. 당신이 나에게 그걸 해명하지 못하면 당신의 머리는 깨져버릴 것이다."

그러나 샤카리야는 그것을 알 수가 없었다. 샤카리야의 머리는 깨지고 말았으며 나아가 샤카리야의 뼈는 도둑이 몰래가져가버렸다.

그러자 야즈나발키야는 다음과 같이 말했다.

"고귀한 바라문들이여! 당신들 중에 원한다면 누구라도 나한테 질문을 해도 좋습니다. 아니 모두 한꺼번에 해도 좋습니다. 당신들 중에 누구라도 원하는 분께 내가 질문할 것입니다. 혹은 당신들 모두에게 질문할 것입니다."

바라문들은 감히 질문을 하려고 하지 않았다.(服部 역, 82쪽, 일부수정)

이상이 자나카 왕의 궁정에 다다른 바라문들과 야즈나발키야 사이에 오갔던 '신학적 대화'의 전모이다. 물론 후대에 삽입이나 각색이 있었음은 충분히 상상할 수 있지만 우파니샤드시대의 생생한 토론 모습을 잘 전하고 있다고 본다. 이와 같은 논의는 분명히 '레토릭 (rhetoric)'의 단계에 있고 철학자인 야즈나발키야라고 해도 '신비적 동일화'의 원리에 근거한 대우주와 소우주의 제 요소의 등치를 교묘하게 언설하여 상대를 어리둥절하게 한 것 같은 인상은 지울 수 없다. 물론 아직 후대처럼 논증식을 이용해 토론하는 습관은 보이지 않고, 논쟁의 승패를 결정하는 규칙조차 특별히 의식하고 있지는 않았던 것 같다.

왕과의 토론-「미린다 왕의 물음」

우파니샤드의 토론이 학자들 사이에 일어나는 '언어에 의한 결투'로 끝나버리는 것은 아니다. 예를 들면 『브리하드아란야카우파니샤드』는 논의하기를 좋아하는 자나카 왕과 야즈나발키야 사이의 신학 논의나, 지금 바로 출가하여 유행자(遊行者)가 되려고 하는 야즈나발키야로부터 그의 아내 마이트레이에게 아트만에 관한 가르침을 전하고 있고, 『찬도기야우파니샤드』는 웃따라카와 쉬베타케투 두 부자 사이의 철학적 대화를 상세하게 기술하고 있다.

고대 인도의 학자들이 왕들과의 토론에 신중했던 모습은 기원전 1세기~기원후 1세기에 그 원형이 성립했다고 생각되는 불전 『미린다 왕의 물음』에서 살펴볼 수 있다. 기원전 2세기 초 박트리아(Bactria, 오늘날 Balkh)에 있던 그리스인들이 서북인도에 침입하여 헬레니즘 문명을 전파했다. 그것은 그리스풍의 복장을 한 간다라불상이 탄생하는 실마리가 되었지만, 그리스인 또한 불교 입신(入信)을 매개로 하여 인도문화에 동화해간다. 『미린다 왕의 물음』은 박트리아왕국 전성기의 왕으로 알려진 메난도로스(변하여 미린다, 기원전 155~기원전 130경 재위)와 불교 스님 나가세나(Nāgasena) 사이의 문답을 전한 것으로 알려져 있다. 전편은 그리스인 왕과 불교 스님의 대화로 구성되며 대화를 통해서 무아설(無我說)을 비롯한 다양한 불교 가르침이 왕에게 전수되었다. 같은 책 서두에 나가세나는 왕의 논의 방식과 학자의 논의 방식이 어떻게 다른지 그 차이를 다음과 같이 설명한다.

왕: 나가세나 선생이여! 그것을 다시 토론합시다.

나가세나: 대왕이시여! 만약 당신이 학자처럼 토론하신다면 훌륭합니다만, 왕처럼 토론하신다면 거절합니다.

왕: 나가세나 선생! 학자는 어떻게 토론을 합니까?

나가세나: 대왕이시여! 실로 학자들이 토론을 할 때는 문제를 뒤얽히게 한다든지 해명한다든지 합니다. 논의를 비판하기도 하고 수정하기도 합니다. 토론자 사이에는 신뢰관계가 있습니다. 그리고 학자는 토론 때문에 화를 내지 않습니다. 대왕이시여! 학자는 실로 이처럼 토론을 합니다.

왕: 나가세나 선생이여! 왕은 어떻게 토론을 합니까?

나가세나: 대왕이시여! 실로 왕께서 토론을 하실 때에는 하나만을 주장하시고 이의를 제기하는 사람에게는 벌을 주자고 말하고 처벌을 명하십니다. 대왕이시여! 왕께서는 실로 이와 같이 토론하십니다.

왕: 나가세나 선생이여! 학자처럼 토론합시다. 왕처럼 토론하지 맙시다. 선생께서는 안심하고 토론해주십시오. 마치 비구들이나 이제 막 입문한 스님 혹은 재가 불교도나 승원의 하인과 토론하는 것처럼, 선생이시여! 안심하고 토론해주십시오. 결코 두려워할 필요가 없습니다.

나가세나: 잘 알겠습니다. 대왕이시여!(제1편 제1장 제3)

학자들의 토론은 신뢰관계 위에 이루어지기 때문에 비판을 받아도 화를 내지 않고 때로는 자신의 의견을 수정하는 데 주저하지 않는다. 반면 왕들은 일방적으로 자신의 의견만을 주장하고, 자신의 의견에 이의를 제기하는 사람은 벌을 준다. 마가다(Magadha)와 같은 강대한 전제국가나 최초의 통일제국인 마우리야(Maurya)왕조를 거쳐서 이민족의 정복국가 시대가 되면 우파니샤드에 등장하는 목가적인 왕들은 자취를 감추어버린다.

토론의 마음가짐-『차라카상히타』

의학서 『차라카상히타』 제3편에서는 그 유명한 '문답을 위한 매뉴얼(Manual)'을 설명하기 전에 좀 더 실천적인 토론을 위한 마음가짐을 제시하고 있다. 보면 알겠지만 현대인들도 충분히 참고할 만한 심도 있는 의견을 제시하고 있기 때문에 원문 그대로 소개하고자 한다.

우선 의사는 다른 동료 의사들과 토론을 해야 한다고 지적하고, 아울러 동료들이 토론하는 말의 의미를 자세하게 지적한다.

토론의 의미

의사는 동료 의사들과 토론해야 한다.

실로 동료들과 함께하는 토론은 지식을 얻기 위한 학습의욕을 고취시키며 지식을 얻는 기쁨을 갖게 한다. 나아가 해당 분야에 정통하게 하고 표현능력을 부여하며 명성을 높이게 한다. 또한 이미 배운 것에 관해서 의문을 가진 자는 토론을 통해 다시 공부함으로써 의문이 해소된다. 한편 의문을 가지지 않는 자는 토론에 의해서 한층 더 확실히 이해하게 된다. 토론은 지금까지 공부한 적이 없는 일에 대해서도 학습하는 기회를 부여한다. 나아가 열심히 공부하여 마음에 드는 제자에게 비전(秘傳)을 전수할 생각으로 스승이 조금씩 가르친 내용을 논쟁이 한창일 때 이기고 싶다는 일념에서 제자가 기뻐하여 모든 것을 한꺼번에 내뱉어버리는 경우가 있다. 그렇기 때문에 현자는 동료와 함께하는 토론을 높게 평가하는 것이다.(3·8·15)

그런데 동학과 하는 토론에는 두 종류가 있다. 우호적인 토론과 적대적인 토론이다.(3·8·16)

우호적인 토론 규칙

그 가운데 우호적인 토론은 지혜·전문적 지식·의견을 교환하는 표현능력을 갖추고, 곧바로 불쾌한 감정을 드러내지 않고, 더할 나위 없는 학식을 갖추고, 심술궂지 않고, 설득 가능하며, 스스로도 설득하는 방법을 잘 알고 있고, 인내가 강하고, 토론을 좋아하는 사람 사이에서 행해집니다. 그처럼 상대와 토론을 할 때에는 거리낌 없이 토론하고 거리낌 없이 질문하십시오. 거리낌 없이 질문하는 상대에게는 내용을 확실하게 설명하십시오. 그처럼 상대에게 패배하는 것을 두려워하지 않고, 그를 이기고도 크게 기뻐하거나 타인 앞에서 자만하지 마십시오. 자신의 무지 때문에 하나의 입장을 고집하지 않고, 상대방이 알지 못하는 내용을 되풀이하여 언급하지 않습니다. 바른 방법에 의해서 상대를

설득하십시오. 이 점에 관해서는 주의하십시오. 이상이 좋은 토론 규칙입니다.(3·8·17)

여기에 기술하고 있는 '우호적인 토론'은, 나가세나가 훌륭하다고 칭찬한 학자들의 거리낌 없는 토론과 본질적으로 같은 것이다. 또한 자나카 왕과 야즈나발키야의 대화, 웃따라카와 쉬베타케투의 대화도 같은 정신 아래 행해지고 있다. 다음은 모두 적대적인 토론에 들어갈 때 주의해야 할 것들이다.

적대적인 토론에 들어가기 전에 주의할 점

타인과 적대적인 토론을 할 경우에는 자기 자신의 능력을 잘 분별해서 논쟁하십시오. 그리고 논쟁을 시작하기 전에 반드시 논쟁 상대의 특징·상대와 나의 능력차·청중의 특징을 잘 음미하십시오. 실로 신중한 음미는 사려 깊은 자들에게 행동을 할 것인가의 여부를 가르쳐줍니다. 그래서 현자들은 음미를 높게 평가하는 것입니다. 그런데 음미할 때는 상대와 나의 역량차, 논쟁자에 유리한 장점과 결점을 잘 음미(吟味)하십시오. 학습했던 지식·전문적 지식·기억력·어의를 이해하는 직관·표현능력 이런 것들은 유리한 장점입니다. 한편 다음 것들은 결점입니다. 즉 시 화를 내고, 해당분야에 정통하지 않고, 두려워하고 있고, 기억력이 없고, 주의가 산만한 것 등입니다. 이상과 같은 논쟁자의 장점을 나와 타인 중 어느 쪽이 더 많이 갖추고 있는지 비교·검토하십시오.(3·8·18)

논쟁을 시작하기 전에 상대의 역량·상대와 나의 능력차·청중의 성격 이 세 가지를 잘 음미해야 한다. 논쟁은 물론 승리를 목표로 하는 것이기 때문에 아래 지표에서 제시한 것처럼 자신보다 뛰어난 상대와 논쟁을 해서는 안 되며, 적대적인 청중 앞에서도 논쟁해서는 안된다.

논쟁자의 역량을 재는 지표로는 ①학습지식, ②전문지식, ③기억력, ④언어의 의미를 이해하는 직관, ⑤표현능력, ⑥바로 화를 내지않는 것, ⑦당당함, ⑧주의력 등을 들 수 있다.

적대적인 청중 앞에서는 논쟁하지 말라

여기서 대론상대에는 세 종류가 있다. 자신보다 우등한 자, 열등한 자, 대등한 자이다. 이것은 물론 논쟁자로서의 장점이라는 관점에서만 구별되는 것이지 인격적인 우열을 문제 삼는 것은 아니다. (3·8·19)

그런데 논쟁을 지켜보는 청중에는 두 종류가 있다. 현명한 청중과 어리석은 청중이다. 이 두 청중은 동기의 차이에 의해 각각 세 가지로 더 분류할 수 있다. 호의적인 청중·중립적인 청중·상대에게 부담스러운 청중이다.(3·8·20A)

대론상대에는 3종이 있고, 청중에는 2×3＝6종이 있기 때문에, 논쟁의 조합은 합계 18종이 된다. 그 가운데 우선 상대에게 부담을 주는 적대적인 청중 앞에서는 어떤 상대와도 결코 논쟁해서는 안 된다고 분명하게 말하고 있다. 따라서 3×2×1＝6종의 조합이 처음부터 배제된다.

> 그 가운데 지혜·전문적 지식·의견을 교환하는 표현능력을 갖
> 추고 있는 현명한 청중이든 어리석은 청중이든, 상대에게 부담
> 을 주는 청중 앞에서는 결코 누구와도 논쟁해서는 안 된다.(3·
> 8·20B)

어리석은 청중 앞에서는 열등한 상대를 논파하고, 우등한 상대와는 논쟁하지 말라

다음에 호의적이든 중립적이든 어리석은 청중 앞에서는 자신보다 열등한 상대와 논쟁하여 적극적으로 논파해야 할 것을 지적한다. 이 경우에는 상대방이 알지 못하는 텍스트를 길게 인용하거나 어려운 전문용어를 제시하여 상대를 당황하게 만들고 침묵으로 유도하는, 약간은 페어플레이가 아닌 테크닉을 소개한다. 이것은 지금도 소위 '전문가'라는 사람들이 '일반대중'을 어리둥절하게 만드는 상투적인 수단이다. 패배한 상대를 조롱하거나 빈정거리는 말도 상투적 수단일 것이다. 한편 자신보다 우등한 상대와 벌이는 논쟁을 어리석은 청중 앞에서 해서는 안 된다. 그 밖에 대등한 상대는 어떻게 대처해야 하는지는 분명하게 나와 있지 않다.

> 그러나 호의적인 청중이든 중립적인 청중이든 어리석은 청중 앞
> 에서는 자기 자신에게 지혜·전문적 지식·의견을 교환하는 표
> 현능력이 없다고 해도, 가령 상대가 무명이며 어리석다고 해도

논쟁을 하지 마십시오. 그리고 그처럼 상대와 토론을 할 때에는 까다롭고 긴 경전 인용을 순차적으로 반복하는 언어수단을 사용하여 토론하십시오. 당황하는 상대를 몇 번이라도 기분 좋게 야유하고, 또한 그런 표정을 청중에게 나타내고, 절대 상대에게 답변기회를 주어서는 안 됩니다. 또한 난해한 전문용어를 사용하여 (상대가 답하지 못하게 하여) "그대는 아무것도 답하지 못하고 있다. 답할 수 없다면 그대는 제안을 방기한 것이 된다"라고 지적하십시오. 재차 상대가 도전해오면 다음과 같이 답하십시오. "그대는 지금부터 일 년 정도는 더 열심히 공부하고 오십시오." "아마도 그대는 스승(구루)에 관해서 공부한 적은 없을 것입니다." 혹은 "그대와의 논의는 이것으로 끝입니다." 실로 토론자는 한 번이라도 논쟁에 지게 되면 '졌다'고 말하게 됩니다. 그렇기 때문에 그와 토론을 주고받을 필요는 전혀 없습니다. 어떤 사람은 '우등한 상대와도 마찬가지로 적대적 논쟁을 하는 것이 당연하다'고 말하지만, 현자는 자신보다 우등한 상대와 적대적으로 논쟁하는 것을 권하지 않습니다.(3 · 8 · 20C)

현명한 청중 앞에서

끝으로 현명한 청중 앞에서는 청중이 자신에게 호의적인가 중립적인가에 따라서 사정이 다르다. 호의적인 청중 앞에서는 자신에게 유리한 쪽으로 진행되기 때문에 자신보다 열등한 상대뿐만 아니라 자신과 대등한 상대와도 논쟁을 권한다. 그러나 우등한 상대와의 논쟁은 분명하게 언급하고 있지 않다. 따라서 금지하고 있다고 생각하는 편이 좋을 것이다.

> 호의적인 청중 앞에서는 자신보다 열등한 상대 혹은 자신과 대
> 등하다고 생각하는 상대와 적대적인 논쟁을 행하십시오.(3 · 8 ·
> 21A)

한편, 현명하고 동시에 중립적인 청중 앞에서는 신중하게 움직여
야 한다. 자신보다 우등한 상대와는 결코 논쟁해서는 안 되지만, 일
단 상대가 자신보다 열등하다고 판단되면 즉시 논파해야 한다. 우
물쭈물하면 현명한 청중은 상대와 똑같다고 생각하거나 못하다고
생각하기 때문이다. 어리석은 청중의 경우와 마찬가지로 공개토론
에 있어서는 다양한 필살(必殺)의 테크닉을 널리 알아야 한다. 이 경
우도 대등한 상대와 논쟁을 할 것인가의 여부는 분명하게 말하고
있지 않다.

> 주의력 · 학습한 지식 · 지혜 · 전문적 지식 · 기억력 · 의견을
> 교환하는 표현능력을 모두 겸비한 중립적 청중 앞에서 토론하
> 는 경우는 주의 깊게 상대의 장점과 결점의 정도를 확인해야 한
> 다. 잘 관찰하고 나서 상대가 자신보다 우등하다고 생각되면 자
> 신의 무능력을 폭로하지 않기 위해서라도 논쟁에 휘말려서는
> 안 된다. 한편 상대가 자신보다 열등하다고 생각되면 재빨리 상
> 대를 완패시켜야 한다. 예를 들면, 경전의 학습에 소홀한 상대
> 에게는 길게 인용을 암송해서 압도하는 것이 좋다. 상대가 전문
> 지식이 열등한 경우에는 난해한 전문용어를 사용하고, 문장의

기억력이 열등한 경우에는 까다롭고 긴 경전을 차례대로 반복 인용하는 언어수단을 사용하고, 언어의 의미를 이해하는 직관이 열등한 경우에는 동일한 다의어를 반복해서 사용하고, 표현 능력이 열등한 경우에는 상대가 반쯤 꺼내다 만 문장을 패배시켜서 압도하는 것이 좋다. 해당 분야에 정통하지 않은 상대는 수치심을 느끼게 하고, 화를 쉽게 내는 상대는 피로하게 하며, 두려워하는 상대는 겁을 주고, 주의가 산만한 상대는 규칙으로 점검함으로써 압도하는 것이 좋다. 이상과 같은 방법으로 자신보다 열등한 상대는 논쟁에서 재빨리 압도하는 것이 좋다.(3 · 8 · 21B)

이상의 기술은 얼핏 보면 18종의 논쟁 검토로서는 혼란스러운 것 같지만, 다음과 같은 도표로 경로를 표시하면 『차라카상히타』를 쓴 저자의 의도를 잘 알 수 있을 것이다. 논쟁을 시작하기 전에 우선 청중을 살펴보고,

┌1. 청중이 상대에게 가담하고 있다면 어떠한 상대와도 논쟁하지 않는다.
└2. 청중이 상대에게 가담하고 있지 않은 경우,
  ┌3. 청중이 어리석다면,
  │ ┌4. 자신보다 열등한 상대와 논쟁하여 논파한다.
  │ │5. 자신보다 우등한 상대와는 논쟁하지 않는다.
  │ └6. 자신과 대등한 상대와는?(언명하고 있지 않다.)
  └7. 청중이 현명하다면,

    ┌8. 청중이 자신에 호의적인 경우는,

    │   ┌9. 자신보다 열등한 상대 · 대등한 상대와 논쟁하고
    │   │   논파한다.
    │   └10. 자신보다 우등한 상대와는 논쟁하지 않는다?
    │   (언명하고 있지 않다.)
    └11. 청중이 중립적인 경우는,

        ┌12. 자신보다 우등한 상대와는 논쟁하지 않는다.
        │13. 자신보다 열등한 상대와 논쟁하고 논파한다.
        └14. 자신과 대등한 상대와는?(언명하고 있지 않다.)

적대적인 청중 앞에서는 논쟁하지 않으며, 자신보다 우등한 상대와는 논쟁하지 않는 것이 논쟁을 시작하기 전의 2대 원칙이다. 호의적인 청중 앞에서 자신보다 열등한 상대를 선택하여 논쟁하는 것이 승리의 철칙일 것이다.

논쟁에 있어서도 도리는 지켜야 한다

논쟁에 있어서도 도리를 다하지 않으면 불의의 사고가 일어날 수 있다는 것, 따라서 현자는 말다툼을 조심해야 할 것을 다음과 같이 기술하고 있다.

적대적으로 논쟁하는 경우에도 도리를 가지고 행해야 한다. 인간은 도리를 짓밟아서는 안 된다. 왜냐하면 적대적 토론은 인간에 따라서는 심한 적의를 초래하기도 하기 때문이다.(3 · 8 · 22)

인간은 화를 내면 무엇을 하는지, 무엇을 말하는지 모른다. 그렇기 때문에 좋은 사람들 모임에서는 말다툼을 인정하지 않는다.(23) 일단 논의가 시작되면 다음과 같이 해야 한다.(24)

청중을 자기편으로 만들어라

논의가 시작되기 전에도 다음과 같은 노력을 하십시오. 청중을 자기편으로 만들고 필요에 따라서 언제든지 쓸 수 있는 주제, 혹은 토론상대에 있어서 특히 어려운 주제, 혹은 토론상대가 강하게 얼굴을 돌릴 만한 주장명제를 청중에게 지명하게 하는 것이 좋습니다. 청중이 모여 있다면 "이 청중만이 원하는 대로, 적절하게, 논의와 논의의 한계(규칙)를 정할 것이다"라고 말하고 침묵을 지켜야 합니다.(3·8·25) 그 가운데 논의의 한계(규칙)의 특징은 '이와 같이 말하십시오. 그와 같이 말해서는 안 됩니다. 그렇게 하면 지게 됩니다.' 라는 것입니다.(26)

논쟁의 승패는 시작되기 전에 이미 결정이 난다. 우선 청중을 자기편으로 만드는 것, 그리고 논자 자신이 가장 자신 있는 논제를 청중에게 선택하게끔 하는 것이 중요하다.

문답을 위한 항목들

그 뒤『차라카상히타』에서는 토론을 하기 위해서 의사(醫師)가 분별해두어야 할 44개 항목·술어를 열거하고 해설한다.『니야야수트라』제1편 · 제5편과 아주 유사한, 일종의 '문답을 위한 매뉴얼'이다. 상세한 내용은 기존에 나와 있는 번역연구서에 양보하겠지만(宇井伯壽『인도철학연구제2』「차라카본집에 있어서의 논리설」, 암파서점, 1925) 항목 이름만을 거론하면 다음과 같다.

(1)논의(논쟁 · 논힐)

(2)실체, (3)속성, (4)운동, (5)보편, (6)특수, (7)내속

(8)제안(=주장명제)

(9)주장

(10)반대주장, (11)이유 · 근거(지각 · 추리 · 구전 · 유추)

(12)유례 · 실례

(13)적합

(14)결론

(15)답파

(16)정설(모든 학파에 공통적인 학설 · 개별적 학설 · 포괄적 근거가 되는 정설 · 잠정적 인용의 정설)

(17)증언, (18)지각, (19)추리, (20)구전, (21)유추

(22)의심, (23)동기, (24)미혹, (25)지식욕, (26)결지

(27)요청, (28)수생

(29)잘못을 따져 비판(難詰)되어야 하는 언명, (30)잘못을 따져 비판(難詰)할 수 없는 언명, (31)잘못을 따져 비판하는 것(難詰), (32)잘못을 따져 비판하는 것(難詰)에 대한 반론

(33)표현의 과실(논증지의 결여 · 논증지의 과다 · 관계없는 것에 대한 언급 · 언어나 의미의 무의미한 반복 · 무의미한 언명 · 수미일

관성을 결여한 언명·자기모순), (34)표현이 좋음

(35)궤변(언어상의 궤변·일반화의 궤변)

(36)잘못된 이유(주제와 유사한 것·의심스러운 원인과 같은 것·
논증되어야 할 것과 같은 것)

(37)시간을 경과한 것

(38)비난, (39)반박

(40)제안의 방기, (41)토론자의 비판을 인정하는 것, (42)다른 이
유의 도입, (43)핵심에서 벗어난 의미 설명

(44)패배의 입장〔토론자의 주장 내용을 이해할 수 없는 것·잘못을
따져 비판할 수 없는 자를 비판하는 것·잘못을 따져 비판해야 할
자를 간과하는 것·(40)·(41)·(37)·(36)·논증지의 결여·논증
지의 과다·수미일관성을 결여한 언명·무의미한 언명·무의미
한 반복·자기모순·(42)·(43)〕

『니야야수트라』의 16원리와 마찬가지로 인식론과 존재론의 카테
고리가 문답법의 카테고리와 혼재해 있다. 전자의 16원리 가운데 '음
미'·'확장'·'잘못된 논란' 이외의 모든 것은 어떤 형태로든 위의 리
스트에 포함된다. 개개의 정의를 공유하는 것도 적지 않다. 여기에
『니야야수트라』 제1편에 정리되기 이전의 좀 더 원초적인 '문답법
매뉴얼'이 제시되어 있다고 생각해도 상관없을 것이다.

44개 항목은 얼핏 보면 무질서하게 나열되어 있는 것처럼 보이지
만, 앞의 28개 항목, 특히 (8) 이후는 지식수단과 그 대상, 논증의 예
비과정과 그 자료, 논증을 구성하는 지분 등 모두가 논의를 성립시키
는 적극적인 항목을 열거한 것이다. 이것들은 앞서 언급한 '이와 같

이 말씀하십시오'라는 논의규칙에 해당한다. 다음 15개 항목은 논의 중 범해서는 안 되는 다양한 과실을 열거한 것이며, '그렇게 말해서는 안 됩니다'라는 규칙에 해당한다. 그리고 '그렇게 하면 진다'가 마지막 항목 (44)에 나오는 '패배의 입장'일 것이다. 따라서 논의의 과실과 패배의 입장 사이에 중복하는 항목이 있는 것이다.

우파니샤드시대와는 달리 논의를 어떻게 구성해야 하는가, 어떠한 논의를 하면 패배하는가라는 반성이 분명하게 나타난다. 여기에 이르러 인도논리학도 '레토릭(수사학)'에서 '디알레틱(변증법)'으로 한 걸음 전진했다고 생각할 수 있다.

학술서의 방법(탄트라유크티)

『차라카상히타』는 같은 책 마지막인 제8편 제12장에 '탄트라 유크티(Tantra Yukti)'라 하는 36종의 학술서 작성을 위한 규칙을 열거하지만, 그 가운데 32종은 선행하는 의학서 『수슈르타상히타(Suśrutasaṃhita)』(1세기경)에 나오는 것과 같다. 나아가 카우틸리야의 『실리론』 최종 장에도 거의 똑같은 규칙 32종이 간단한 정의와 함께 열거되고 있다. 이 사실은 토론을 위한 규칙과는 달리 다양한 분야의 학술서를 작성하는 과정에서 어떤 공통된 규칙, 학술서 작성을 위한 술어집이 형성되고 있었음을 알려준다. 이것은 또한 그런 학술서에서 설명하고 있는 학설 해명을 위한 규칙으로도 사용될 수 있는 것이다. 그중에는 이미 보았던, 논의를 위한 술어와 공통의 술어도 있기 때문에 여기서는 『실리론』의 리스트를 인용해보기로 하겠다.

(1) 그 대상에 관해서 논하고 있는 것, 그것이 '주제' 이다.

(2) 논서의 항목을 순차적으로 (열거한 것)이 '목차' 이다.

(3) 표현을 결합시킨 것이 '결합' 이다.

(4) 언어를 규정하는 것이 '어의(語義, 정의)' 이다.

(5) 그 논지를 성립시키는 이유가 '논증' 이다.

(6) 간결한 설명이 '촌언(寸言)' 이다.

(7) 상세한 설명이 '상설(詳說)' 이다.

(8) 이렇게 행동해야 한다고 말하는 것이 '충언(忠言)' 이다.

(9) 누가 그것을 이렇게 말한다고 하는 것이 '인용(引用)' 이다.

(10) 이미 진술한 것에 준해서 설명하는 것이 '준용(準用)' 이다.

(11) 뒤에 기술하는 것에 의해서 설명하는 것이 '(뒤에 나오는 부분) 지적(에 의한 설명)' 이다.

(12) 경험한 것에 의해 경험하지 않은 것을 설명하는 것이 '유비(比定)' 이다.

(13) 문장의 의미를 통해서 설명하지 않은 (결론)에 도달하는 경우가 '언외(言外)의 의미(요청)' 이다.

(14) 양쪽 모두 이유가 있는 것이 '의혹' 이다.

(15) 다른 항목과 공통하는 것이 '동전(同前)' 이다.

(16) 역의 경우를 이용해서 설명하는 것이 '반대' 이다.

(17) 그것에 의해 문장이 완전해지는 것이 '문장보충' 이다.

(18) 타자의 설을 받아들여 반박당하지 않는 경우가 '용인(容認)' 이다.

(19) 특별하게 서술하는 것이 '(특별한) 설명' 이다.

(20) 구성요소로부터 언어의 의미를 끌어내는 것이 '어원해석'

이다.

(21) 비유를 사용해 실례를 제시하는 것이 '예시' 이다.

(22) 일반적인 규칙에서 벗어난 것이 '예외' 이다

(23) 다른 사람에게는 승인받지 않은 용어가 '개인적 술어' 이다.

(24) 반박해야 할 설이 '전주장(前主張)' 이다.

(25) 그것에 관해 결말을 짓는 설이 '후주장(後主張)' 이다.

(26) 모든 경우에 타당한 것이 '불변의 규칙' 이다.

(27) '뒤에 이러이러하다고 설명할 것이다' 라고 말하는 것이 '뒤에 나오는 부분 참조' 이다.

(28) '앞에 이러이러하다고 설명했다' 라고 말하는 것이 '앞에 나오는 부분 참조' 이다.

(29) '이러이러하며 다른 것이 아니다' 라고 말하는 것이 '한정' 이다.

(30) '이것인가, 저것인가' 라고 말하는 것이 '임의(任意)' 이다.

(31) '이것과 저것' 이라고 말하는 것이 '병용(倂用)' 이다.

(32) 문언(文言)으로 표시하지 않은 것을 (적절하게 추측하여) 실행하는 경우가 '추측' 이다.〔上村勝彦 역 『실리론』, 암파문고 (하), 1984, 328쪽 이하〕

무의식중에 MLA(Modern Language Association)의 논문 집필 안내서나 『시카고 매뉴얼』을 연상시키는 리스트이지만, 그 가운데 (5) · (12) · (13) · (14) · (18) · (21) · (24) 등은 문답법의 술어로도 사용되는 것이다. 『차라카상히타』는 이것에 '동기' · '논박' · '변명' · '수생(隨生)' 이라는 문답법의 술어를 더하고 있다.

주장과 반대주장

이제 『니야야수트라』 제5편 제2장과 밧쯔야야나의 『주해』에 해설되어 있는 '패배의 입장(nigraha sthāna)'에 초점을 맞추어 체계적인 인도철학 여러 학파들의 요람기에 어떠한 토론 규칙이 확립되어 있었는가를 구체적으로 살펴보고자 한다. 같은 책에 열거된 22종의 '패배의 입장'은 토론에서 어떻게 논의를 하면 패배로 간주되는지에 대한 반성에서 수집된 것이며, 일종의 '토론에 있어서의 반칙집'이라고도 할 수 있다.

먼저 『차라카상히타』에서 주장과 반대주장으로 이루어진 논쟁 사례를 소개하고 아래에 이해를 위한 자료를 제시하고자 한다.

[주장]

제안 : 푸루샤(=아트만)는 상주이다.

이유 : 만들어진 것이 아니기 때문이다.

유례 : 예를 들면 허공과 같이.

적합 : 허공은 만들어진 것이 아니며 또한 상주하는 것처럼, 푸루샤도 마찬가지이다.

결론 : 그러므로 (푸루샤는) 상주이다.

[반대주장]

제안 : 푸루샤(=인간)는 비항구적이다.

이유 : 감각기관에 의해서 지각되기 때문이다.

유례 : 예를 들면 항아리와 같이.

적합 : 항아리가 감각기관에 의해서 지각되고 또한 비항구적인
    것처럼, 푸루샤도 마찬가지이다.
결론 : 그러므로 (푸루샤는) 비항구적이다.

이와 같이 『차라카상히타』에서는 우파니샤드시대와는 달리 제
안·이유·유례·적합·결론의 5지로 이루어진 논증식을 사용하여
토론하는 것이 전제되어 있지만, 이런 논증식이 갖는 의미에 관해서
는 제5장에서 자세하게 논의하기로 하고, 먼저 이런 논의 응수가 계
속되는 과정에서 논쟁 당사자가 어떤 행동을 하면 패배를 선고받는
지 각종 '패배의 입장'을 소개해보자.

패배의 입장

『니야야수트라』는 '패배의 입장'을 다음과 같이 정의한다.

    '패배의 입장'이란 오해와 무이해이다.(1·2·19)

밧쯔야야나의 『주해』(服部 역, 397쪽)에 의하면, '오해'란 잘못된 이
해·꾸지람을 받는 이해이고, '무이해'란 논의사항이 제출되었는데
도 그것과 관계가 없는 것이다. 아래에 열거하는 32종의 패배의 입장
가운데 (14)~(19)는 전자로, 그 외는 모두 후자로 분류할 수 있다. 논
쟁에 즈음하여 이 '패배의 입장'을 지적하고 한쪽의 패배를 선고함
으로써 다른 쪽의 승리를 확정하는 것은 말할 필요도 없다.
단지 논자의 '침묵'으로 패배가 결정된 『브리하드아란야카우파니

샤드』의 경우와는 달리 다양한 경우를 상정하고 있다. 처음의 다섯 가지는 모두 논증식 중의 '제안' 혹은 '이유'와 관련한 '패배의 입장'이다.

(1) 제안의 포기

예를 들면 다음과 같은 논의 응수가 있다고 하자.

[논자A]
제안 : 음성(언어)은 비항구적이다.
이유 : 감각기관에 의해 지각되기 때문이다.
유례 : 예를 들면 항아리와 같이.

[논자B]
보편은 항구적이지만 감각기관에 의해 지각되는 것이 경험적으로 알려져 있다. 어떻게 해서 음성도 보편과 같이 항구적이지 않다고 하는가?

[논자A]
만약 감각기관에 의해 지각된 보편이 항구적이라면, 항아리도 항구적이라고 인정할 수 있을 것이다.

이 경우 [논자A]는 '음성은 비항구적이다'라는 자신의 제안을 입증하기 위해서 감각기관에 의해 지각되는 '항아리'를 거론하고 또한 그것은 비항구적이라고 인정했다. 그럼에도 불구하고 [논자B]에게 감각기관에 의해 지각되고 또한 항구적인 '보편' 이라는 반례를 제시받고 '항아리' 도 항구적이라고 인정해버리고 있다. 여기서는 [논자A]가 자신의 입장을 포기한 것이 되기 때문에 '음성은 비항구적이다' 라는 본래의 제안을 포기한 것이 된다. 따라서 [논자A]는 '음성은 항구적인가 아닌가' 라는 논쟁에서 패배했다고 볼 수 있다.

밧쯔야야나는 대론자가 거론하는 반례의 속성을 자기의 유례로 인정할 때, 자신의 제안을 포기한 것이 된다고 말한다.

> [규칙1] 잘못을 따져 비판(難詰)을 받았을 때 자신의 제안을 포기하는 자는 논쟁에서 패배한 것으로 간주한다.

(2) 다른 제안의 도입

> [규칙2] 잘못을 따져 비판받았을 때 다른 제안을 도입하여 최초의 제안을 입증하려고 하는 자는 논쟁에서 패배한 것으로 간주한다.

(3) 제안과 이유의 배반

> [규칙3] 자신의 제안과 서로 양립하지 않는 이유를 기술하는 자는 논쟁에서 패배한 것으로 간주한다.

(4) 제안의 부인

[규칙4] 잘못을 따져 비판받았을 때 자신의 제안을 부인한 자는 논쟁에서 패배한 것으로 간주한다.

(5) 다른 이유의 도입

[규칙5] 잘못을 따져 비판받았을 때 다른 이유를 도입하여 자신의 제안을 입증하려고 하는 자는 논쟁에서 패배한 것으로 간주한다.

다음의 4가지는 원래의 논증식을 정리하여 무엇인가를 논증하려고 하는 의도가 의심스러운 경우이다.

(6) 핵심에서 벗어난 의미 설명

예를 들면 문법학자가 다음과 같은 논의를 한다고 하자.

언어(음성)는 항구적이다. 접촉할 수 없기 때문이라는 것이 이유이다. 실로 '이유(hetu)'란 동사어근 hi 뒤에 접미사 tuN을 도입할 때 형성되며, 제1차 접미사로 끝나는 언어이다. 그런데 '언어'에는 명사·동사·동사접두사·불변화사 4종이 있다. '명사'란 표시대상이 어떤 특정의 행위와 결합한 결과 어형이 변화하는 언어이다.

이와 같이 문법학자가 '언어는 항구적이다'라는 제안과는 전혀 관계가 없는 문법적 설명을 길게 해도 논쟁에 패배한 것으로 간주한다. 왜냐하면 논증을 적극적으로 지지하는 실례를 전혀 언급하지 않았기 때문이며, 또한 일반 세간이나 학자 사이에 '접촉할 수 없기 때문에 항구적이다' 라고 인정되는지의 여부가 분명하지 않기 때문이다.

> [규칙6] 제안과 이유에 이어서 유례를 전혀 기술하지 않고 전혀 관계가 없는 논의를 하는 자는 논쟁에서 패배한 것으로 간주한다.

(7) 무의미한 언명

> [규칙7] 제안에 이어서 언어적으로 전혀 무의미한 단순한 소리의 연쇄를 제시하는 자는 논쟁에서 패배한 것으로 간주한다.

(8) 의미를 이해할 수 없는 언명

입론자가 자신의 무능력을 숨기기 위해 고의로 이중의미의 언어나 불분명한 언어를 사용한다든지 이상하게 말을 빨리 하여 세 번씩을 반복해도 그 자리에 있는 청중과 토론자가 그 의미를 이해할 수 없다면, 입론자는 논쟁에서 패배한 것으로 판정된다.

> [규칙8] 논쟁 중에 대론자나 제3자에게 의미가 불분명한 언명을 고의로 제시하는 자는 논쟁에서 패배한 것으로 간주한다.

(9) 수미일관성을 결여한 언명

[규칙9] 논쟁 중에 전후 맥락이 없는 언어나 문장을 고의로 제시하는 자는 논쟁에서 패배한 것으로 간주한다.

다음의 4가지는 논증식의 제시 방식이 잘못된 경우이다.

(10) 시기를 얻지 못한 진술

통상의 논증을 구성하는 5지 즉, 제안·이유·유례·적합·결론은 항상 그 순서로 진술하지 않으면 안 된다. 만약 이 순서를 바꿔서 주장하면 수미일관했던 논증 의도가 전달되지 않기 때문에 입론자는 논쟁에 패배한 것으로 판정된다.

[규칙10] 논증을 구성하는 5지의 순서를 바꿔 주장하는 자는 논쟁에 패배한 것으로 간주한다.

(11) 논증지의 결여

[규칙11] 5지 가운데 하나를 결여하여 주장하는 자는 논쟁에서 패배한 것으로 간주한다.

(12) 논증지의 과다

입론자가 5지에 더하여 여분의 이유나 유례를 부가한 경우도 무익한 행위를 하였기 때문에 패배한 것으로 판정된다. 다만 이와 같은 형식주의를 엄격하게 고수했던 것 같지는 않고, 실제의 논쟁·논증에서는 복수의 이유나 유례를 언급하는 것을 허용하고 있다.

> [규칙12] 5지 가운데 이유나 유례를 필요 이상으로 진술하는 자는 논쟁에서 패배한 것으로 간주한다.

(13) 무의미한 반복

> [규칙13] 논쟁 중에 결론 등 설명을 위한 반복을 별도로 한다면, 같은 언어나 의미를 직접·간접으로 반복하는 자는 논쟁에서 패배한 것으로 간주한다.

다음의 3가지는 논쟁 당사자의 지적 이해능력과 관련한 '패배의 입장'이다.

(14) 대론자의 주장내용을 다시 설명할 수 없는 것

때마침 논쟁 장소에 있는 청중이 이미 이해하고 있는 주장 내용을, 가령 대론상대가 세 번씩 반복 진술하여, 재차 자신이 다시 설명할 수 없는 논자는 논쟁에서 패배한 것으로 간주한다. 대론자의 주장을 부정하기 위해서는 적어도 그 내용을 먼저 직접 재현할 수 있어야 하기 때문이다.

[규칙14] 논쟁 중에 대론자의 주장 내용을 재현할 수 없는 자는 논쟁에서 패배한 것으로 간주한다.

(15) 대론자의 주장 내용을 이해할 수 없는 것

[규칙15] 논쟁 중에 대론자의 주장 내용을 이해할 수 없는 자는 논쟁에서 패배한 것으로 간주한다.

(16) 답론을 그 자리에서 찾아낼 수 없는 것

[규칙16] 논쟁 중에 대론자의 비판에 대한 답을 그 자리에서 찾아낼 수 없는 자는 논쟁에서 패배한 것으로 간주한다.

다음의 5가지는 논쟁 당사자가 논쟁에 대처하는 자세와 관련한 '패배의 입장'이다.

(17) 논쟁 회피

한참 논쟁하는 와중에 '잠깐 꼭 해야 할 일이 있습니다. 나중에 다시 논의를 계속합시다'라든가, '감기에 걸려 목이 아프다'는 등의 구실을 만들어 논쟁을 중단하는 자는 논쟁에서 패배한 것으로 간주한다.

[규칙17] 논쟁 중에 구실을 만들어 중단하는 자는 논쟁에서 패배

한 것으로 간주한다.

(18) 대론자의 비판을 인정하는 것

[규칙18] 논쟁 중에 대론자의 비판을 인정해버린 자는 논쟁에서 패배한 것으로 간주한다.

(19) 비판받아 마땅한 상대를 간과하는 것

[규칙19] 논쟁에 승리했음에도 불구하고 패배한 상대를 간과하는 자는 논쟁에서 패배한 것으로 간주한다.

(20) 비판받아서는 안 되는 자를 힐난하는 것

[규칙20] 논쟁하는 도중에 건방지게 제멋대로 대론자의 패배를 선고하는 자는 논쟁에서 패배한 것으로 간주한다.

(21) 자신이 인정한 학설로부터 벗어나는 것

[규칙21] 논쟁 중에 대론자의 비판에 응해서 자신의 학설에서 점점 벗어나는 자는 논쟁에서 패배한 것으로 간주한다.

(22) 의사적 이유

끝으로 5지 논증의 이유지(理由支)에 '의사적 이유'라고 불리는 것을 사용해도 '패배의 입장'으로 간주한다. 의사적 이유란 이유와 유사하지만 제안을 지지하고 결론을 도출하는 정당한 이유라고는 인정하기 어려운 것이다.

[규칙22] 5지 논증에서 의사적 이유를 이용하는 자는 논쟁에서
　　　　　패배한 것으로 간주한다.

의사적 이유는 나야야학파의 16원리 가운데 하나로서 별도로 거론되는 것에서도 알 수 있는 것처럼 인도논리학이 발전함에 따라 그것 이외의 '패배의 입장'과 구별되었다. 즉 단순한 '토론상의 과실'에서 '논증에 있어서의 오류'로 그 성격이 바뀌었다. 여기에 '문답법 매뉴얼' 중에서 논증법으로서의 '인도논리학'이 발생하는 계기가 있었다고 말할 수 있다. 의사적 이유, 즉 잘못된 이유를 고찰하기 위해서는 올바른 이유를 고찰하는 일이 필연적이었다. 나아가 인도 논리학자들은 올바른 이유가 갖추어야 할 특징과 조건이 무엇인가를 추구하여 확정하고자 했다. 의사적 이유에 대한 상세한 내용은 제5장에서 소개할 것이다.

이상에서 『니야야수트라』가 거론한 '패배의 입장' 22종 모두를 해설하였다. 이어서 토론에서 전통적으로 과실로 인정하고 있는, 니야야학파의 16원리 가운데 하나이기도 한 '궤변'을 고찰하고자 한다. 이것으로 '토론에 있어서 반칙집'은 거의 전 내용이 밝혀질 것이다.

궤변

『니야야수트라』는 '궤변'을 다음과 같이 정의하여 제시한다.

'궤변'이란 의미의 전화가 성립하는 것에 근거하여 (상대의) 제
언을 왜곡하는 행위이다. 궤변에는 3종류가 있다. 언어상의 궤
변, 일반화의 궤변, 비유상의 궤변이다.(1·2·10~11)

(1) 언어상의 궤변

'언어상의 궤변'은 '의미를 규정하지 않고 기술한 경우에, 말하는
상대의 의도와는 다른 의미를 상정하는 것'(1·2·12)으로 정의할 수
있다. 요컨대 동음다의어(同音多義語)를 이용한 궤변이다.

예를 들면 산스크리트어의 나바(nava)라는 음의 연쇄는 '새로운
것'과 '9'라는 두 가지 뜻이 있다. 어떤 사람이 "이 아이는 나바 칸바
라(새 옷)를 입고 있다"고 말할 때 다른 사람이 "당신은 이 아이가 9
벌의 옷(나바 칸바라)을 입고 있다"고 말하지만, 이 아이는 한 벌밖에
입고 있지 않다'라고 상대방의 의도를 고의로 곡해해서 그 언명을 왜
곡하고 부정하는 경우이다.

'나바(nava)'라는 말의 의미를 규정하지 않았기 때문에 일어날 수
있는 궤변이지만, 원래 '12겹옷(옛날 여자 관리들의 정장)'이 아니라면
한 사람이 '아홉 벌의 옷'을 동시에 걸치는 것은 생각할 수 없기 때
문에 '나바 칸바라'는 '새 옷'이라고 이해하는 것이 당연하다. 소소
한 익살이라고 생각한다면 궤변이라고 책망할 필요는 없을 것이다.

이러한 궤변에서는 '토론을 할 때 애매한 다의어를 피해야 한다'는 아리스토텔레스의 『변론술』에 제시되어 있는 교훈을 이끌어내는 것이 가능하다.

(2) 일반화의 궤변

'일반화의 궤변'은 '가능성에 의거해서 의미를 과도하게 일반화하여 적용함으로써 포함되어 있지 않은 의미를 상정하는 것'(1·2·13)으로 정의할 수 있다. 밧쯔야야나는 다음과 같은 대화를 상정한다.

> 논자A : 아! 이 바라문은 정말로 학식과 덕행을 갖춘 분이다.
> 논자B : 바라문은 학식과 덕행을 갖춘 분이다.
> 논자A : 만약 바라문이 학식과 덕행을 갖춘 분이라면, (바라문이지만 스승으로부터 학습하지 않는) 바라티아에게도 (그 특질이) 있는 것이 될 것이다. 바라티아도 바라문이다. 따라서 바라티아도 학식과 덕행을 갖춘 사람이다.(服部 역, 393쪽)

논자B는 단지 논자A의 화제를 계승해서 '인간은 바라문일 때 학식과 덕행을 갖춘 소인(素因, 가장 근본이 되는 원인)이 있을 수 있다'라고 바라문 일반을 찬미할 목적으로 "바라문은 학식과 덕행을 갖춘 분이다"라고 말했던 것이지 '바라문이다. 그렇기 때문에 학식과 덕행을 갖추고 있다'라는 이치를 기술하는 것은 아니었다. 따라서 논자A의 제2의 논의는 논자B의 의도를 고의로 곡해하고, 그 언명에서 원래

의도하지 않은 일반적 명제를 이끌어내 논자B에게 오류를 부여하고 있는 것이다.

시장에서 산양을 사서 돌아오는 길에 나쁜 사람에게 세 번이나 '개를 데리고 간다' 고 말하고서 엉겁결에 산양을 내팽개치고 도망가는 바라문 등 인도설화에는 '어리석은 바라문' 이 자주 등장한다. 바라문이라 해도 학식·덕행을 갖춘 사람이 있는 반면 그렇지 못한 사람도 있다. 그럼에도 불구하고 사람 말꼬리를 잡고서 이치를 따지는 일을 상식적이라고 할 수는 없을 것이다. 다만 일상회화에 나타나는 애매함을 단지 논자B의 진의를 분명히 하기 위해서라고 생각한다면 이러한 궤변도 의미가 있다고 할 수 있겠다.

(3) 비유상의 궤변

'비유상의 궤변' 은 '(표현의) 규정의 전용에 의한 (비유적인) 진술에 대해서 (진술을 본래 의미로 이해하여 그) 의미의 사실성을 부정하는 것' (1·2·14)으로 정의할 수 있다. 다른 언어도 그렇지만 산스크리트어에서도 다양한 비유적 표현을 사용하고 있다.

예를 들면 '관람석이 갈채를 한다', '창이 성에 들어간다', '갠지스 강에 있는 소치기 마을은 시원하다' 등등이다. 이런 표현에 대해서 '관람석에 있는 사람들이 갈채하는 것이지 관람석이 갈채하는 것은 아니다', '창을 든 병사가 성에 들어가는 것이지 창이 성에 들어가는 것은 아니다', '갠지스 강변에 있는 소치기 마을이 시원한 것이지 갠지스 강 안에 소치기 마을이 있을 수 없다' 는 등 말하는 사람이 의도하는 비유적 의미를 무시하고 언어가 가진 본래 의미에만 근거하여 말하는 사람의 언명을 왜곡함으로써 부정하는 경우이다.

토론에서 애매한 비유적 표현은 결코 환영받지 못한다. 그 의미에서는 이 궤변에도 토론에서 사용되는 언명을 좀 더 명확히 하고자 한다는 적극적인 역할을 부여하는 것이 가능할지도 모르겠다.

이상 3종류의 궤변은 니야야학파에서는 '토론에서의 과실'과 같이 부정적으로 평가를 받는다. 타인의 논의에서 그걸 발견하면 힐난해야 하고, 자신의 논의에서는 사용하지 말아야 한다고 간주한다. 하지만 필자는 토론·논증에 있어서 좀 더 엄밀한 언어표현을 추구하는 입장에 서면 그렇게 간단하게 배제할 수 있는 것은 아니라고 생각한다.

토론

지금까지 토론에 들어가기 전에 어떤 청중 앞에서 어떤 상대와 토론해야 하는가에 대한 주의점들, 나아가 토론에 들어간 후에는 상대의 논의에서 어떻게 결함을 찾아내고 어떻게 상대에게 패배를 선고하여 승리를 쟁취할 것인가에 대한 주의점들을 살펴보았다. 끝으로 인도논리학의 전통에서 본래 토론이란 무엇인가 하는 것을 분명히 하고 싶다. 토론(kathā)에는 (1)논의(vada) (2)논쟁(jalpa) (3)논힐(vitaṇḍā)의 3종이 있다고 밧쯔야야나는 말한다. 이 3종은 모두 니야야학파의 16원리에 포함되는 것이다. 『니야야수트라』는 논의를 다음과 같이 정의한다.

(1) 논의

'논의' 란 지식수단과 음미에 의한 논증·논란으로 이루어지는, 정설에 모순하지 않는 5지분을 구비한 정립과 반정립의 설정이다.(1·2·1)

논의는 다음 조건을 만족시키는 것이어야 한다.

첫째, 예를 들면 앞서 인용한 『차라카상히타』의 주장과 반대주장과 같이

푸루샤는 항구적이다.

푸루샤는 비항구적이다.

라는 동일한 주제(=푸루샤)에 관한 두 가지 상용되지 않는 주장(즉, 정립과 반정립)으로 구성되어야 한다. 의견의 대립이 없다면 논의는 시작될 수 없기 때문이다.

둘째, 주장을 하든 반대주장을 하든 제안·이유·유례·적합·결론의 5지로 이루어진 논증식으로 제시해야 한다. 논증지가 적든 많든, 이미 앞에서 살펴 본 '패배의 입장' (11) 또는 (12)에 빠지는 것이 지적되어 패배해버리기 때문이다.

셋째, 자신의 주장 입증을 '논증' 으로, 상대의 주장 부정을 '논란' 으로 부르지만, 이 둘 모두 지식수단과 음미에 근거해야 한다. 지식수단은 예를 들면, 지각은 유례, 추리는 이유, 비정(比定, 유추)은 적합, 증언은 제안, 모든 것은 결론 등으로 말하는 것처럼 5지와 밀접하

게 결합해 있지만, 그와 같은 형식이 아니더라도 논증·논란의 목적을 달성하는 경우가 있다. 이미 살펴본 바와 같이 음미는 일종의 귀류법이고, 지식수단에 의한 논증·논란의 보조수단으로 거론된다.

넷째, 주장이든 반대주장이든 자신이 인정하는 정설에 모순하는 것이 있어서는 안 된다. 그렇지 않으면 '반대의 이유'라는 의사적 논증인, '자신의 정설에서 벗어나버린 패배의 입장' 등을 지적받고 논쟁에서 패배해버리기 때문이다.

『니야야수트라』의 '논의'는 아마도 『차라카상히타』의 '우호적인 토론'에 상응한다. 예를 들면 같은 학문을 하는 학자들, 스승과 제자, 학자들 사이에 이루어지고 진리를 탐구하기 위한 토론으로 생각하면 좋다.

『니야야수트라』 제4편 제2장 말미에는 요가(명상)의 수습에 의해서 과거세로부터 쌓아온 공덕에 의해 특별한 삼매에 도달함으로써 진리의 인식과 해탈을 얻게 된다고 설명한다.(4·2·38~46)

나아가 해탈에 도달하는 수단으로써 니야야학파의 체계적 지식 획득과 계속적인 학습·숙고, 같은 학문을 하는 학자들과의 '친밀한 토론(saṃvāda)'을 거론한다. 그런 토론은 제자·수행동료, 지극한 선을 추구하고 악의가 없는 사람들과 행할 것을 권하고 있다. 그리고 대론 상대로부터 예지를 배우고 진리를 알려고 하는 자는 자기 자신의 반대주장을 세울 필요도 없다고 말하고 있다.(4·2·47~49)

이에 대해서 '논쟁'과 '논힐'은 『차라카상히타』의 '적대적인 토론'에 상응한다. 『차라카상히타』에서는 '논의'라는 말을 이 적대적인 토론의 의미로 사용하고 있으며, 논쟁과 논힐은 그 하위분류라는 것에 주의해야 한다. 『니야야수트라』는 다음과 같이 말한다.

논쟁·논힐은 진리의 확정을 지키기 위한 것이다. 종자의 발아를 지키기 위하여 (밭을) 가시나무와 가지로 에워싸는 것처럼. 적대적 토론은 논쟁과 논힐로 시작하는 것이 좋다.(4·2·50~51)

논쟁과 논힐은 논의와 달리 진리 추구를 위해 행하는 토론이 아니다. 따라서 진리의 인식과 해탈이라는 니야야학파의 궁극 목적에 직접적으로 도움이 되는 것은 아니다. 그러나 다른 학파의 논힐로부터 진리를 옹호하기 위해서는 논쟁과 논힐로 상대를 철저하게 혼내줄 필요가 있는 것이다.

(2) 논쟁

『니야야수트라』는 논쟁을 다음과 같이 정의한다.

'논쟁'이란 앞서 진술(한 조건들)을 갖추고, 궤변·잘못된 논란·패배의 입장에 의한 논증·논란으로 이루어진 것이다.(1·2·2, 服部 역, 보충의 일부를 삭제)

논쟁은 앞서 거론한 논의의 필요조건 네 가지를 모두 갖추어야 한다. 그것에 더해서 만약 대론 상대가 궤변을 사용하거나 잘못된 논란을 시작하고 '패배의 입장'으로 간주할 수 있는 논의를 제시한다고 하자. 그 경우에는 그것을 재빨리 지적하여 상대를 패배로 인도함과 동시에, 상대가 스스로 궤변을 구사하고 잘못된 논란에 시비를 걸어 패배의 입장으로 간주되어야 할 논의를 제시하여 논쟁에서 승리하는 것을 지향하는 것이 논쟁이다. 오로지 진리 추구를 위해서 행하는 논의에 비해 논쟁의 목적은 승리하는 것이고, 그러기 위해서는 수단을 가리지 않는 것이다. 논의는 친한 동학 사이에서 행하는 것이기 때문에 궤변 등의 부당한 수단을 사용해서 상대방을 혼내줄 필요는 없고, 정정당당하게 상대를 설득하여 진리를 전하는 것이 본래의 목적이다.

(3) 논힐

『니야야수트라』는 논힐을 다음과 같이 정의한다.

> '논힐' 이란 반정립을 입증하는 것을 결여한 그것 (논쟁)이다.(1 · 2 · 3)

논의와 논쟁은 함께 정립과 반정립으로 이루어진 논의의 응수이다. 한쪽이 '푸루샤는 항구적이다' 라고 주장하여 논증하려고 한다면, 다른 한쪽은 단지 그 논증의 결함을 지적할 뿐만 아니라 그것에 대항하여 '푸루샤는 비항구적이다' 라고 주장하여 논증해야 한다. 양자의 차이는 진리의 추구인가 승리인가라는 목적과, 목적을 위해서는 억지로 부당한 논법을 선택하는가 하지 않는가라는 수단에 있다.

그런데 논힐은 논쟁의 일종이기는 하지만, 논자가 자신의 주장을 적극적으로 지시하는 행위는 전혀 하지 않고 오로지 대론상대의 논의에서 나타나는 결함을 폭로하는 데 시종일관한다는 점이 논쟁과 다르다. 이와 같은 논법은 필연적으로 '파괴적인 귀류법' 의 형태를 취하게 된다. 인도철학의 역사에 있어서 다소 비난을 감수하면서 '위대한 논힐주의자'라고 불린 것은 불교도인 나가르주나이다.

다음 장에서 상세하게 살펴보겠지만 나가르주나는 니야야학파 논리학의 발흥에 강한 위기감을 느꼈던 것 같다. 니야야논리학을 철저하게 부정하기 위해 궤변과 패배의 입장을 구사하고 있지만, 나아가 뒤에 '프라상가'라고 명명된 파괴적 귀류법을 많이 사용하였다. 또한 나가르주나는 '모든 것은 공이기 때문에 나에게 주장명제는 없다'는 명언을 남긴다.(『회쟁론』제29게 自注) 무엇보다도 나가르주나에게 전혀 주장이 없는 것은 아니다. '모든 것은 인연에서 생기는 것이기 때문에 공이다'라는 것이 나가르주나의 기본적 주장이다. 나가르주나는 그것을 적극적으로 논증식을 구성하여 증명하려고 하지 않았을 뿐이다. '공의 논증' 시도는, 나가르주나의 계승자 가운데 디그나가의 불교논리학을 적극적으로 받아들인 중관학자 바바비베카(Bhāvaviveka, 淸弁, 6세기)까지 기다려야 한다. 중관파불교도 이외에 '논힐'을 적극적으로 사용한 것으로 유명한 사람은 순세파(順世派)의 샤나라지(8~9세기)와 베단타학파의 슈리하르샤(Śrīharṣa, 12세기)이다.

잘못된 논란

니야야학파의 16원리 가운데 마지막으로 남은 것이 '잘못된 논란(jāti)'이다.

'잘못된 논란'이란 (유례와의) 성질의 공통성, 성질의 상위성에

의해서 반박하는 것이다.(1·2·18)

『니야야수트라』의 이 정의에는 '잘못된 논란'의 구체적인 성격이 잘 전해지지 않지만, 밧쯔야야나는 '(입론자가 올바른) 이유를 기술했을 때 반론자에 의해서 이루어지는 오류가 따른다는 지적(prāsaṅga)'이라는 설명을 부여한다.(服部 역, 396쪽)『니야야수트라』제5편 제1장은 24종의 '잘못된 논란'을 예시하여 그 배척법도 지시하고 있다. 그 24종 모두가 반드시 귀류법(prāsaṅga)이라고는 말할 수 없는 것이, 그 가운데 몇 가지는 다음 장에 보이는 나가르주나의 니야야논리학 비판을 제시하여 반론·재비판한 것이다.『차라카상히타』에서는 '잘못된 논란'을 전혀 언급하지 않는다. 한편 나가르주나에게 귀속되는 불교논리학서『방편심론』에는 20종의 '상응(prāsaṅga)'이 '진실의 논'으로서 거론되고 있다. 게다가 그 반 정도는『니야야수트라』에도 보인다. 이런 사실로부터 원래의 '잘못된 논란'이란 나가르주나에 있어서 정당한 논법인 귀류법(상응)을 니야야학파가 잘못된 논법으로 간주하여 거부하고 있는 것으로 생각할 수 있다. 나가르주나와 니야야학파의 치열한 논쟁은 다음 장에서 밝히고자 한다.

고대 인도의 토론이 어떠한 상황에서 어떠한 사람들에 의해 행해졌는가를 알기 위한 자료는 거의 없다. 약간 후대에 이르면 자이나교도 데바스리(11~12세기)의『프라마나나야타트바아로카』마지막 장이 약간의 구체적인 정보를 제공한다. 또한『차라카상히타』에서 볼 수 있는, 논쟁을 시작하기 전에 주의해야 할 것들과 토론자가 갖추어야 할 자질, 패배의 입장 등은 불교 유식학파의『유가사지론(瑜伽師地論)』에 더 상세하게 규정되어 있다. 지면 사정으로 모두 생략하지 않을 수 없어 아쉬울 따름이다.

말바니야 선생

말바니야 선생과 헤어지고 나서 30년 가까운 세월이 흘렀다. 그 사이 잠시 옥스퍼드에서 돌아오는 길에 아메다바드의 자택으로 선생을 방문한 적이 있었다. 저 토론토의 차가운 겨울 저녁에 선생이 제시한 숙제에 제대로 답을 하지 못했는데, 거기서 흡연에 대해 아래와 같은 긍정과 부정의 논증식을 만들어보았다.

> 제안 : 흡연은 인간에게 유용하다.
> 이유 : 마음에 편안함을 주기 때문이다.
> 유례 : 마음에 편안함을 주는 음악은 인간에게 유용하다.
> 적합 : 마찬가지로 흡연도 마음에 편안함을 준다.
> 결론 : 그러므로 흡연은 유용하다.

> 제안 : 흡연은 인간에게 무용하다.
> 이유 : 건강을 해치기 때문이다.
> 유례 : 건강을 해치는 과음은 인간에게 무용하다.
> 적합 : 마찬가지로 흡연은 건강을 해친다.
> 결론 : 그러므로 흡연도 무용하다.

이 서로 대립하는 두 개의 논증식 가운데 두 가지 모두 정당한가, 아니면 모두 정당하지 않는가 하는 문제는 제5장에서 검토하려고 한다.

제4장

귀류법

─ 나가르주나의 반논리학

1976년 음력 섣달, 새봄맞이로 바쁜 일본을 뒤로 하고 태평양을 건 났다. 1월부터 5월까지 겨울학기 동안 미시간대학 객원강사를 하기로 했기 때문이다. 미시간대학의 고메즈(R. Gomes) 교수는 학과장이 되어 바쁜 관계로 나한테 대신 수업을 맡겨왔다. 미시간대학으로 가는 도중에 토론토시절 함께 지낸 적이 있는 원조 일본인 히피 A씨가 머무는 산타모니카에서 정월을 보냈다. A씨는 1960년대 중반 와세다대학의 등록금 인상 반대투쟁을 한 뒤 산악자전거로 아시아대륙을 횡단하여 런던에 도착하고, 또다시 대서양을 건너 토론토에 건너갈 정도로 심지가 강한 사람이었다. 당시 A씨는 서해안으로 이동하여 로스앤젤레스에서 샐러리맨 생활을 하고 있었다. 지금은 도쿄에서 일본과 아시아 각국 민간 차원의 국제협력과 상호이해에 지도적인 역할을 하고 있다.

　산타모니카에서 맛있는 요리를 먹고 난 뒤 뉴올리언스를 경유하여 디트로이트로 갔다. 일부러 슈퍼볼 직전의 뉴올리언스에 다시 들른 것은 일본인 관광객이라면 누구나 가보는 컨서베이션 홀 (Conservation Hall)에서 딕시랜드(Dixieland, 재즈밴드) 연주를 듣기 위해서였다. 어둡고 작은 창고 같은 데서 넘치는 열기를 내뿜으며 연주를 하고 있는 밴드는 재즈의 역사 그 자체라고도 할 수 있는 노인들로 구성되어 있었다.

미시간대학이 있는 앤아버는 당시 주로 대학관계자와 디트로이트 자동차산업 관계자가 머무는 작은 도시이다. 특히 인상적인 것은 카프카의 『성』을 연상케 하는 거대한 대학병원이었다. 내가 담당한 과목은 '세계의 종교-아시아'라는 학부학생 대상의 입문강의였지만, 주 3회 강의를 15주에 걸쳐서 인도·중국·일본의 주요 종교를 모두 다루어야 하는 힘든 수업이었다. 많은 학생들 앞에서 마이크로 강의하는 것도 생전 처음 하는 경험이었기 때문에 괴로움의 연속이었다. 이 강의는 일찍이 랭카스터(L. R. Lancaster)나 쟈이니와 같은 북미의 쟁쟁한 불교학자들이 가르쳤던 유서 깊은 강의다. 뒷날 랭카스터를 방문했을 때 랭카스터는 자신이 강의하던 60년대에는 몇몇 광신적 전도주의자들(복음주의 기독교도)이 청강하고 있었는데, 불교 이야기를 하자 맹렬하게 손가락질을 해서 곤혹을 치른 적이 있다고 회상했다.

강의 외에도 고전 티베트어와 『구사론』의 연습을 담당했기 때문에 눈 깜짝할 사이에 일주일이 지나갔다. 유일한 즐거움이라면 주말에 맥주를 마시면서 네덜란드인 외교관 훌릭(R. V. Gulik)이 중국 당나라 시대를 무대로 쓴 추리소설 『명판관 디 공 시리즈』를 읽는 일이었다. 바로 전년도에 독일의 마르부르크에서 불교문학연구의 일인자인 한 씨를 방문했을 때 그의 서재에 같은 시리즈 독일어판이 꽂혀 있는 것을 보고 속으로 웃었던 기억이 난다.

고메즈는 지금까지 만난 세계의 불교학자 중에서도 특히 박식하고 총명한 연구자이다. 그는 해석학적 방법에 의한 불교연구의 일인자이다. 뒤에 약물중독이 된 친척 젊은이를 돌보고 보살펴주면서 융 심리학에 관심을 가지게 되어 결국 심리학 학위를 취득할 정도로 다재다능한 사람이기도 하다.

예일대학에서 젊은 나이에 『화엄경입법계품(華嚴經入法界品)』의 연구로 학위를 취득한 고메즈는 최근 『정토삼부경(淨土三部經)』의 영어 번역에 이르기까지 대승경전 연구를 병행하면서 대승 중관철학 연구에 체계적으로 몰두하고 있었다. 또한 일본유학 시절에 선(禪)을 배워 자택 지하실에는 좌선을 위한 코너까지 만들어놓았다. 미시간에 머무는 동안 고메즈를 방문한 적이 있었다. "어떻게 미국 불교연구자들은 선과 중관철학에 특히 흥미를 가지게 되었습니까?"라고 물었더니 그는 다음과 같이 대답했다. "우리는 전적으로 스즈키 다이세츠(鈴木大拙)와 에드워드 콘즈(E. Conze)의 책을 읽고 불교를 공부했기 때문일 겁니다. 미국인은 시니컬하기 때문이지요." 콘즈는 독일 출신의 불교학자이다. 나치 독일을 혐오하여 영국으로 망명하였지만 개성이 강해 결국 대학의 정직에 오르지는 못하고 재야 불교연구자로서 생애를 마쳤다. 전후 많은 계몽 불교서적을 썼지만 사실 콘즈의 전문분야는 중관파의 사상적 뿌리인 『반야경전(般若經典)』이었다.

시니컬한 미국인이 어떻게 해서 중관불교에 흥미를 가지게 되었을까? 지금도 잘 이해가 되지 않는다. 그들이 이해하는 중관파의 사상이 시니컬하다고 한다면 그것은 시니컬한 미국인의 시니컬한 불교이해일 것이다.

나가르주나

인도에서 배출한 수많은 불교학자 중에서 나가르주나(Nāgārjuna, 龍樹, 150~250)만큼 현대 구미 불교연구자들의 관심을 끌고 있으며, 다양한 해석을 제시하게 한 사상가는 없다.

나가르주나에 대한 해석은 실로 다양하다. 러시아의 위대한 불교학자 체르바츠키(T. Stcherbatsky, 1866~1942)는 신칸트학파적 절대주의자라고 하였으며, 폴란드의 요절한 인도학자 샤이에르(S. Schayer, 1899~1941)는 신비적 회의주의자라고 하였다. 인도의 불교학자 무르티(T. Murti)는 불이일원론(不二一元論)학파인 베단타적 절대주의자라고 평가했고, 나의 스승 워더는 영국 경험론적 반형이상학자라 했다. 스리랑카의 불교학자 칼루파하나(D. J. Kalupahana)는 논리실증주의자라 해석하였고, 만년의 마티랄이 그러했던 것처럼 최근의 일부 연구자들은 데리다류의 탈구조주의자라고 해석한다. 이것은, 마치 골짜기마다 다른 '언어'로 불리는 티베트 고지와 같이, 연구하는 사람이 다르면 그 수만큼의 나가르주나 해석이 있다고 해도 과언이 아니다.

물론 그중에는 불의의 사고로 죽은 캐나다 출신의 불교학자 로빈슨과 현재 최고의 지도적인 중관불교 연구자인 루엑(Rueg)처럼, 인도철학과 서양철학을 안이하게 비교한다든지 혹은 동일시하는 것에 대해 비판적인 사람들도 있다.

나가르주나에 대한 서로 다른 이해 혹은 오해는 비단 오늘날에 시작된 것이 아니다. 인도에서 나가르주나의 후계자들은, '일체는 공'이라는 나가르주나의 말에 다른 학파가 모든 것을 부정하는 허무론자(니힐리스트)라고 비난·공격하는 데 대해 오래도록 스승을 변호하지 않으면 안 되었다.

나가르주나를 일종의 허무주의자로 이해하는 것은 현대의 연구자 사이에서도 볼 수 있는 현상이다. 『인도철학개론』(1922년)이라는 뛰어난 책을 저술한 인도인학자 히리야나(M. Hiriyana)가 그렇게 이해했고, 체르바츠키와 동시대의 벨기에 석학 뿌샹(D. Poussin) 또한 체르바츠키에 대항해서, 나가르주나=허무주의자라는 논설을 펼쳤다. 그러나 그가 죽은 후 『하버드 아시아 연구지』(1938년)에 공표된 불과 한 쪽짜리 노트에서 그는 자신의 주장이 잘못되었음을 고백하고 있다. 뛰어난 학자의 양심적인 태도라 생각한다.

중국불교에서 나가르주나의 후계자들은 '삼론종(三論宗)'이라는 독자적인 해석의 전통을 형성했다. 한편 밀교(密敎)가 주체인 티베트 불교도 그 현교(顯敎)는 나가르주나에서 파생된 인도의 중관불교에 다름 아니다. 일본불교에서는 전통적으로 나가르주나를 '팔종(八宗)의 조사(祖師)'로 간주하여, 대승불교의 시조이자 가장 중요한 사상가로서 존경했다.

이와 같이 길고 복잡한 연구사가 있는 나가르주나에 관해서, 인도 논리학을 테마로 하는 이 책이 옥상옥(屋上屋)을 거듭하는 듯한 논의를 반복할 생각은 전혀 없다. 그럼에도 불구하고 나가르주나가 니야야학파의 발흥에 어떤 종류의 위기의식을 갖고 철저한 비판을 전개했는가 하는 그 이유를 이해하기 위해서는 나가르주나 사상의 근본을 언급하지 않을 수 없다. 그것은 나가르주나의 주저 『중관송(中觀頌)』의 다음 게송에 잘 나와 있다.

업과 번뇌의 지멸에 의해서 해탈이 있다. 업과 번뇌는 사유분별 때문에 생긴다. 그것들은 프라판차(희론)에 의한다. 프라판차는 공성에 의해서 멸한다.(제18장 제5게송)

다른 것에 의존하지 않고, 적정이며, 다양한 프라판차에 의해서 대상화되지 않고, 사유분별을 떠나 있으며, 다양한 것이 아니다. 이것이 실재(리얼리티)의 특징이다.(제18장 제9게송)

사람은 업·번뇌에 의해서 생사유전을 되풀이하지만 업·번뇌가 지멸될 때 윤회로부터 해탈한다. 업·번뇌는 사유분별에서 유래한다. 즉, 사람이 욕망을 가지고 행위를 일으키는 것은 그 대상에 관해서 '옆에 있는 장미는 붉다' 등의 개념적 판단을 내리기 때문이다. 여기까지는 지극히 표준적인 불교교의이다. 그러나 사유분별이 프라판차(prapañca)에서 유래한다고 말하는 것은 위의 게송 이외에 다른 예는 보이지 않는 것 같다.

프라판차-언어본능?

'프라판차(prapañca)'는 현현·전개·확대·쓸데없음·다원성·다량·가현·환영·현상세계 등을 의미하는 말이다. 그러나 중관파에서는 그것을 언어·언어표현·언어에 대한 집착이라고 정의하며, 현대 일본 연구자들은 언어의 허구·언어적 다원성 등으로 이해해왔다. '언어'라는 의미의 '프라판차'는 다음 제9게송의 '실재의 특징' 속에서 사용된다. 실재는 언어에 의해서 대상화되지 않는, 소위 언어로 표현할 수 없는 것이라 한다. 나가르주나는 붓다 또한 언어표현을 초월한 분이라는 의미에서 '프라판차를 적멸한 분'으로 규정한다. 이와 같은 소위 표현행위로서의 언어는 통상 우리들의 개념적 사유를 전제하는 것이다.

그러나 언어와 개념의 관계는 그렇게 단순하지 않다. 어떤 개념이 형성되고 그 개념에 대한 언어가 만들어지는 경우 우리가 그것을 학습하기도 하지만, '철학' '퍼스컴' 등의 신조어처럼 미지의 음이 주어지고 난 후 그것이 의미하는 내용·개념을 습득하는 경우도 있다. 나가르주나는 표현행위를 낳는 사유분별의 배후에 또 하나의 '프라판차(戲論)'를 상정하고 있는 것이다. 인도의 주석자들은 그것을 '언어에 대한 집착'으로 이해하고 있지만, 외적인 언어로 표출되기 이전의 일종의 '심리적 언어'는, 그것 없이는 우리가 개념적으로 사유할 수 없는 무엇인가이다.

필자는 그것이 모든 인류에 공통적인 '언어를 만들어 내는 본능(Language Instinct)'—촘스키(N. Chomsky, 1928~)의 '보편문법' 흐름을 잇는 인지과학자 핑커가 제창했던—이라는 발상과 유사한 것이라고는 생각하지 않는다.(김한영 외 역, 『언어 본능』, 동녘사이언스, 2008) 최근 뇌과학의 발달은 뇌의 어떤 부위가 인간 언어능력의 어떤 부분과 대응하는가 하는 가설을 정교하게 만들어내고 있다. 하지만 사람은 세 살 정도 되면 복잡한 문법 규칙을 마스터할 수 있는 유전자를 가지고 태어난다는 일부 유전학자들의 가설이 옳다고 한다면, 개념이 형성되기 전에 먼저 '심리적 언어(프라판차)'가 있다는 나가르주나의 언명도 이해하기 어려운 것은 아니다.

불교의 두 개의 전통—돈오와 점오

　나가르주나 철학의 궁극 목표는 이와 같은 언어가 창출하는 개념적 구성의 세계와 실재의 세계 사이에 생기는 괴리를 철두철미하게 하는 것이었다.

　나가르주나는 우리가 현재 살고 있는 세계, 새가 울고 꽃이 피는 세계, 이름도 없는 목동으로부터 세상에 알려진 성자에 이르기까지 모두가 머무는 세계, 이 현실의 세계를 결코 부정하지 않는다. 안타깝게도 우리는 '새'·'울다'·'꽃'·'피다'·'목동'·'성자' 등의 언어와 그 언어가 표시하는 개념의 그물코를 통하지 않고서는 이 세계에 대치할 방법이 없다. 후대의 유식학파 학자들은 그것을 '무시이래의 훈습(=잠재적 습관성)' 이라고 했다. 나가르주나는 실재의 세계가 이 언어의 그물코로는 결코 충분하게 건져낼 수 없음을 자신의 모든 저작 속에서 다양한 각도로 반복 설명하고 있다. 나가르주나에 있어서는 이 언어의 그물을 완전히 제거하여 개념적 사유를 근절할 때, 적정이며 일미(一味)인 실재의 세계가 누구의 도움도 빌리지 않고서 곧바로 증득된다. 그것이 깨달음의 세계, 진실의 세계이다.

　나가르주나는 결코 허무론자가 아니다. 만약 언어의 부정이 신비주의의 특징이라고 한다면 나가르주나를 신비주의자로 부를 수도 있을 것이다. 나가르주나의 신비주의적 경향은 대승경전 중의 반야경류, 나아가 『수타니파타』 등의 초기경전에까지 거슬러 올라갈 수 있다.

　또한 초기경전의 무시라와 나라다의 대립으로부터 8세기 말 티베트 왕의 면전에서 인도·중국 양 불교의 우열을 가리기 위해 논전을 벌였던 인도의 학승 카말라쉴라(Kamalaśīla, 8세기)와 중국의 선승 대승화상의 '삼예의 종교논쟁'에 이르기까지, 깨달음의 길은 멀고도 멀기 때문에 엄격한 수행과 현상세계의 배후를 직관하여 투철한 지혜를 계속 연마해야 한다고 말하는 '점오파(漸悟派)'와 한순간의 예지(叡知)인 무분별지의 획득에 의해서 전미개오(轉迷開悟)할 수 있다고 하는 '돈오파(頓悟派)'는 불교사상사를 일관하는 두 개의 큰 흐름이라 할 수 있다. 나가르주나가 돈오파에 가깝다면, 점오파에 가까운 사람은 초기불교[최근의 구미 학자 중에는 주류불교(Mainstream Buddhism)로 부르는 사람도 있다]의 아비다르마 학승들이며, 후대에는 대승불교 유식학파의 학자들이다.

아비다르마

나가르주나가 날카로운 비판의 칼끝을 겨누었던 것은 아비다르마(abhidharma, 阿毘達摩, 초기불교의 논부)의 불교 사상이었다. 붓다 사후, 불교도들은 우선 자신들이 들었던 부처님의 말씀과 계율을 결집하고, 다음으로 다양한 기회에 이루어진 부처님의 설법을 체계적으로 정리하려는 시도에 들어갔다. 그 성과가 아비다르마이다. 그들은 교설을 기억하기 편하게 하기 위해서 여러 항목씩 정리한 '논모표(마드리카)'를 작성하고, 나아가 그것을 이용하여 산만하게 이루어진 설법의 무수한 교의항목을 일정수로 정리해서 통합했다. 그 결과, 우리들의 경험세계를 구성하는 기본적 항목[그것을 그들은 다르마(법)라 부른다]의 리스트를 작성했다.

예를 들면 나가르주나의 주된 비판 대상이었던 '설일체유부(Sarvā

stivādin, 이하 有部로 약칭)'는 그와 같은 다르마 리스트를 보존 · 유지했다.〔『세계의 명저2 대승불교』수록, 사쿠라베 하지메(櫻部建)「존재의 분석」(『구사론』제1장 · 제2장 초역) 참조〕75개의 다르마는 우선 5개의 카테고리로 분류된다.

(1) 물(物): 색 · 성 · 향 · 미 · 촉의 오경(五境), 안 · 이 · 비 · 설 · 신의 오근(五根), '무표'라는 눈에 보이지 않는 업물질 등 모두 11종

(2) 심〔1종이지만, 안 · 이 · 비 · 설 · 신 · 의인 육식(六識)과 사고기관에 상당하는 것〕

(3) 심작용: 감수 · 지향 · 상념 등 46종

(4) 물도 아니고 심도 아닌 존재: 단어 · 문장 · 음절 · 생명기능 · 동류성 등 14종

(5) 인과관계를 떠난 존재(무위법): 두 종류의 멸과 허공(공간)

이들 제법은 각각 독자적인 '본질(자성, svabhāva)'을 가진다고 본다. 예를 들면, 사물 가운데 '촉(소촉성)'의 하위분류를 구성하는 지 · 수 · 화 · 풍 4원소는 각각 견고함 · 촉촉함 · 따뜻함 · 움직임을 그 본질로 하고 있다. 경전 중에서 각각 다른 이름으로 불리고 있다고 해도 동일한 본질을 공유하는 항목은 동일한 다르마로 볼 수 있지만, 본질을 달리하는 항목은 각각 다른 다르마로 보는 것이다. 제법은 미래에서 현재로, 현재에서 과거로 그 양상이 시시각각 변한다. 그러한 의미에서 '찰나멸'이라고 한다. 하지만 이것은 "현상은 변화(=찰나멸)하지만, 삼세(三世)에 걸쳐서 그 본질은 영원히 불변한다"는

실체론적 사고이다.

아비다르마 철학자들은 우리의 언어활동에 2개의 차원을 인정하고 있다. 그들은 아마도 새가 울고 꽃이 피는 세계를 앞에 두고 '새가 운다', '꽃이 핀다' 라고 하는 것은 '일상언어(世俗諦)' 로서는 옳지만 '분석적 언어', '다르마의 언어(勝義諦)' 로서는 옳지 않다고 생각하는 것 같다. 예를 들면, '새' 나 '꽃' 등과 같은 다르마는 존재하지 않기 때문이다. 우리 눈에 보이는 새나 꽃의 색깔이나 모양은 '색(rupa)' 이라는 독자의 다르마이다. 새가 우는 소리는 '소리', 꽃이 가진 향기는 '향기' 라고 하는 것처럼, 정말로 실재하는 것은 다르마이다. 그리고 새나 꽃은 복수의 다르마로 구성되는 가상(假象)에 지나지 않는다는 것이 유부 아비다르마 철학자들의 기본적인 입장이다.

일상언어의 세계와 다르마의 세계, 세속의 세계와 승의의 세계, 가상과 실재라는 구분은 플라톤의 '이세계론(二世界論)' 을 상기시키지만 그것과는 크게 다른 것이다. 동굴 속에서 벽에 투영된 그림자밖에 볼 수 없는 죄수들과는 달리 아비다르마 철학에서는, 우리는 실재하는 다르마인 색을 보고 소리를 듣는 것이다. 다만 통상적으로 그런 경험을 언어로서 표현할 때 '새' 나 '꽃' 등의 표현을 사용한다. 또한 그렇게 하지 않으면 세간일반의 언어활동은 성립하지 않는다.

경험세계를 구성요소로 분석하고자 하는 아비다르마 철학자들의 자세는 일종의 환원주의다. 그리고 아비다르마 철학자들의 철학은 제2장에서 소개한 바이세시카학파의 자연철학, 그리고 그 범주론과 궤를 같이한다. 초기불교의 각 부파 중에도 설일체유부는 우선 재빨리 사용언어를 서민의 언어였던 중기 인도방언에서 고대 인도의 아(雅)어이자 학술어인 산스크리트어로 변경하여 같은 산스크리트어를 사용하는 인도철학 여러 학파와 교류를 쉽게 했다. 그 결과 유부 아비다르마는 원자론의 채용으로 상징되는 것처럼, 바이세시카학파의 영향을 강하게 받아들였음을 알 수 있다. 두 학파 범주의 하위분류 중에는 공통적인 것이 적지 않다. 유부와 바이세시카학파는 고대 인도철학에서 하나의 흐름이면서, 모든 정합적인 관념에는 그에 대응하는 실재가 있다고 하는 범주론적 실재론의 사고를 공유하고 있다. 나가르주나가 등장하기 직전, 2~3세기경에는 유부교학을 집대성한 『아비다르마마하비바사(Abhidharmamahavibhasa)』(대비바사론)가 성립한다.

아비다르마 철학은 단순히 다르마의 리스트만을 분류 · 설명하는 것으로 멈추지 않는다. 반드시 그 리스트에 열거된 다르마와 다르마 사이의 관계를 논하는 '인과론'을 포함하고 있다. 가장 완성된 유부 아비다르마 논서인 바수반두(Vasubandhu, 世親, 5세기)의 『아비다르마코샤(Abhidharmakośa)』(구사론) 등을 보면, 다르마의 리스트에 의한 '존재의 분석'을 비롯하여 인간존재와 환경세계를 다루는 '우주론', 업 · 번뇌에서 지혜 · 선정의 수습 · 성자의 경지까지를 다루는 '수도론 · 해탈론'과 같이 불교교의가 정연하게 조직화되어 있다. 프라우발너가 지적한 인도철학체계의 구성요소 네 가지(인식론 · 존재론 · 우주론 · 해탈론) 가운데 인식론 · 논리학을 제외한 모든 분야를 포함하고 있는 것은 아비다르마가 초기인도불교의 철학적 체계로 변신을 기록한 것임이 분명하다.

범주론적 실재론 비판

'존재란 대상이 되어 인식을 생기게 하는 것'이라고 생각하고, 미래와 과거의 다르마도 지금 바로 사색의 대상이 되는 한 현재의 다르마와 마찬가지로 존재하고 있다고 아비다르마 철학자들은 말한다. 이렇게 독특한 '삼세실유설(三世實有說)'을 설했던 유부 아비다르마 철학자에게 있어 다르마의 본질이란 실로 다르마가 삼세에 걸쳐서 변하지 않고 실재하는 자기동일성이다. 새와 꽃은 시시각각 성장하고 있더라도, 붉은 새의 붉은색이라는 다르마의 본질은 불변이다.

이와 같은 본질은 일찍이 이쯔츠 토시히코(井筒俊彥)가 『의식과 본질』(암파문고, 1991, 39~42쪽)에서 '존재의 개체적 리얼리티=개체적 **본질**'로부터 구별된 '인간 의식의 분절기능에 의해서 보편화되어 일반화되고, 나아가서는 개념화된 형태로' 제시되는 '보편적 **본질**', 이슬람철학의 '마히야(특수한 의미에서의 본질)'와 서로 통하는 것이다. 한편 이쯔츠 토시히코가 말하는 '개체적 **본질**', 이슬람철학의 '후이야(일반적 의미에서의 본질)'는 '철저하게 개체적인 실재성', '모든 언어화와 개념화를 준거하는 참으로 구체적인 X의 즉물적 리얼리티'이며, '**본질**'이라는 표현을 달리 한다면, 나가르주나가 말하는 '언어적 다원성을 초월한 실재'에 대응한다고 생각한다.

이쯔츠 토시히코는 같은 책 끝부분(310쪽 이하)에서 바이세시카학파·니야야학파의 존재론을 받아들여 '보편적 **본질**의 실재성을 주장하는 전형적인 입장'으로 이해하고 있다. 인도사상을 전문으로 하지는 않았지만 뛰어난 석학의 통찰이라 할 수 있다. 그리고 '언어와 실재의 괴리'라는 기초시각에 입각해서 나가르주나는 이쯔츠 토시히코가 말하는 '보편적 **본질**'을 '개념에 의해 구성된 **본질**'이라 하여 철저하게 비판했던 것이다.

나가르주나에 있어서 유부의 '다르마 존재론'이나 바이세시카학파의 '범주론' 은 모두 인도적인 '범주론적 실재론' 으로서 동일한 공격의 대상이 되었다.

그런데 나가르주나가 말하는 '실재의 세계' 는 결코 우리가 상식적으로 생각하는 현실세계는 아니다. '모든 것은 연기하기 때문에 본질을 갖지 않으며 또한 공이다' 라는 것처럼 우선 '연기의 세계' 이다. 즉, 나가르주나에 있어서도 모든 존재는 원인이 있어 생길 수 있는 것이며, 원인이 없다면 소멸하는 존재이다. 이러한 측면에서 그는 '연기설' 이라는 불교교의를 부정하지 않는다. 나가르주나가 거부하는 것은 아비다르마 철학자들이 연기의 사실을 '다르마의 언어' 로 기술해서 본질을 개입시켜 개념적으로 고정화시켜버리는 것이다. 오직 있는 것은 시시각각으로 생기고 유전하는 인과의 연쇄이며, 그것은 세간의 언어이든 다르마의 언어이든 언어적으로 고정화할 수 없다는 것이 나가르주나의 기본 생각일 것이다.

따라서 이 세계는 '공(空)' 이지만 '공' 이란 결코 '무' 는 아니라고 나가르주나는 분명히 말한다. 나가르주나는 모든 것이 꿈과 허깨비 같은 것이라고 말한다. 그 말은 결코 모든 것이 아무것도 없다 (nothing)는 말이 아니다. 마치 마술사처럼 거짓으로 만들어진 꼭두각시가 다른 꼭두각시와 춤추기도 하고 싸우기도 하듯, 공(空)인 원인이 공(空)인 결과를 생기게 한다고 생각하는 것이다. 모든 것은 영원불변의 본질 등을 가지지 않기 때문에 변화도 작용도 가능한 것이다.

나가르주나는 대단히 급진적인 사상가였다. 당시의 불교철학 상식을 완전히 부정하면서도 조금도 주저하는 바가 없었다. 윤회와 열반도 그에게 걸려들면 망상의 산물에 지나지 않는 것이 된다. 그런 의미에서 윤회도 열반도 부정한다. 그러나 사람은 태어나 반드시 죽는다는 생사의 사실 그 자체를 부정하는 것은 아니다. 또한 공성을 자각하여 윤회를 초월할 가능성을 부정하는 것도 아니다. 다만 윤회도 열반도 공이라고 말하는 나가르주나의 자세는 윤회와 열반의 과정을 이론화하여 기술하는 데 힘쓴 유부와 유식학파의 자세와 엄연히 대립하는 것임에 틀림없다.

　불교 밖에서 나가르주나의 논적은 누구보다도 바이세시카학파였다. 따라서 나가르주나와 거의 같은 시대에 니야야학파가 바이세시카학파의 자연철학을 보전(補塡)하는 논리학파로서 등장했을 때 나가르주나는 엄청난 위기의식을 느꼈을 것이다. 그는 『바이다리야론』이라는 책을 저술하여 니야야학파의 '16원리'를 차례로 모두 부정했다. 아래에서는 나가르주나의 비판 가운데 하나를 소개하여 당시 학파 간 논쟁사례 하나를 소개하고자 한다. 그러면서 나가르주나 자신의 귀류논법을 밝힘과 동시에 그 논리적인 문제점도 밝히고자 한다.

『바이다리야론』

　나가르주나는 『니야야수트라』 제1편에 제시된 16원리의 정의를 상당히 정확하게 인용하면서 하나하나 그 원리를 부정해간다.

　『바이다리야론』의 서두에서 나가르주나는 '논리의 지식을 자부하여 논쟁하고 싶어 하는 자가 있지만, 그 자만심을 끊기 위해서 바이다리야를 설한다'고 말한다.(아래 번역은 『대승불전14 龍樹論集』, 중앙공론사, 1974, 梶山 역)

　우선 대론자인 니야야학파의 논사는, 일반적으로 논의를 하는 자는 16원리를 승인하고 나서야 가능하다고 하면서 다음과 같이 말한다. 16원리의 번역어는 지금까지의 『니야야수트라』 번역어와 상당히 다르지만 원어는 같다.

> 모든 논자는 반드시 인식방법·인식대상·의혹·동기·유례(喩 例)·정설·(논증식의) 요소·귀류적 사고·결정·논쟁·논박 (論駁)·무의미한 반론·틀린 이유·궤변(詭弁)·패배의 상태 (라는 논리학의 16항목)을 승인하고 나서야 논의가 가능하다. 하 지만 (모든 존재의) 공성을 말하는 (중관론)자들은 존재에 집착하 지 않는다는 이유를 들어 인식방법을 비롯한 항목을 인정하지 않는다.(梶山 역, 187쪽)

아래에 인식방법과 인식대상(=지식수단과 지식대상)에 관해 나가르 주나와 니야야학파 사이의 기나긴 토론이 기록되어 있다. 같은 토론 은 나가르주나의 다른 논서인 『회쟁론(廻諍論)』(『대승불교14 龍樹論 集』 수록, 梶山 번역 참조)에도 있지만, 나아가 『니야야수트라』 제2편 제1장에도 보인다.

같은 주제에 관한 동일한 논의가 논쟁당사자 각자의 논서에 기록 되어 있는 것은 인도사상사에도 드문 경우이다. 아마 유사한 논의가 실제로 이루어졌다고 생각해도 틀리지는 않을 것이다. 물론 논쟁의 기록은 언제나 각각 자신의 입장이 승리한 것으로 끝을 맺고 있다. 나가르주나의 비판에 호응하는 『니야야수트라』의 반론은 뒤에서 살 펴볼 것이다.

상호의존의 오류

나가르주나는 우선 아래와 같이 인식방법과 인식대상에 '상호의
존'의 오류가 있음을 지적한다.

> 인식방법과 인식대상 두 가지는 섞여 있어 (구별할 수 없다).(1)

여기서 인식방법과 그 대상 두 가지는 혼효(混淆)해 있다고 인정
된다. 왜냐하면 대상이 있을 때 비로소 인식방법은 인식방법이
되는 것이며, 역으로 인식방법이 있어야만 인식대상은 대상이
되는 것이다. 그렇게 말함으로써 인식대상에 의해서 인식방법이
성립하고, 인식방법에 의해서 인식대상이 성립한다. 따라서 인
식방법은 인식대상(에 의해서 증명되는 것, 따라서 그) 대상이 되
며, 인식대상도 인식방법(을 증명하는 것, 따라서 그) 인식방법이
된다. (두 가지는) 서로 의존해야만 자체(본질)를 얻기 때문에 인
식방법이라 해도 (그것은 방법이기도 하며 대상이기도 한) 두 개의
형상을 가지며, 인식대상도 (대상이기도 하며 방법이기도 한) 두
개의 형상이 있는 것이 된다. 결국 이 두 가지는 혼효해 있는 것
이다.

> 그러므로 이 두 가지는 자립적으로는 존재하지 않는다.(2)(梶山 역,
> 187~188쪽)

요컨대 상호 의존하는 두 개의 존재가 독립적인 범주로 인정되지

는 않을 것이다. 이것은 얼핏 보면 의미가 있는 논의인 것처럼 보이지만 자세히 검토하면 '궤변' 이라고 할 수 있다.

니야야학파는 인식방법으로서의 지각을 '감각기관과 대상의 접촉' 으로 정의하기 때문에 인식대상이 없다면 인식방법은 있을 수 없다고 말할 수 있지만, 역으로 인식방법이 없다면 인식대상은 있을 수 없다는 것은 적어도 존재론의 차원에서는 말할 수 없는 것이다. 다만 인식방법이 없다면 인식대상은 알 수 없다고 하는 인식론의 차원에서는 인식대상이 인식방법에 의존한다고 말할 수 있다. 그러나 그 반대는 성립하지 않으며, 인식방법의 존재는 인식결과에 의해서 알려지는 것이다.

그리고 양자의 상호의존은 다만 언어적인 차원에서만 성립한다. 즉 인식대상이 없다면 어떤 것은 '그것을 인식하는 방법' 이라고는 불릴 수 없고, 역으로 인식방법이 없다면 다른 어떤 것은 '그 대상' 이라고 불릴 수 없기 때문이다.

나가르주나가 같은 취지의 『회쟁론』 49~50게송에서 거론한 '아버지와 자식의 비유' 는 그의 의도에 반해서, '아버지' 와 '자식' 처럼 상호 의존하는 두 개의 언어가 지시하는 두 개의 대상이 독립해서 존재할 수 있다는 사례와 흡사하다. 따라서 인식방법과 인식대상은, 가령 언어 차원에서 상호 의존한다고 해도, '자립적으로는 존재하지 않는다' 라고는 말할 수 없는 것이다.

무엇보다도 논쟁 상대는 언어와 실재 사이에 일대일 대응관계를 인정하는 범주론적 실재론의 입장에 서 있는 니야야학파이기 때문에 나가르주나의 비판은 유효하다고 볼 수 있다.

귀류법

다음으로 나가르주나는 인식방법과 인식대상이 '다른 것에 의존한다' 라고 가정하여 아래와 같은 오류를 지적한다.

존재하고 있는 것과 존재하지 않는 것 이 두 개는 (다른 존재에) 의존하는 것이 아니다.(3)

가령 (타자에) 의존해서 성립하고 있다 해도 (그것은) 존재하는 것인가, 존재하지 않는 것인가, (그 두 성질을 함께 가진) 양성자(兩性者)인가일 것이다. 그 가운데 우선 존재하는 것은 이미 존재하고 있기 때문에 (다른 존재를) 필요로 하지 않는다. 왜냐하면 (가령) 존재하고 있는 항아리는 다른 존재인 점토 등을 새로이 필요로 하지 않기 때문이다. 또한 존재하지 않는 것도 실로 존재하지 않기 때문에 (다른 존재를) 필요로 하지 않는다. (만약 그렇지 않으면 실재하지 않는) 토끼의 뿔 등도 (다른 존재를) 필요로 한다고 말하는 오류를 범하게 될 것이기 때문이다. 그래서 양성자도 (위에서 기술한) 두 개의 결함을 갖추고 있기 때문에 (다른 존재를) 필요로 하지 않는다.(梶山 역, 188~189)

여기서 나가르주나는 '대화의 세계'를 존재 · 비존재 · 양자의 세 영역으로 구분하고, 인식방법이든 그 대상이든 무엇인가 존재는 다른 존재에 의존하는 것이 그 세 영역 어디에 속한다고 해도 '다른 것에 의존하지 않는다' 라고 하는 바람직하지 못한 결과(=자기모순)를 초래하는 것을 제시하고 있다.

　나중에 이것은 '프라상가' 혹은 '프라상가밧띠' 라고 불리게 되지만 일종의 '파괴적 귀류논증' 이다. 또한 '대화의 세계' 를 삼분하고 있다는 점에 착안하면 '파괴적 트리렘마' 라 할 수도 있을 것이다. 뒤에서 보게 되겠지만 나가르주나는 그 밖에 '파괴적 딜레마' 와 '파괴적 테트라렘마' 도 사용하고 있다.

논힐과 궤변

　나가르주나 논의의 대부분은 이 귀류논증이다. 나가르주나는 분명히 니야야학파 등이 사용하는 5지 논증을 알고 있음에도 불구하고 굳이 그것을 구사하지는 않았다. 적극적인 논증을 하지 않았다고 해서 나가르주나에게 주장이 없는 것은 아니었다. '일체는 공이다' 라고 주장하기 위해서 그것에 대립하는 테제를 하나하나 귀류법으로 부정하기 때문에 결과적으로는 간접적으로 자기주장을 확립하는 것이다.

　이와 같은 나가르주나의 자세는 『나야야수트라』 등에서 말하는 '논힐' 의 일종으로 간주할 수 있다. 따라서 앞에서 본 바와 같이 나가르주나가 '궤변' 을 사용하는 것은 인도 문답법의 원칙에서 충분히 허용되는 일이다. 『나야야수트라』(1·2·2)는 '논쟁', 따라서 그 하위 분류인 논힐에 있어서 궤변·잘못된 논란·패배의 입장을 사용하는 것을 허용하고 있기 때문이다.

　나가르주나는 뒤에 『바이다리야론』에서 대론자로부터 "그대는 모든 것을 궤변에 의해서 말하고 있을 뿐 진실은 말하지 않는다" 라는 말을 듣는다. 이에 대해 나가르주나는 논쟁에서 궤변은 으레 따르는 것이라고 답하고 있다.

> 그렇지 않다. 모든 답변에 (궤변은) 늘 따라다니기 때문이다.(67)

> 이 문제는 (그대가 말하는) 그러한 사항이 아니다. 누군가가 어떤
> 답을 기술하게 되면 그것은 모두 궤변이 되어버린다(開口則
> 錯).(梶山 역, 336쪽)

나가르주나가 말하는 '존재', '비존재' 이외에 '양성자(兩性者)'
요컨대 '존재인 동시에 비존재인 것'은 다소 설명이 필요하다.
참과 거짓이라는 두 개의 논리적 가치밖에 인정하지 않는 입장에
서는, '존재인 동시에 비존재'란 'A는 동시에 비A가 아니다'라는 모
순율을 위반하는 단순한 자기모순이며, 이 세계에 있을 수 없는 것이
고 고찰될 수 없는 것이다. 다만 그것은 '비존재'의 부정사 '비'를
'A도 비A도 아닌 것은 있을 수 없다'라는 배중율 즉 A와 비A는 상보
관계에 있고, 아울러 우리들의 '대화의 세계(전논리공간)'를 구성한
다는 이해를 전제하고 있기 때문이다.

2종의 부정

여기서 우리는 고대 인도의 문법학자들이 두 종류의 '부정개념'을
가지고 있음에 주목해야 한다. 그 하나는 배중율을 전제로 하는 부정
으로 '상대부정(paryudāsa)'이라 한다. 다른 하나는 배중율을 전제로
하지 않는 부정으로 '순수부정(prasajyapratiṣedha)'이라 한다. 상대부

정이란, 예를 들면

　　여기에는 바라문이 **아닌** 사람이 있다.

라고 말할 때, '바라문이 아닌'이라는 부정을 매개로 하여 여기에 바라문 이외의 크샤트리아나 바이샤 그리고 수드라가 있음을 의도하는 것과 같은 경우이다. 결국 A의 부정이 비A의 긍정을 함의하고 있는 경우이다.

　산스크리트어의 통어법에서는 이와 같은 부정이 '바라문' 등의 명사 앞에 붙게 되는 경우가 많기 때문에 '명사의 부정'이라고도 한다. 한편 순수부정이란 예를 들면,

　　여기에는 바라문이 있지 **않다**.

라고 말할 때, 단지 바라문의 존재를 부정할 뿐 그 외에 크샤트리아 등의 존재를 적극적으로 의도하고 있지 않는 경우이다. 결국 A의 부정이 비A의 긍정을 함의하지 않는 경우이다. 이 경우에 크샤트리아 등이 반드시 있다고 할 수는 없다. 바라문은 없지만 크샤트리아 등이 있는 경우와 바라문이나 크샤트리아 모두 없는 경우 두 가지가 있을 수 있음을 암암리에 시사하고 있는 것이다.

　이와 같은 부정은 '있다' 등의 동사에 부여되어 문장 전체를 부정하는 경우가 많기 때문에 '명제의 부정'이라고도 한다.

사구분별

나가르주나는 선행하는 아비다르마 학자들로부터 '사구분별(四句 分別, 테트라렌마)' 이라고 하는, 우리들의 '대화의 세계'를 4가지로 분할하여 네 개의 명제를 구성하는 방법을 계승하고 있다. 존재와 비 존재를 술어로 간주하고 사구분별을 작성하면 다음과 같다.

(1) x는 존재이다.
(2) x는 비존재이다.
(3) x는 양자(=존재임과 동시에 비존재)이다.
(4) x는 존재도 비존재도 아니다.

나아가 (1)과 (2)를 각각 'x는 존재이지만 비존재는 아니다', 'x는 존재는 아니지만 비존재이다'로 바꾸어 '존재'를 a, '비존재'를 b로 표기하면 사구의 술어는 각각

$\{a. -b\} \{-a. b\} \{a. b\} \{-a. -b\}$
(마이너스 기호[-]는 상대부정을 나타낸다)

에 상당하고, 그림 1의 4개의 영역을 점하게 된다. 이 경우 부정사는 배중률을 전제로 하는 '상대부정' 이다.

그런데 '비존재'라는 표현의 부정사 '비'를 역시 '상대부정' 으로 이해하면, 사구의 술어는

{a. --a} {-a. -a} {a. -a} {-a. --a}

로 표시할 수 있다.

그림 1

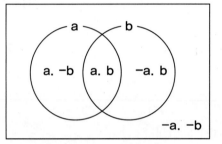

a = 존재
b = 비존재

{a. -b} = 존재이며, 비존재가 아닌 것
{-a. b} = 존재가 아니라, 비존재인 것
{a. b} = 존재이면서 동시에 비존재인 것
{-a. -b} = 존재도 비존재도 아닌 것

나아가 이것에 {--A = A}라고 하는 '이중부정률'을 적용하면,

{a. a} {-a. -a} {a. -a} {-a. a}

나아가

{a} {-a} {a. -a} {-a. a}

로 다시 적을 수 있다. 그 결과 제3구와 제4구의 술어는 같은 가치가 되며, 독립된 명제라고 생각할 수는 없고 원래 모순율에 저촉되어 무의미하다. 이와 같은 곤란한 결과를 피하기 위해 현대의 나가르주나 연구자들은 나가르주나가 모순율과 배중률을 인정하지 않는 '비정통적 논리학(Deviant Logic)' 을 사용했다고 주장하기도 한다.

위와 같은 논리적 곤란을 해결하는 다른 방법은, '비존재' 의 '비' 라는 부정사를 '순수부정' 으로 해석하는 것이다. 그 경우, 상대부정의 기호 {−}과 구별하여 '순수부정' 을 표시하는 다른 기호 {~}를 사용할 필요가 있다. 그렇게 하면 앞의 사구의 술어는 각각

$$\{a. -\sim a\} \ \{-a. \sim a\} \ \{a. \sim a\} \ \{-a. -\sim a\}$$

가 된다. {−~A = A}라는 이중부정률은 성립하지 않는다고 규정하면 '비존재' 의 '비' 를 상대부정으로 이해한 경우와 같은 문제는 전혀 생기지 않으며, 사구의 술어는 각각 유의미하게 되는 것이다. 이와 같이 제2의 부정이라는 이해를 도입함으로써

$$\{A=T, \ -A=F, \ \sim A=I\}$$

(T는 참, F는 거짓, I는 진위부정)

이라는 3개의 가치를 인정하는 일종의 '다(가)치논리학' 으로서 나가르주나의 논의를 해석할 가능성을 시사한다.

그러나 나가르주나 논의의 주된 목적은 새로운 논리학 구축에 있는 것이 아니다. 오히려 어디까지나 대론자의 논의를 모순으로 이끌

어 자신의 주장을 선양하는 데 있다.

어쨌든 나가르주나가 모순율과 배중률을 전혀 인정하지 않았다는 일부 연구자의 주장은 옳지 않다. 적어도 상대부정의 차원에서는 이들 2개의 논리적 원칙을 확실히 준수하고 있기 때문이다.

파괴적 트리렌마

그렇다면 여기서 나가르주나는 '존재', '비존재', '존재인 동시에 비존재'라는 말에서 무엇을 이해하고 있는 것일까? 필자의 소견으로 그것은 각각 '과거', '미래', '현재'라는 삼시에 대응하고 있다.

(1) '존재'란 '이미 생긴 것(=과거)'에 대응한다.
(2) '비존재'는 '아직 생기지 않은 것(=미래)'에 대응한다.
(3) '존재인 동시에 비존재'란 어떤 의미에서는 '존재'이며 어떤 의미에서는 '비존재'인 '지금 생기고 있는 중인 것(=현재)'에 다름 아니다.

이와 같이 '존재'와 '비존재' 이외에 '존재인 동시에 비존재'라는 제3의 가능성을 인정하는 부정사는 '순수부정'으로 이해하지 않으면 안 된다.

또한 시간의 분석은 과거·현재·미래의 삼시로 끝나기 때문에 '존재도 비존재도 아닌 것'이라는 제4구의 술어가 현재의 논의대상이 되지는 않을 것이다. 또한 나가르주나는 붓다가 설한 '중도'를 '존재와 비존재의 양극단을 떠난 중도[離邊中道]'로 규정하기 때문에

'일체는 존재도 비존재도 아니다' 라는 것이 그의 입장이며, 그것은 부정의 대상이 되지는 않았다고 생각할 수 있다.

『바이다리야론』(3)으로 돌아가서 그 파괴적인 트리렌마를 정리하면 다음과 같이 될 것이다.

> (1) 만약 인식방법이 이미 존재하고 있다면, 나아가 그것이 생기기 위해서 다른 것에 의존할 필요는 없을 것이다. 그런데 인식방법은 인식대상에 의존한다고 한다.
> (2) 만약 인식방법이 아직 존재하지 않는다면, 본래 존재하지 않는 것은 다른 것에 의존할 수 없다. 그런데 인식방법은 인식대상에 의존한다고 한다.
> (3) 만약 인식방법이 현재 생기고 있는 중이라면, (1)과 (2) 양쪽의 오류가 부수하기 때문에 다른 것에 의존하는 것은 아니다. 그런데 인식방법은 인식대상에 의존한다고 한다.

인식방법은 삼시 어느 것에 속한다고 해도 다른 것에 의존할 수 없는 것이다. 그러나 그와 같은 귀결은 인식방법이 그 대상에 의존한다는 니야야학파의 정설과 모순된다.

결국 여기서는 생각할 수 있는 모든 경우를 매거하여 그 어느 경우에도 상대의 주장은 성립하지 않는다고 지적함으로써 '인식방법도 그 대상도 존재라고도 비존재라고도 말할 수 없는, 본질을 가지지 않는 공이다' 라는 자신의 주장을 간접적으로 논증하고 있는 것이다.

다만 나가르주나의 이 논의에도 문제가 없는 것은 아니다. 인식방법과 그 대상이 의존관계에 있다는 것은 인식 차원에 있어서이다. 그런데 여기서는 존재 차원에서 각자가 다른 것에 의존하지 않는 것을 지적하고 있을 뿐이다. 따라서 '의존'이라는 언어의 다의성을 이용한 궤변이라고 말해도 할 말이 없다. 물론 나가르주나는 그걸 충분히 알고 있으면서 논의하고 있다.

저울[秤]의 비유

인식방법도 그 대상도 자립적으로 존재하지 않는다는 나가르주나의 비판에 대해서 니야야학파(정리학파)는 하나의 비유를 제시하여 반론한다.

이와 같이 누구나 인정하는 비유를 사용해서 자신의 주장을 정당화하는 것이 인도 논증의 특징이다. 그런 의미에서 그들의 논리학을 '유비추리'라고 말하는 노다 마타오(野田又夫)의 지적은 정곡을 찌르는 것이다. 일찍이 인도논리학을 수리논리학의 시점으로부터 분석한 야마시타 마사오(山下正男)도 유례에 주목해서, '인도논리학이 정통적인 논리학과 근본적으로 다른 가장 두드러지는 특징은 그 예시적 증명방법에 있다고 할 수 있다'라고 말하고 있다.(「北川秀則 저 『인도 고전논리학의 연구』를 읽고서」, 『철학연구』 제515호) 따라서 인도에 있어서 논증의 타당성은 전적으로 유례의 적절성에 달려 있다.

> (논쟁 상대자가) 반론한다. "마치 저울 등이 없이는 (저울로) 대상을 잴 수 없는 것처럼 인식방법 없이는 대상은 인식되지 않는 것이다."
> (나가르주나가) 그에 답해 말한다.

그렇지 않다. (만약 그렇다면) 무한소급에 빠지기 때문이다.(4)

만약 '인식방법이 없이는 인식대상은 성립하지 않는다' 라고 (그대가) 주장한다면, 인식방법 그 자체는 (그 근거가 되는 다른) 인식방법이 없어도 (그것 자신이) 성립하는 것은 어째서인가? (그것에 대한) 특별한 이유, 혹은 (인식방법과 대상의) 상위성을 그대는 설명하지 않으면 안 된다.

그리고 만약 그대가 '모든 존재는 인식방법에 의해서 성립하는 것이다' 라고 말한다면 여러 가지의 인식방법도 그 자신과는 별개로 인식방법에 의해서 성립하게 되어버린다. 인식방법 그 자체도 '모든 존재' 에 포함되기 때문이다. (그렇다면 A라는 인식방법은 B라는 인식방법을 요구하고, B는 C를 ……라는 순서로 무한히 소급하게 된다.)

만약 '인식방법 자체는 (다른) 인식방법에 의해서 성립할 (필요가) 없다' 라고 말한다면, '모든 것은 인식방법에 의해서 성립되는 것이다' 라고 말하는 (그대의) 주장은 논파된다.(梶山 역, 189쪽)

'인식방법' 의 원어 '프라마나' 는 본래 '사물을 계량하는 수단이나 기준' 이라는 의미가 있기 때문에 니야야학파가 '저울의 비유' 를 든 것은 지극히 당연하다.

그것에 대해서 나가르주나는 인식대상이 인식방법에 의해서 성립한다 해도 인식방법 그 자체는 그것과는 별개의 인식방법을 필요로 하는가, 그렇지 않은가라는 딜레마를 제시한다. 여기서 '인식된다'

라는 니야야학파의 표현이 의식적으로 '성립한다' 라는 존재론적 표현으로 바뀐 데 주의하지 않으면 안 된다. 이 딜레마는 다음과 같이 정리할 수 있다.

(1) 만약 인식대상은 인식방법에 의해서 알려지지만 인식방법은 다른 인식방법 없이도 알려진다고 한다면 양자의 차이 및 그 차이를 정당화하는 이유를 설명하지 않으면 안 된다. 그러나 그런 설명은 없다.

(2) 만약 모든 존재가 인식방법에 의해서 알려진다고 말한다면 인식방법은 차례로 다른 인식방법에 의해서 알려지기 때문에 무한소급의 오류를 범하게 된다. 여기서 인식방법만은 다른 인식방법을 필요로 하지 않는다고 한다면 자기 '제안의 파기' 라는 '패배의 입장' (제3장 참조)에 빠진다.

딜레마 속에 또 다른 딜레마가 포함되어 있는 조금 복잡한 논의이지만 전체로서는 '인식방법은 어떻게 해서도 알려지는 것이 아니다' 라는 니야야학파에 있어서 바라지 않는 결론을 도출하는 파괴적인 딜레마를 구성하고 있다.

등불[灯]의 비유

이에 대해서 니야야학파는 다른 비유를 인용해서 자신의 설명을 변호하려고 한다.

반론해서 말한다.

인식방법은 더욱이 (다른) 인식방법이 필요 없다. 이 경우 등불과 같이 인식방법은 그 자신과 다른 것을 성립시키는 것이다.(5)

마치 등불이 그 자신과 다른 것을 비추는 것이 알려지고 있는 것처럼, 여러 가지 인식방법도 자신과 타자를 성립시키는 것이다. 그렇다면 무한히 많은 등불을 필요로 한다는 오류는 있을 수 없다.(梶山 역, 190쪽)

등불이 자신과 타자를 비추는 것처럼 인식방법도 자신과 타자를 성립시키는, 즉 알게 한다는 논의이다. 인식이 자기 자신을 알게 한다는 생각은, 후에 인식은 자기 자신을 안다는 '자기인식' 이론으로 성장해가지만, 니야야학파는 그 입장을 취하지는 않는다. 자기인식 이론을 최초로 확립한 사람은 불교논리학자인 디그나가였다.
  나가르주나는 다음과 같은 파괴적 딜레마를 사용해서 '등불의 비유'를 논파한다.

등불이라는 것은 어둠에 접촉하든 접촉하지 않든 비추는 작용을 가지고 있지 않다.(6)

등불은 어둠과 접촉한 뒤에 비추는가, 어둠과 접촉하지 않고서 비추는가(의 어느 경우)일 것이다. 그러나 우선 등불이 어둠과 접촉한 뒤에 비출 수는 없다. (그 둘의) 접촉은 없기 때문이다. 왜냐하면 등불과 어둠은 대립적이기 때문에 접촉할 수가 없다. 등불이 있는 곳에 어둠은 없는데 어떻게 그 등불이 어둠을 제거하거나 비출 수가 있다는 말인가. 또한 접촉하지 않는다고 해도 (등불은 어둠을 비추지 않는다. 그것은 대상에) 접촉하지 않고서는 검(劍)이 (대상을) 자를 수 없는 것과 같은 이치이다.(梶山 역, 190쪽)

빛이 어둠과 접촉하는가 하지 않는가 하는 논의는, 어둠을 대상으로 치환하면, 광원체에서 나온 광선이 대상에 반사해서 시각기관에 도달할 때 대상을 볼 수 있다는 우리의 상식에서 그렇게 먼 것은 아니다. 다만 빛과 어둠을 이처럼 실체적으로 파악할 수 있다는 데에는 저항(抵抗)이 있을지도 모르지만, 유부 아비다르마에는 '빛'과 '어둠'도 물질이라는 카테고리의 하위분류인 '형색'의 일종이며, 어느 것이나 실재하는 다르마이다.

나가르주나는 한편으로는 등불과 어둠이 동일 장소에 동시에 공존할 수 없다는 관점에서 양자의 접촉을 부정하지만, 다른 한편으로는 만약 접촉하지 않으면 등불에서 어둠을 배제한다는 효과적 작용이 기대되지 않음을 지적한다. 어느 것이든 등불의 조명작용은 불합리하다는 바라지 않는 결과가 된다.

이에 대해 니야야학파는 한 걸음 더 나아가 다른 비유를 사용하여 자신의 주장을 변호한다. 즉, '별의 해로움과 마찬가지로 등불은 어둠에 접촉하지 않아도 어둠을 비추게 된다'고 반론하는 것이다. '별의 해로움'이란 인도 점성술사들의 생각일 것이다. 예를 들면, 후대의 점성술서 『바라하미히라(Varāhamihira)』(6세기)의 『점술대집성』(矢野道雄・杉田瑞枝 역, 평범사, 동양문고, 1995)은 태양과 혹성이 천재(天

災)나 인재(人災)에 미치는 영향을 상세히 논하고 있다.

그런데 나가르주나는 '그렇지 않다. (그) 비유와는 일치하지 않기 때문' (7)이라고 말하고, '별의 해로움의 비유'와 '등불의 비유' 사이에 정합성이 없음을 다양한 측면에서 지적하고 있다. 예를 들면 별 그 자체는 피해를 입는 인간과 접촉하지 않는다고 해도, 전쟁으로 입는 부상 등 실제로 일어나는 재난(=해)은 무엇인가의 접촉에 의해서 초래된다. 그 점이 등불의 경우와 다르다고 말하는 것이다. 다시 살펴보자.

> 또한 만약 등불이 (어둠에 도달하여) 접촉하지 않고서 비추는 작용을 한다면, 이 장소에 존재하는 (등불)만으로 모든 산의 동굴 속에 있는 어둠을 제거한다든지 비추는 것도 있을 수 있지만, 세간에서 그런 현상은 볼 수도 없고 확인할 수도 없다.(梶山 역, 191쪽)

이것은 등불이 어둠에 접촉하지 않고서 비춘다고 가정한 경우의 오류를 지적하는 귀류논법이다. 이어서 나가르주나는 원래 '비유'는 세간 일반사람들과 학자들이 모두 인정하는 것이 아니면 안 된다는 『니야야수트라』의 정의를 언급한다. 그런 다음 '어둠'에 관해서는 '빛의 결여'에 지나지 않는다고 말하는 학자가 있고, 무엇인가의 실체라고 말하는 학자도 있어 의견이 일치하지 않기 때문에 '등불의 비유'는 적절한 예가 아니라고 말한다. 그리고 비유가 적절하지 않기 때문에 비유하고 있는 인식방법도 성립하지 않는다고 결론을 내린다.(『바이다리야론』8)

끝으로 등불은 그 자신을 비추는 것이 아니라는 것에 대하여 다음

두 가지 이유를 제시한다.

등불은 그 자신을 비추는 것이 아니다. (등불 속에는) 어둠이 존재하지 않기 때문이다.(9)

그 역 또한 가능하기 때문에 어둠도 그 자체를 가리는 것이 될 것이다.(10)(梶山 역, 192~193쪽)

삼시불성(三時不成)의 논리

나가르주나는 다음에 인식방법과 그 대상 사이의 시간적인 전후관계를 단서로 하여 그 양자를 부정하는 파괴적인 트리렌마를 제시한다. 이 '삼시불성'의 논리는 나가르주나가 가장 애호한 부정의 논리이다. 다음에 『중론송』제2장에 근거해서 상세히 소개하고자 한다.

인식방법과 인식대상은 삼시에 있어서 성립하지 않는다.(11)

인식방법은 인식대상에 앞서 있든가 뒤에 있든가 혹은 인식방법과 인식대상이 동시에 있든가 (그 셋 중의 어느 하나일) 것이다. 그 가운데 만약 인식방법이 인식대상보다도 앞서 있다면, 그 경우 전자는 후자의 인식방법이라고 말할 수 있지만 그 (후자인) 인식대상은 (아직) 존재하지 않는 것이 된다. 그렇다면 (그것은) 무엇에 관한 인식방법이며, 무엇이 (그) 인식방법에 의해서 결정되는 것인가? 또한 만약 (인식방법이 그 대상보다) 뒤에 있다고 한다면,

이미 인식대상이 존재하고 있을 때에 무엇이 그 인식방법이 되는 것일까? 왜냐하면 아직 생기지 않은 것이 이미 생겼다고 말하는 존재의 인식방법이 되는 것은 아니기 때문이다. (그렇지 않으면) 토끼의 뿔(과 같이 존재하지 않는 것) 등도 인식방법이 되어버리는 오류에 빠지기 때문이다. 또한 아직 생기지 않은 것과 이미 생긴 것은 동시에 존재하지 않기 때문이기도 하다. 또한 '(양자가) 동시에 있다'고 해도 그것은 불가능하다. 예를 들면, 동시에 생겨 (병존하는) 소의 두 개의 뿔이 원인과 결과로서 (관계하는 것)은 불합리한 것이 되는 것과 같다.(梶山 역, 193~194쪽)

인도인식론에 있어서 인식대상과 인식방법 사이의 시간적 전후관계에 관해서는 두 개의 이론이 있다. 우선 니야야학파와 유부처럼 양자는 동시에 존재한다는 생각이다. 한편 아비다르마 논자 중에도 유부의 분파인 경량부와 불교논리학자인 디그나가와 다르마끼르띠는, 대상은 인식의 원인이며 반드시 결과보다 시간적으로 선행한다고 생각한다.

나가르주나는 그와 같은 인식론의 문제를 의식하고 있었던 걸까? 위의 트리렌마는 다음과 같은 해석이 가능하다.

(1) 만약 인식방법이 그 대상보다 앞서 있다면 그것은 '인식대상'이라 불리지 않는다. 다만 이것은 언어 차원의 문제이며, 다른 두 개의 렌마와는 성격을 조금 달리한다.

(2) 만약 인식방법이 그 대상보다 뒤에 있다면 앞서 존재하는 대상과 동시에 존재하고 게다가 그것을 파악하는 직접적인 인식

방법은 무엇인가? 이것은 유부에서 경량부에 대한 질문으로도 이해할 수 있는 인식론의 문제이다.

(3) 만약 양자가 동시에 존재한다면 그 사이에 인과관계는 있을 수 없다. 이것은 역으로 경량부에서 유부나 니야야학파에 대한 비판이라 여겨진다. 지각의 인과론을 전제로 한 인식론적 논의이다.

나가르주나는 드물게 같은 차원에서 논의를 전개하여 궤변을 조롱하지는 않는다. 그러나 물론 이 인식론의 그 어느 입장에 관여한 적도 없다. 아마도 대립하는 제 학파에 서로 상대를 비판하게 하여 인식방법도 인식대상도 '공' 이라는 자신의 주장을 도출하려고 하는 것이 나가르주나의 의도일 것이다.

이에 대해 니야야학파는 다음과 같이 역습한다.

인식방법과 인식대상이 삼시에 있어서 성립하지 않기 때문에 (당신의) 부정도 타당하지 않다.(12)

(중략) 당신이 행하는 인식방법과 대상의 부정이라는 것도 부정당해야 할 대상에 대해서 앞서 있든가 뒤에 있든가 동시에 있든가 그 셋 가운데 어느 하나일 테지만, 그 부정도 (인식방법과 같은 이유에서) 삼시에 성립하지 않는다. 부정당해야 할 존재가 없는데 당신의 말이 어떻게 부정하는 것이 될 수 있으며 어떻게 그것에 의한 부정이 있을 수 있겠는가. 또한 만약 (당신이) '부정은 성립하는 것이다' 라고 말한다면 삼시에 있어서 음미의 내용이 동

등한 것인 이상은 인식방법과 인식대상도 성립할 것이며 혹은 (그것을 인정하지 않을 때에는 당신은 두 개의 경우의) 상위를 설명하지 않으면 안 된다. 이렇게 해서 부정당하는 대상과 부정하는 주체가 삼시에 성립하지 않는다면, 그때는 부정(이라는 작용)도 있을 수 없다.(梶山 역, 194~195쪽)

삼시불성(三時不成)의 논리를 고스란히 나가르주나의 그 '부정'에 적용하여 부정도 삼시에 성립하지 않는다고 논하고 있다. 따라서 부정의 대상인 인식방법이나 그 대상은 성립하게 된다. 한편 나가르주나가 부정은 성립한다고 고집한다면 마찬가지로 니야야학파도 인식방법 등은 성립한다고 고집할 것이다.

이에 대해서 나가르주나는 반론한다.

부정이 성립한다면 인식방법과 인식대상이 또한 성립한다고 말하는 것은 옳지 않다. 앞서 (당신은 자기가 틀렸다는 것을) 승인했기 때문이다.(13)

만약 (당신이 일단) 인식방법과 인식대상이 성립하지 않는 것을 승인한 이상, 그 순간 논쟁은 종결되는 것이다.(14)(梶山 역, 195쪽)

니야야학파가 '대론자의 비판을 인정하는 것'이라는 '패배의 입장'(제3장 참조)에 빠져버렸음을 지적하여 논쟁의 종결을 선언하고 있다. 이것도 앞에서 기술한 '제안의 포기'와 같이 나가르주나가 그 논쟁에 관한 '문답법의 매뉴얼'에 따라서 논의하고 있음을 명시하는 것이다. 논쟁에 승리하기 위해서는 자기가 만든 편리한 규칙이 아니라 상대도 인정하는 공통의 규칙에 준해서 논쟁을 하지 않으면 안 되었던 것이다.

여기서 니야야학파가 "인식방법과 그 대상이라는 부정 대상이 없다면 그것들(인식 방법과 대상)의 부정이라는 것도 없을 것이다"라고 반론하자, 나가르주나는 "실재하지 않는 것에 관한 상상을 제거하는 것이기 때문에 부정은 정당화된다"고 답한다.(『바이다리야론』15) 예를 들면, 그다지 깊지 않은 강을 앞에 두고서 '이 강은 깊음에 틀림없다' 라고 두려워하는 사람이 그와 같은 잘못된 상상을 제거하기 위해 '여기에 깊은 강은 없다' 고 부정하는 것과 같이 나가르주나의 부정도 부정해야 할 것을 임시로 세워두고 그것을 부정하는 '가언적인 부정' 인 점을 명확히 하고 있다.

4종의 인식 방법

끝으로 니야야학파는 지각 · 추리 · 증언 · 비정이라는 4종의 인식 방법은 대상을 인식하기 위해 필요하기 때문에 존재한다고 논한다. '논리보다 편리' 라는 논법이다.

> 그러나 지각을 비롯한 (4종의 인식방법은) 존재한다. 왜냐하면 (인식 방법에 의해서 대상을) 바르게 이해하기 때문이다.(16)

> 이 세간에는 지각에 의해서 대상을 인식하기 때문에 해야 할 것과 해서는 안 되는 것(이라는 관념)을 속성으로 가진 지식이 바르

게 이해되는 것이다. 그 이외(의 추리 · 증언 · 비정이라는 인식방법)에 관해서도 마찬가지이다. 따라서 인식방법과 인식대상은 존재한다.(梶山 역, 197쪽)

나가르주나는 이를 다음과 같이 비판한다.

지각 등(의 인식방법)이 임시로 있다고 해도 인식대상은 합리적이지 않다.(17)(梶山 역, 197쪽)

'지각(pratyakṣa)'이라는 말은 그 어의가 '감각기관(akṣa)에 직면해 있는 것(prati)'이라 해석되고, 인식방법으로서의 지각 이외에 지각되는 대상을 의미할 수도 있다. 나가르주나는 이 점에 착안해서 도자기 등의 대상도 '지각'이며 인식방법이기 때문에 인식대상 등은 있을 수 없다고 결론을 내린다. 이것은 물론 『니야야수트라』에서 말하는, 언어의 다의성을 이용한 '언어상의 궤변'(제3장 참조)이다.

한편 '추리'에 관해서는 추리의 결과로서 추리지의 내용과 추리의 대상은 동일하기 때문에 추리와는 별도로 그 대상은 없다고 지적하고 있다. '추리의 대상이란 무엇인가'라는 것은 인도인식론의 중요한 과제 중 하나이며, 디그나가와 그 이후의 니야야학파 학자들 사이에 격렬한 논쟁이 전개된다.

어쨌든 나가르주나는 인식방법과 그 대상에 어떠한 구별이 있는가 하는 문제를 제기하는 것이다. 이에 대해서 니야야학파는 "항아리의 경우에는 항아리에 관한 지식이 인식방법이며 항아리는 인식대상이다"라고 대답한다. 하지만 나가르주나는 다음과 같이 비판하여 이 일련의 논쟁에 결말을 내린다.

> (항아리는) 원인이 되기 때문에 지식도 아니고 알려지는 것도 아니다.(18)

> 지식은 인식방법이 아니다. (당신의 학파는 그것을) 인식대상이라고 말하고 있기 때문이다.(19)(梶山 역, 198쪽)

『니야야수트라』(1·1·4)에 나오는 지각의 정의에 의하면 '감관과 대상의 접촉에 의해서 지식이 생기는 것'이기 때문에 항아리라는 대상은 지식의 원인이며, 인식방법(=지식)도 그 대상도 아니라는 논의이다. 더욱이 『니야야수트라』(1·1·9)의 '인식대상의 매거'에 언급하여, 지식은 인식대상의 하나이며 인식방법으로 간주되지 않음을 지적하고 있다. 이렇게 해서 나가르주나는 '인식방법과 그 대상 둘 다 존재하지 않는다.'라고 결론을 맺고 있다.

이하 나가르주나는 '의혹'에서 '패배의 상태'까지의 14원리를 하나하나 제시하여 비판하지만, 상세한 것은 생략하기로 한다. 또한 '논쟁'(=논의)에 관해서, 니야야학파가 『니야야수트라』(1·2·1)를 인용하면서, 나가르주나도 반대주장을 제기하고 있는 이상은 '논쟁'이라는 원리를 인정해야만 한다고 반론한다. 이에 대해 나가르주나는 '논쟁은 존재하지 않는다. 언어와 그 대상이 존재하지 않기 때문'(『바이다리야론』51)이라고 답하고 있다. 그 근거는 언어와 대상 사이에는 동일성이든 차이성이든 관계가 있을 수 없기 때문이다.

니야야학파가 '언어와 그 대상의 관계는 계약에 근거한 언어습관'

이라고 반론하자 나가르주나는 '그것은 옳지 않다. 최고의 진실이 (눈앞의) 고찰 주제이기 때문'(『바이다리야론』52)이라고 반박한다. 그리고 단지 세간의 언어습관에 불과한 니야야학파 '16원리'의 이해를 통해 해탈할 수 있다면 누구라도 해탈할 수 있게 된다는 문제를 지적한다. 따라서 16원리는 최고의 진실이 아니며, 최고의 진실은 언어표현을 초월한 것이라는 나가르주나의 주장이 부상하게 되는 것이다.

『바이다리야론』의 말미에서 니야야학파는 재차 '인식방법 등이 부정되는 것과 마찬가지로 부정도 또한 없는 것'이라고 반론한다. 이에 대해 나가르주나는 다음과 같이 말한다.

> 두 가지 모두 인정하고 있지 않기 때문이다. 그 (부정)도 성립하지 않는다고 말한다면, 성립하지 않는다고 해도 상관없다.(72)

> 진실에 따라서 설한 것이다. 언어라는 것조차 존재하지 않는다.(73)(梶山 역, 229쪽)

'진실이란 현실과 언어의 괴리'라고 제시함으로써 인도에 있어서 범주론적 실재론을 논파하는 자신의 영원한 주제를 명시하는 결론이다.

『니야야수트라』 제2편 제1장 – '삼시불성의 논리' 비판

이미 기술한 것처럼 『바이다리야론』과 거의 평행한 토론이 『니야야수트라』 제2편 제1장에 기록되어 있는데 그것을 소개하고자 한다.

우선 나가르주나로 생각되는 반론자가 '삼시불성의 논리'에 의해서 다음과 같이 니야야학파를 비판한다.

지각 등은 확실한 인식방법(pramāṇa)이 아니다. 삼시에 있어서 성립하지 않기 때문이다.(2·1·8)

실로 (인식되는 대상보다도) 앞서 인식방법이 성립한다면 감각기 관과 대상의 접촉에서 지각이 생긴다(는 『니야야수트라』 1·1·4 의 정의는 옳지) 않은 것이 될 것이다.(2·1·9)

만약 (인식되는 대상보다도) 나중에 성립한다면 여러 가지 인식방 법에 의해서 인식대상이 성립한다(는 세간의 상식은 옳지) 않은 것이 될 것이다.(2·1·10)

만약 (양자가) 동시에 성립한다면 지식은 각각의 대상에 의해서 한정되기 때문에 (동시가 아닌) 순차적으로 활동을 일으킨다(고 하는 『니야야수트라』 1·1·16의 정설은 옳지) 않은 것이 될 것이 다.(2·1·11)

개개의 귀류 내용이 다른 것이지만 앞서 『바이다리야론』(11) 등 에서 본 나가르주나 특유의 파괴적 트리렌마이다. 이에 대해서 니 야야학파는 『바이다리야론』(12) 등에서 보이는 다음과 같은 반론을 제시한다.

(그와 같은 나가르주나의) 부정도 삼시에 있어서 성립하지 않기 때문에 불합리하다.(2 · 1 · 12)

니야야학파는 나아가 다음과 같은 파괴적인 딜레마에 의해서 나가르주나의 '인식방법' 비판에 반격한다.

또한 (나가르주나는) 모든 인식방법을 부정하기 때문에 그의 부정 그것도 불합리하다.(2 · 1 · 13)

혹은 역으로 (나가르주나가) 그의 (부정은) 인식방법이라고 인정한다면 모든 인식방법이 부정되었던 것으로는 되지 않는다.(2 · 1 · 14)

만약 모든 인식방법을 부정한다면 그 부정 그것도 인식방법일 수는 없기 때문에 설득력이 없으며, 부정당하는 인식방법이 역으로 긍정을 받는다.

한편, 만약 이 부정만은 특별히 인식방법으로서 인정한다면 '모든 인식방법을 부정한다'는 본래의 제안을 파기하게 된다. 이것은 '패배의 입장'이다. 이것은 『바이다리야론』(4)의 나가르주나 논의를 뒤집는 것이지만 유사한 비판은 『회쟁론』 서두(제1~5게)에 니야야학파의 의견으로서 소개되고 있다.

다음으로 니야야학파는 '악기와 소리의 비유'를 사용해서 선행하는 존재가 나중에 생기는 결과에서 추리 · 입증되는 것을 밝혀 나가르주나의 '삼시불성' 논리를 최종적으로 타파하고자 한다.

또한 (나가르주나에 의한 인식방법의) 삼시에 있어서 부정은 (성립하지) 않는다. (나중에 생기는) 소리에 의해서 악기(의 존재)가 성립하는(=증명되는) 것처럼 그것은(=인식방법의 존재는 그 결과에 의해서) 성립하기(증명되기) 때문이다.(2·1·15)

이로써 『니야야수트라』에 있어서 '삼시불성'을 둘러싼 나가르주나의 논쟁은 일단락된다. 인식결과가 있는 이상 그것을 갖는 인식방법 및 그 대상도 있지 않으면 안 된다는 지극히 상식적인 입장에 서면 선행하는 것이 후속하는 것에 의해서 성립하기(다만 그 존재는 증명된다는 의미에서) 때문에 '삼시불성'의 한 부분이 무너지게 되는 것이다. 물론 이와 같은 인식론 그것을 승인하지 않는 나가르주나는 승복할 수 없는 결론일 것이다.

한편 니야야학파도 『바이다리야론』(13~14)에 있어서 나가르주나가 지적하는 『니야야수트라』와 같은 반론은 '대론자의 비판을 인정하는 것'이라는 '패배의 입장'에 빠져버린다는 비판에 대해서는 답하고 있지 않다. 그들이 그런 비판이 있음을 알지 못했다고는 생각하기 어렵다. 아마도 그것을 무시하여 자기들이 인정하는 인식론의 씨름판에서 결말을 지었을 것이다.

'저울의 비유'와 '등불의 비유'

이어서 『니야야수트라』는 『바이다리야론』(4)에서도 인용하는 '저울의 비유'를 언급한다. 원문에는 다르게 읽는 것도 있어 여러가지 해석이 가능하지만, 밧쯔야야나의 『주해』를 참조하면 다음과 같이 이해할 수 있다.

> 그런데 저울은 계량의 수단임과 동시에 계량의 대상이 되는 것
> 이다.(2 · 1 · 16)

저울을 사용해서 금과 은의 무게를 잴 때 저울은 계량수단이지만 이미 무게를 알고 있는 금 · 은을 사용해서 다른 저울의 정밀도를 확정할 때에는 계량의 대상이다. 이와 마찬가지로 인식방법과 그 대상이라고 해도 양자의 입장이 바뀌는 경우가 있다는 주장이다.

이것은 나가르주나가 『바이다리야론』(1~2)에서 인식방법과 그 대상은 서로 섞여 있어 구별할 수 없다고 비판한 것에 대한 니야야학파의 변명으로서 유효하다. 아마도 니야야학파도 원래는 『바이다리야론』(4)의 '저울의 비유'와 같이 인식방법을 단순하게 저울에 비유하고 있지만, 나가르주나의 비판을 받고서 그 해석을 변경한 것은 아닌가 싶다.

여기서 나가르주나라고 생각되는 대론자는 『바이다리야론』(4)와 아주 유사한 다음과 같은 파괴적인 딜레마를 제출한다.

> (니야야학파가) 여러 가지 인식방법이 (다른) 인식방법에 의해서
> 성립한다고 말한다면 (그 다른 인식방법도) 더욱이 다른 인식방법
> 에 의해서 성립한다. (따라서 무한소급에 빠진다)고 하는 바라지
> 않는 결과가 될 것이다.(2 · 1 · 17)

> 혹은 역으로 그것(=다른 인식방법의 필요성)을 부정한다면 인식

방법이 (다른 인식방법에 의하지 않고) 성립하는 것처럼 인식대상
도 (인식방법에 의하지 않고) 성립하는 것이다.(2·1·18)

이것에 대해 니야야학파는 다시 『바이다리야론』(5)에서 인용되는
대론자의 게송에 보이는 '등불의 비유' 를 사용하여 다음과 같이 반
박한다.

등불의 조명과 같이 그것(=인식방법)은 성립한다.(2·1·19)

어떤 경우에는 (인식방법이) 활동을 정지하고 어떤 경우에는 활동
을 정지하지 않는 것을 경험하기 때문에 (더욱이 다른 인식방법이 필요
한가의 여부는) 정할 수 없다.(2·1·20)

이 비유도 조금 전과 같이 본래는 나가르주나의 저작에서처럼 '등
불이 자기와 타자를 비추는 것처럼 인식방법도 자기와 타자를 알게
한다' 라는 의미로 이해되고 있었던 것이다. 아마도 나가르주나의 비
판을 받고서 인식방법은 때로는 다른 인식방법을 필요로 하고 때로
는 필요로 하지 않는다는 『니야야수트라』(2·1·20)와 같은 해석이
등장하였을 것이다. 같은 수트라를 본래의 『니야야수트라』의 일부로
보지 않는 전승이 니야야학파 내부에 있는 것은 위와 같은 생각을 지
지하는 것이다.
『바이다리야론』(6) 이하에서 전개되는 나가르주나의 '등불의 비
유' 에 대한 비판도 『니야야수트라』 제2편에서는 고려하고 있지 않
다. 다만 그 일부는 다음에 보는 것처럼 『니야야수트라』 제5편에 '잘

못된 논란'의 하나로서 다루고 있다. 『니야야수트라』에 기록되어 있는 나가르주나와 니야야학파 사이의 '인식방법'을 둘러싼 논쟁은 『바이다리야론』과 『회쟁론』 등 나가르주나의 저작과 너무나 평행선을 달리기 때문에 아마도 어떤 논쟁이 양자 사이에 실제로 이루어졌다고 볼 수도 있을 것이다. 그리고 두 학파는 각각 논쟁을 기록하는 단계에서 약간의 궤도수정을 하였을 것이다. 그것이 니야야학파 측에는 현저하게 보이는 것이다.

이렇게 나가르주나의 논리학 비판은 그 나름의 성과를 올렸다고 평가할 수도 있을 것이다. 인도의 논리학자들이 나가르주나의 비판에 견딜 수 있는 인식론·논리학을 구축하고 있었다는 의미이다. 나가르주나의 영향을 받고 오로지 귀류법만으로 논의하는 철학자도 등장했지만, 인도 철학자의 대부분은 논증식에 의한 적극적인 논증을 올바른 것으로 여겼던 것 같다. 나가르주나의 후계자 중에서도 바바비베카와 산타라크시타(Śāntrakṣita, 寂護, 8세기)처럼 중관사상에 논리학 도입을 추진한 사람도 있었다.

『니야야수트라』 제5편 제1장-잘못된 논란

앞장의 끝에서 시사한 바와 같이 니야야학파의 16원리 가운데 하나인 '잘못된 논란' 24종 가운데에는 나가르주나의 니야야학파 비판을 제시하여 그것을 잘못된 논란으로서 배척한 것이 몇 개 있다. 이미 소개한 『바이다리야론』을 분명하게 의식하고 있다고 생각되는 두 가지 사례를 검토해보자. 우선, 같은 책(6)에 보이는 '등불이라는 것은 어둠과 접촉하든 접촉하지 않든 비추는 작용을 가지지 않는다'라는 딜레마는, 조금 형태를 바꾸어서 '이유'와 '그 대상'(=논증내용)의 문제로서 『니야야수트라』 제5편에서 제시된다.

논리적 이유는 (그 대상인) 논리적 귀결에 도달해서 (논증하는)가, 도달하지 않고서 (논증하는)가 둘 중의 하나이지만, 도달해서 (논증한)다면 (논리적 이유와 논리적 귀결 사이를) 구별할 수 없게 되며, 도달하지 않고서 (논증한)다면 (논리적 이유는 논리적 귀결을) 논증하는 것은 있을 수 없기 때문에 (본래 논리적 이유는 소기의 효력을 갖지 못한다고 도달ㆍ비도달에 의해서 논란하는 것이) '지상사(至相似)'와 '비지상사(非至相似)'라는 두 개의 잘못된 논란이다.(5ㆍ1ㆍ7)

(그와 같은 논란이 정당한) 부정이라고 할 수는 없다. (도공ㆍ녹로 등에 도달해서 점토가) 항아리로 완성되는 것이 보이기 때문이며, 또한 흑마술(黑魔術)로 (멀리 있는 적에게 도달하지 않고서) 부상을 입히는 경우가 있기 때문이다.(5ㆍ1ㆍ8)

니야야학파의 반박은 논증의 문제를 인과관계의 문제로 살짝 바꾸어버린 일종의 궤변이지만, 나가르주나의 경우와 마찬가지로 인도 문답법의 허용범위라고 말할 수 있을 것이다.
　이어서 『바이다리야론』(11) 외에 자주 언급되는 나가르주나의 '삼시불성' 논리는 '무인상사(無因相似)'라는 잘못된 논란으로 간주된다.

논리적 이유는 (그 대상인 논리적 귀결과의 선후관계의) 삼시에 있어서 성립하지 않기 때문에 (논리적 이유가 아님이 틀림없다고 말하여 논란하는 것이) '무인상사'라는 잘못된 논란이다.(5 · 1 · 18)

논리적 이유가 삼시에 있어서 성립하지 않는 것은 아니다. 그것에 의해서 논리적 귀결이 성립하기(=입증되기) 때문이다.(5 · 1 · 19)

또한 (삼시불성의 논리를 무인상사에 적용하면 그) 부정이 (삼시에 있어서) 불합리하기 때문에 (그것에 의해서) 부정되어야 할 (본래의 논리적 이유)는 부정되지 않게 된다.(5 · 1 · 20)

니야야학파의 두 번째 반박(5 · 1 · 20)은 『바이다리야론』(12)과 『니야야수트라』(2 · 1 · 12)에 보이는 같은 학파의 반론과 같다. 이것 이외에 '소립상사(所立相似)', '생과상사(生過相似)', '무이상사(無異相似)' 등도 역시 『바이다리야론』 속의 다른 나가르주나의 논의를 '잘못된 논란'으로서 배제하고 있는 경우이다.

여기서 알 수 있는 것처럼 니야야학파 또한 자신들의 범주론적인 실재론의 핵심을 찌르는 나가르주나의 예리한 비판에 직면하여 의식적으로 대처하지 않을 수 없었다.

뒤에 디그나가는 자신의 논리학을 집대성한 『프라마나삼웃짜야』 제6장에서 니야야학파의 잘못된 논란 24종을 대부분 다루어 자신의 '새로운 논리학' 체계 가운데 오류론으로서 재검토한다. 그때 디그나가가 우선 처음으로 위에서 거론한 세 개의 논란을 한꺼번에 제시하는 것은, 나가르주나와 『니야야수트라』의 역사적 경위를 고려하면 아주 흥미진진한 것이다.

『중론송』 제1장 제1게송

다시 나가르주나로 돌아가자. 나가르주나의 주저는 약 500여 개의 게송으로 된 『중론송』이다. 그 서두를 장식하는 것은 다음의 제1게송이다.

> 어떠한 존재라고 해도, 어떠한 경우에 있어서도, 자기로부터 생기는 것은 결코 없다. 타자로부터 생기는 것도 결코 없다. (자기와 타자) 양쪽으로부터 생기는 것도 결코 없다. 원인 없이 생기는 것도 결코 없다.(제1장 제1게송)

이것은 전통적으로 '사구분별(테트라렌마)'로 불리는 것의 일종이지만, 지금의 경우는 파괴적 테트라렌마의 결론 부분만을 네 개의 부정명제로서 열거한 것으로 생각할 수 있다. 나가르주나 자신은 언급하지 않았지만 주석자들의 도움을 빌린다면 다음과 같은 테트라렌마를 재구성할 수 있다.

> (1) 만약 무엇인가가 자기 자신으로부터 생기는 것이라면, 이미 생긴 것이 다시 생기게 되지만 그와 같은 두 번의 생김은 무의미하다. 따라서 어떠한 것이든 자기로부터 생기는 것은 없다.
> (2) 만약 무엇인가가 타자로부터 생기는 것이라면, 등불로부터 어둠이라고 하는 것처럼 전혀 관계가 없는 것으로부터 무엇인

가가 생기게 되어버린다. 따라서 어떠한 것이든 타자로부터 생기는 것은 없다.

(3) 만약 무엇인가가 자기와 타자 양쪽으로부터 생기는 것이라면, (1)과 (2) 양쪽 모두 바라지 않는 결과가 될 것이다. 따라서 어떠한 것이든 자기와 타자 양쪽으로부터 생기는 것은 없다.

(4) 만약 무엇인가가 원인 없이 생기는 것이라면, 항상 모든 것이 모든 것으로부터 생긴다는 것이 되지만 그것은 불가능이다. 따라서 어떠한 것이든 원인 없이 생기는 것은 없다.

여기서 '자기 자신으로부터 생긴다'를 {a}, '타자로부터 생긴다'를 {b}로 표시하면 테트라렌마의 조건절의 술어를 각각

{a} {b} {a,b} {−a,−b}

로 표기할 수 있다.

거기서 '자기 자신으로부터 생긴다'는 것은 '자기 자신으로부터 생기지만 타자로부터는 생기지 않는다'를 의미하고, '타자로부터 생긴다'는 것은 '자기 자신으로부터 생기지는 않지만 타자로부터는 생긴다'는 것을 의미한다고 가정하면, 처음의 두 구절은 {a,−b} {−a,b}와 동치임을 알 수 있다. 그리고 조건절인 4개의 술어는 a・b 두 항으로 이루어진 그림 2의 네 개의 영역, 즉

{a, −b} {−a, b} {a, b} {−a, b}

를 모두 채우게 된다. 따라서 4개의 조건절이 표시하는 명제는 존재의 생기에 관한 모든 논리적 가능성을 망라하고 있다고 말할 수 있다.

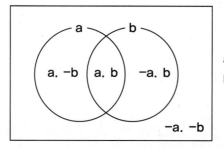

그림 2

a = 자기로부터 생긴다.
b = 타자로부터 생긴다.

{a. −b} = 자기로부터 생기지만 타자로부터는 생기지 않는다.
{−a. b} = 자기로부터 생기지 않지만 타자로부터 생긴다.
{a. b} = 자기로부터 그리고 동시에 타자로부터 생긴다.
{−a. −b} = 자기로부터도 타자로부터도 생기지 않는다.

(1) '존재는 자기로부터 생긴다' 라는 것은, 원질로부터의 전개를 설명하는 상키야학파의 '인중유과론' 이다.

(2) '존재는 타자로부터 생긴다' 라는 것은, 원자의 집적에 의한 물질의 구성을 설명하는 바이세시카학파의 '인중무과론' 이다.

(3) '존재는 자기와 타자로부터 생긴다' 라는 것은, 자기 상속 내의 선행하는 찰나라는 주요인과 타자상속에 속하는 다양한 보조 인연으로 이루어진 '인연의 복합체' 로부터 존재가 생긴다고 생각하는 아비다르마 불교도(소승불교도)들이라 생각한다. 한편, 존재가 절대적으로 특정의 성질만을 갖는 것을 부정하

고, 하나의 실재가 다양한 성질을 갖는 것을 주장하는 '적극적 다면설'을 주장하는 자이나교도라면 '자기로부터도 생기고, 타자로부터도 생긴다'고 주장했을 것이다.

(4) '존재는 원인 없이 생긴다'라는 것은, 어떠한 형태의 인과론도 부정하는 로카야타학파일 것이다. 그들은 공작(孔雀) 날개의 아름다움은 그 자연의 본성에 의한 것이지 특별한 원인이 있다고는 생각할 수 없다고 한다.

또한 마하이슈바라(대주재신) 등의 만물의 창조신이라는 '그릇된 원인(惡因)'을 세우는 모든 학파를 상정하는 것도 가능하다. 하여튼 테트라렘마의 각 술어에 나가르주나 당시의 모든 인과설이 논리적으로 포함되어 있다고 생각해도 좋다.

이와 같은 테트라렘마는 두 항 사이에 생각할 수 있는 논리적 가능성을 모두 '매거'하기 위한 인도불교의 경전해석학의 수법 가운데 하나이며 '매거법'이라고도 한다.

네 개의 술어 가운데 하나도 없다면 과거 · 현재 · 미래의 경우처럼 트리렘마로 축소된다. 또한 a · b 두 항이 서로 상대를 부정하는 '모순' 관계에 있는 경우는 제3구 · 제4구가 존재할 수 없기 때문에 딜레마로까지 축소된다. 예를 들면 동일성과 차이성의 경우이다.

나가르주나의 파괴적 테트라렘마 혹은 트리렘마, 딜레마의 특징은 이처럼 모든 이론적 가능성을 하나하나 제시하여, 대론자의 입장은 그 어떤 경우에도 오류에 빠지는 것임을 지적하고, 현재의 주제에는 어떠한 술어도 부여할 수 없다고 결론을 내리는 것이다.

『중론송』제1장 제1게송으로 돌아가 보면 '어떠한 존재도, 어떠한 경우에도 결코 생기는 것은 없다' 라는 결론이다.

물론 여기에는 '궁극적으로 어떠한 존재도 그 본질(=자기동일성)을 가지고 생기는 것은 없다' 는 한정이 부가된다. 바꾸어 말하면 '본질을 가지지 않는 공(空)한 원인에서 공(空)한 결과가 생긴다' 는 나가르주나의 연기설 이해는 부정되지 않는다. 문제는 인과관계를 본질을 매개하여 실체적으로 파악한다는 것이다.

『중론송』 제25장

나가르주나의 논법은 그 세부사항을 검토해보면 궤변적인 요소가 많이 있지만, 형식적으로는 단순하고 명쾌하다.

> (1) 우선 테트라렌마(사구분별) 등을 사용하여 어떤 사항에 관한 모든 이론적 가능성을 매거한다.
> (2) 나아가 그 하나하나의 경우를 검토하여 모든 논리적 오류를 지적한다.
> (3) 결론은 해당사항은 모든 개념적 사유와 언어적 다원성의 파악을 초월하여 본질을 갖지 않는 '공이다' 라는 것이다.

결국 '매거법' 과 '귀류법' 을 함께 사용하여 해당사항에 관한 다양한 해석을 논파하고 그 결과 간접적으로 '공성(空性)' 을 밝히는 것이다.

그 가장 상세하고도 완전한 사례는 『중론송』 제25장에서 나가르주나가 '열반' 을 음미할 때 찾아볼 수 있다. 『중론송』 제25장 제4~제16

게송은 열반이 '존재' 인가, '비존재' 인가에 관해서 다음과 같은 파괴적 트리렌마를 제시한다.

(1) 만약 열반이 '존재이다' 라고 한다면, 무릇 존재하는 것은 생사를 떠나 있는 것이 아니기 때문에 열반도 생사를 떠나는 것이 아니라는 말이 되지만, 그것은 열반의 정의상 인정할 수 없다. 따라서 열반이 존재라고는 말할 수 없다.

(2) 만약 열반이 '비존재이다' 라고 한다면, 무릇 비존재는 무엇인가 (예를 들면, 존재)에 의존하는 것이기 때문에 열반도 무엇인가에 의존하는 것이 되지만, 그것은 정의상 인정할 수 없다. 따라서 열반이 비존재라고는 말할 수 없다.

(3) 만약 열반이 '존재임과 동시에 비존재이다' 라고 한다면, 해탈도 존재임과 동시에 비존재인 것이 되지만, 그것은 있을 수 없다. 존재와 비존재라는 모순개념이 동일물에 소속하는 것은 불합리하기 때문이다. 따라서 열반이 존재임과 동시에 비존재라고는 말할 수 없다.

(4) 만약 열반이 '존재도 아니고 비존재도 아니다' 라고 한다면, 본래 열반의 존재성과 비존재성이 밝혀지지 않는 한, 누가 열반은 존재도 비존재도 아니라고 말할 수 있을까?

제1구와 제2구의 조건절의 술어를 각각

존재이며 비존재가 아니다.
존재는 아니며 비존재이다.

라고 바꿔 읽으면 위 4구의 술어는 앞에서 거론한 그림 1(164쪽)의 모든 영역을 메우는 것이 되기 때문에 열반의 존재·비존재에 관한 모든 경우를 다 포함한 것이 된다.

나가르주나는 4가지의 경우 각각에 귀류법을 적용하고, 열반에 관해서는 어떠한 개념적 구상도 성립할 수 없는, 결국 '열반은 공이다' 라고 간접적으로 입증하고 있는 것이다.

또한 나가르주나가 '열반은 무' 라고 말하는 것은 아니다. '무위열반' 이라는 특별한 다르마를 세워서 그 본질적 실재성을 주장하는 유부 등에 대해서, 혹은 '무위열반' 이라는 특별한 다르마를 인정하지 않고 일종의 '비존재' 로 보는 경량부에 대해서 '유무의 양변을 떠난 열반' 을 설하고 있는 것이다. 열반이 공이기 때문에 범부가 열반에 들어가는 것도 가능한 것이다.

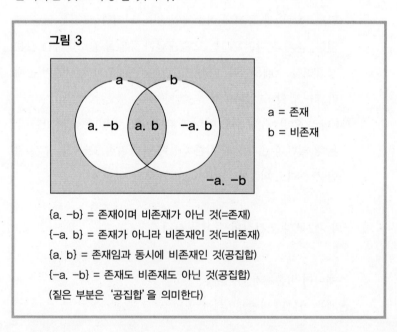

그림 3

a = 존재
b = 비존재

{a. -b} = 존재이며 비존재가 아닌 것(=존재)
{-a. b} = 존재가 아니라 비존재인 것(=비존재)
{a. b} = 존재임과 동시에 비존재인 것(공집합)
{-a. -b} = 존재도 비존재도 아닌 것(공집합)
(짙은 부분은 '공집합' 을 의미한다)

제3구를 보면 나가르주나가 'A는 동시에 비A는 아니다'라는 모순율을 인정하고 있음을 알 수 있다. 여기서 '비존재'라는 표현의 부정사는 '상대부정'의 의미이며, 『바이다리야론』(3)의 경우에 나오는 '순수부정'과는 다르다. 따라서 제3구 '존재임과 동시에 비존재이다', 제4구 '존재도 비존재도 아니다'라는 표현은 무의미하게 되어 테트라렘마는 딜레마로 해소된다고 생각해도 관계없다.(그림 3 참조, 짙은 부분은 공집합을 의미한다.)

여기서 나가르주나의 다수의 딜레마 가운데 하나를 선택해서 소개하고자 한다.

> 존재하지 않는 대상에도, 존재하는 대상에도 (그것을 생겨나게 하는) 인과적 조건은 결코 적용할 수 없다. 어떠한 비존재가 인과적 조건을 소유하겠는가? 이미 존재하는 것에 있어서 인과적 조건이 어떤 역할을 할 수 있는가?(제1장 제6게송)

이것을 파괴적인 딜레마로 바꾸어 쓰면

> (1) 만약 대상이 이미 존재한다면, 그것을 나아가 생기게 하는 인과적 조건은 필요가 없다.
> (2) 만약 대상이 존재하지 않는다면, 그와 같은 대상은 인과적 조건을 소유할 수 없다.

따라서 대상이 존재해도, 혹은 존재하지 않아도 인과적 조건은 적용 불가능이라는 것이다. 여기에도 딜레마의 옷 아래 궤변의 갑옷을 입고 있다.

잔여법 혹은 소거법

그런데 나가르주나의 이와 같은 논법이 결코 그 자신의 독자적 논법은 아니다. 인도철학 여러 학파 중에서도 바이세시카학파나 상키야학파는 '잔여법(pariśeṣa)'으로 불리는 '매거법'과 '귀류법'을 핵심으로 하는 간접논증을 발달시켰기 때문이다.

예를 들면 바이세시카학파 최초의 강요서인 『바이세시카수트라』(2・1・10)에는 눈으로 볼 수 없는 실체인 바람(風)의 존재를 가촉성에서 추리하기 위하여 잔여법을 사용하고 있다.

(1) 우선 가촉성을 가진 실체로서 지・수・화・풍을 든다.
(2) 그런데 허공에 치켜 올린 손이 느끼는 감촉은 눈으로 볼 수 있는 존재의 속성은 아니기 때문에 지・수・화의 결합이 부정된다.
(3) 남겨진 가능성은 눈으로 볼 수는 없지만 가촉성인 어떤 실체가 있다는 것이며 그 실체가 바람이다.

이것은 바이세시카학파의 범주론에 근거해서 가촉성인 어떤 실체로서 바람의 존재를 이미 전제로 두면서 나아가 그 존재를 특정한 종류의 가촉성에 의해서 논증한다는 의미에서 일종의 '순환논증'이다. 이 점은 『바이세시카수트라』(2・1・15~19)에서 바이세시카학파의 존재론을 인정하지 않는 다른 학파(아마도 미망사학파)의 반론에 답하는 형태로 검토되지만 그 도달점은 '실체가 9종인 것은 대주재신 (Mahaīśvara)의 지각에 근거해서 정해졌다'라는 실로 독단적인 해결법이다.

디그나가도 이 일련의 논의를 『프라마나삼웃짜야』 제2장 자주(自注)의 서두에서 인용하여 현재의 '잔여법'의 불완전함에 대해서 언급하고 있다. 본래 잔여법은 바이세시카학파가 독립된 인식방법으로서 승인하지 않는 '증언'(지금의 경우, 실체는 9종류라는 정설)에 의존할 수 없다고 명확하게 문제를 지적하고 있다.

이와 같이 바이세시카학파의 잔여법은 반드시 다른 학파에 대해서 설득력을 갖는 논증법이라고는 말할 수 없지만 적어도 일정한 존재론, 특히 그들의 범주론과 같이 '폐쇄된 존재론의 체계'를 전제하는 한 상당히 유효한 논증법이라 할 수 있다.

『바이세시카수트라』 중에도 음성의 지각에서 그것이 소속하는, 눈으로 볼 수 없는 실체인 허공(에테르)의 존재를 추리할 때 등에 잔여법의 적용을 볼 수 있다. 그러나 더욱 명쾌한 잔여법의 사례로 밧쯔야야나의 『니야야수트라』(1·1·5)에 대한 『주해』를 인용하고자 한다.

'세샤밧트(śeṣavat)'란 잔여법이다. 그것은 이론적으로 귀착하는 (몇 개의) 가능성을 (차례로) 부정하는 경우에 그 외의 가능성은 귀착할 수 없다는 이유에서 남겨진 가능성을 인식하는 것이다. 예를 들면 소리는 실체·속성·운동에 공통하는 '존재하고, 비영구적이며, ……'(라는 성질을 갖고 있는 것)에 의해서 보편·특수·내속으로부터 구별되는 (위의 3원리인 이론적 가능성이 있지만), 그것(=소리)에 관해서 실체일까 속성일까 운동일까라는 '의심'이 생겼을 때, '실체는 아니다. 하나의 실체를 소유하기 때문', '운동은 아니다. 다른 소리의 원인이기 때문'(이라고 하는 것처럼, 속성 이외의 원리일 가능성을 부정하고) 남겨진 가능성은 이것(즉, 속성)이라고 말하는 것과 같이하여 소리가 속성(의 일종)임을 이해하는 것과 같은 것이다.(服部 역, 352쪽, 일부는 필자가 변경)

논의의 과정을 정리하면 다음과 같다.

(1) 우선 바이세시카학파의 범주론에는, 모든 존재는 실체 · 속성 · 운동 · 보편 · 특수 · 내속의 어느 하나에 속하지 않으면 안 된다. 따라서 지금 논의하는 (눈앞의) 논의대상인 소리는 그 여섯 개의 범주 가운데 어느 하나에 속해야 한다.

(2) '존재하고, 비항구적이며, 실체를 소유하고, 결과이며, 원인이며, 보편과 특수를 소유하는, 이제까지 말한 것은 실체 · 속성 · 운동의 공통성이다'라는 『바이세시카수트라』(1 · 1 · 17)에 따르면, 소리는 보편 · 특수 · 내속에는 없고, 실체 · 속성 · 운동 가운데 어느 하나이다.

(3) '하나의 실체를 소유하기 때문에 실체가 아니다'라는 『바이세시카수트라』(2 · 2 · 27)에 따르면 소리는 단일체인 허공에 내속하기 때문에 실체가 아니다. 덧붙여 말하면 실체는 복수의 구성요소로부터 구성되는 항아리 등과 같이 '다수의 실체를 소유하는 것'이든가, 허공과 원자 등과 같은 단일체로 존재하

여 '(구성요소가 되는) 실체를 소유하지 않는 것' 이든가 둘 중 하나이며, '하나의 실체를 소유하는 것' 은 있을 수 없다.

(4) '운동에 의해서 성립되는 운동은 없다' 라는 『바이세시카수 트라』(1·1·10)에 따르면, 소리는 운동은 아니다. 바이세시카 학파는 일종의 소리의 '파동설' 을 믿고 있었기 때문이다.

(5) 이렇게 해서 마지막으로 남겨진 유일한 가능성으로서 '소리 는 속성이다' 라는 추리가 확정된다.

바이세시카학파의 범주론을 전제로서 인정한다면 충분히 성립 가능한 논의이다. 모든 가능성을 하나하나 검토하여 학설 내의 모순을 배제하고 최후에 하나의 결론에 도달하는 과정은 나가르주나의 논법과 기본적으로 동일하다. 위에서 '이론적으로 귀착한다' 라고 번역한 표현의 원어는 '프라섹따' 이며, 나가르주나의 귀류법을 표현하는 원어 '프라상가' 와 어근이 동일하다는 점도 양자의 관계를 보여주는 것이다. 양자의 중요한 차이점은 나가르주나가 모든 이론적 가능성을 부정하여 '모든 것은 공이다' 라고 결론을 내리는 데 대해서, 바이세시카학파는 반드시 하나의 긍정적인 결론을 도출한다는 점에 있다.

'잔여법' 은 일종의 귀류법이다. 귀류법은 인도논리학에서 그다지 높은 평가를 받지 못했다. 그러나 후대의 니야야학파와 바이세시카학파에서는 '창조신' 이나 '아트만' 등 우리가 직접 경험할 수 없는 존재를 증명하는 데 일정 역할을 계속 담당했다. 그런데 '원질' 이나 '정신원리' 와 같이 경험 불가능한 원리의 존재증명에 직면한 상키야학파도 마찬가지로 귀류법을 수반하는 잔여법을 활용하고 있다. 그들은 그것을 '간접논증(아비따)' 이라고 부른다.

귀류법에 대한 정당한 평가는 '모든 것은 무상이다' 라는 '찰나멸
논증' 을 확립한 불교논리학자 다르마끼르띠가 나타날 때까지 기다
려야 한다.

『중론송』 제2장

끝으로 다시 한 번 나가르주나의 '삼시불성의 논리' 를 검토해보기
로 하자. 나가르주나는 『중론송』 제2장에서 자신의 부정의 논리를 상
세하게 제시하고 있다. '걷는 자는 걷지 않는다' 와 같은 표현이 있
는 것으로부터 '날아가는 화살은 날아가지 않는다' 라는 제논의 역
설과 대비시켜 모순율을 초월한 어떤 심원한 논리로서 주목을 끌었
지만, 사실 나가르주나의 진의는 다른 곳에 있다는 것을 분명히 해
두고 싶다.

『중론송』 제2장은 다음과 같은, 얼핏 보면 수수께끼 같은 게송으로
시작한다.

> 이미 지나간 것을 지금 지나가고 있는 중이라고 말할 수는 없다.
> 아직 지나가지 않은 것을 지금 지나가고 있는 중이라고 말할 수
> 는 없다.
> 이미 지나간 것과 아직 지나가지 않은 것과는 다른 지금 지나가
> 고 있는 중인 것을 지금 지나가고 있는 중이라고 말할 수는 없다.

이 게송은 파괴적 트리렌마의 결론부분만을 추출한 것이며 다음

세 개의 명제를 부정하고 있다.

> (1) 이미 지나간 것은 지금 지나가고 있는 중이다.{gata gamyate}
>
> (2) 아직 지나가지 않은 것은 지금 지나가고 있는 중이다.{agata gamyate}
>
> (3) 지금 지나가고 있는 중인 것은 지금 지나가고 있는 중이다.{gamyamāna gamyate}

나가르주나는 당연한 것이라 하여 설명하지 않는다. 하지만 명제 (1)과 (2)는 왜 부정되는가? 그것은 어떤 모순을 내포하고 있기 때문이다. 그 모순이 위의 번역문에서는 명확하지 않다. 어제 지나간 길을 오늘 걷고 있다든가, 아직 걸은 적이 없는 길을 지금 걷고 있다고 말하는 데 우리는 전혀 모순을 느끼지 않을 것이다. 그 모순을 이해하기 위해서는 산스크리트어라는 언어의 형태론적 분석과 통어론적 분석의 차원에까지 내려가지 않으면 안 된다.

'이미 지나간 것'을 의미하는 말 'gatam'은 '간다, 통과한다'를 의미하는 동사 'gam'에 해당(진행)행위가 과거에 속하고 또한 그 행위의 대상을 의미하는 접미사 'Kta'가 부가되어 형성된 것이다.

'아직 지나가지 않은 것'을 의미하는 말 'a-gatam'은 'gatam'에 부정사 'naÑ'가 앞에 붙은 것이다. 이 부정사를 '순수부정'의 의미로 이해한다면 'gatam'의 반대, 결국 진행행위가 아직 생기지 않은, 미래에 속하는 대상을 의미하는 것이 된다. 만약 이 부정사를 '상대부정'의 의미로 이해한다면 'agatam'은 'gatam'의 보집합을 의미하며 과거 이외의 모든(=미래와 현재) 진행행위의 대상을 의미하여 명제

(3)이 무의미하게 되어버린다.

한편 '지금 지나가고 있는 중이다'를 의미하는 말 'gamyate'는 같은 동사어근(gam)에 수동태 동사어간을 형성하는 접사 'yaK'와 해당 행위가 현재에 속하는 것을 표시하는 인칭어미 'LAṬ'가 부가되어 형성된 정동사형이다. 그런데

gataṁ gamyate

agataṁ gamyate

는 모두

중성·단수·주격의 명사구 + 정동사의 3인칭·단수·현재·수신형

이라는 형식을 취하며, 주어에 해당하는 명사구와 술어부의 동사가 함께 '동일한 대상을 지시한다'는 통어론적 특징을 갖고 있다.

이상은 고대 인도에 있어서 산스크리트어 문법체계 최초의 대성자 파니니(기원전 4세기 중엽)에 의한 언어분석의 일단이다. 나가르주나는 산스크리트어로 저작활동을 한 이상 인도 토착문법학에 정통했다. 또한 그와 같은 전제에 입각하지 않는 한 『중론송』에 있어서 나가르주나의 논의의 대부분은 정확하게 그 의미를 이해할 수 없다. 혹은 역설적으로 혹은 궤변으로 생각되는 나가르주나의 논의도 그의 언어분석의 문법학적 배경을 고려할 때 미혹에서 영원히 자유로울 수 있을 것이다.

고대 인도문화가 꽃피운 최대의 문화유산이며 지금도 현대적 의

미가 충분한 파니니파의 문법이 얼마나 인도인의 사유방법, 인도인의 논리학에 깊은 영향을 끼쳤는가에 관해서는 다음 장에서 다룰 것이다.

그런데 명제(1)을 검토하면 명사구 'gatam'이 과거 진행행위의 대상을 의미하는 것에 대해서 동사형 'gamyate'는 현재 진행행위의 대상을 의미하는 것이기 때문에 양자가 동일한 대상을 지시하고 있다고는 말할 수 없다.

마찬가지로 명제(2)는 명사구와 동사형이 각각 미래와 현재의 진행행위의 대상을 지시하기 때문에 동일 지시대상성이 성립하지 않는다. 이런 의미에서 두 명제는 모순을 포함하고 있다고 말했던 것이다.

그렇다면 명제(3)은 어떠한가? '지금 지나가고 있는 중인 것'을 의미하는 'gamyamānam'은 'gamyate'와 완전히 같은 형태로 분석할 수 있고, 의미적으로도 등가이다. 다만 정동사형은 아니고 접미사 'ŚānaC'를 동반하는 현재분사형이다. 따라서 명제(3)에 나오는 '지금 지나가고 있는 중인 것이 지금 지나가고 있는 중이다'라는 말은, 우리말의 어감에서도 느껴지듯이, 무의미한 언어의 반복이라고 보고 부정하는 것이다.

나가르주나는 나아가 계속해서 인용되는 제3명제를 문법학적으로 해석한 경우에 제기될 수 있는 문제점을 차례로 지적하고 있다. 예를 들면, 같은 명제가 동의반복되는 것을 피하기 위해서는 그 구성요소에 각각 다른 진행행위를 설정하지 않으면 안 된다. 그렇게 되면 동시에 두 개의 진행행위가 이루어지게 되어 사실에 반하는 결과가 될 것이다.

나가르주나의 최종 결론은 사람의 진행행위에 관한 다양한 언어표현, '보행', '보행자', '보행의 과정' 등은 과거·현재·미래의 삼시에 걸쳐서 성립하지 않는다는 것이다. 그러나 나가르주나가 보행 사실 그 자체를 부정하는 것은 아니다. 사실을 행위에 관한 다양한 관념으로 기술하는 것을 거부했던 것이다. 누군가 나가르주나에게 '모든 것이 공하다면 걷는 자도 성립하지 않을 것이다'라고 비판한다면 그는 일어나서 자연스럽게 걸어 보였을 것임에 틀림없다.

나가르주나의 반논리학

이쯤에서 나가르주나의 '반논리학' 내용을 정리해보자.

나가르주나의 논의가 반논리학적이라고 하는 이유는 나가르주나가 『바이다리야론』에서 보여준 바와 같이 당시 발흥했던 니야야학파의 논리학을 철저하게 비판했기 때문이다. 나가르주나는 논리학이 사상적으로 자신의 논적인 바이세시카학파의 범주론적 실재론의 새로운 무기가 되는 것을 염려했을 것이다. 나가르주나의 비판 논법은 당시의 문답법 매뉴얼에 근거한 것이었으며, 대론상대를 논파하기 위해서는 과감하게 궤변을 사용하여 상대를 패배의 입장으로 이끄는 데 주저하지 않았다. 오로지 논쟁상대의 학설 비판에 시종일관한 나가르주나의 논법은 논의의 방식 중에서도 '논힐'이라고 불리는 것이었다. 그것은 본질적으로는 귀류법적인 논의 방식이다.

나가르주나 귀류법의 특징은, 아비다르마의 논사들로부터 이어받은 '사구분별(테트라렘마)' 등을 사용하여 우리들의 '대화의 세계'를 논리적으로 분석하고 어떤 사항에 관한 모든 논리적인 가능성을 들어서 그 하나하나의 경우에 대해 오류를 지적했다는 점에 있다. 즉 '매거법'과 '귀류법'의 결합이었다. 예를 들면, 파괴적인 테트라렘마에 의해서 그것을 표현하는 것이 가능했다. 유사한 시도가 바이세시카학파와 상키야학파에도 보인다.

한편 니야야학파는 나가르주나의 귀류법에 의한 논힐의 일부를 '잘못된 논란'이라고 부르고 올바른 논증으로 간주하지 않는다.

결론적으로 나가르주나는 반논리학적이다. 하지만 그의 논법 자체는 대단히 논리적이었다고 말할 수 있다. 나가르주나가 인도논리학에 끼친 최대의 공헌은 귀류법을 확립했다는 것이다.

다시 미시간으로

1996년 10월 말, 머물고 있던 캘거리를 떠나 거의 20년 만에 미시간으로 향했다. 교통비를 줄이기 위해 심야비행기로 토론토에 가서 아침 일찍 디트로이트행으로 갈아탔다. 빡빡한 스케줄로 거의 한숨도 못 자고, 마중 나온 고메즈의 차로 앤아버에 도착했다. 때마침 미시간대학에는 스위스의 로젠느대학과 공동주최하는 심포지엄이 열리고 있었는데 '아리야인과 비아리야인'이라는 타이틀은 인종차별에 민감한 미국에서는 상당히 자극적인 것이었다. 나는 특별 강연을 맡아 이번 장에 기술했던 나가르주나 논의의 특징에 대해 한 시간가량 발표했다. 고메즈로부터 지금의 미국학생들은 종교로서의 불교에는 관심이 있어도 불교철학에는 관심이 없다는 이야기를 듣기는 했지만, 20년 만의 그리운 얼굴들과 각지에서 참가한 오랜 친구들 덕분에 무사히 강연을 마칠 수 있었다. 시니컬하지 않은 나가르주나 이해의 한 부분이라도 전했다면 성공 아닐까.

　고메즈의 집은 일주일에 한 번 찾아오는 손자들의 놀이터로 점령당한 지 오래였다. 하지만 부부는 모두 할아버지 할머니 노릇에 즐거워하는 것 같았다. 이튿날은 앤아버에 사는 A씨의 부인 페니를 십여 년 만에 다시 만났다. 이십 년 전 산타모니카에서 힘들게 명절음식을 만들어준 그녀다. 의료사진 전문가인 페니는 A씨가 도쿄에서 총지휘를 하고 있는 교육교류사업의 북미본부 디렉터로서도 활약하고 있었다. 서로 가족들 소식을 나누고 개인적으로 쌓인 이야기를 주고받으며 회포를 풀었다. 그녀는 나를 공항까지 차로 바래다주었다. 그리운 땅은 그리운 사람과의 만남을 가능케 한다. A씨로 시작한 이번 장을 A씨 부인의 이야기로 마칠까 한다.

인도인의 사유방법
─ 귀납법

1985년 8월 일본항공 점보기가 오스타카 산에 추락한 일주일 뒤, 같은 유형의 여객기를 타고 오사카국제공항을 떠났다. 12월까지 가을학기 동안 캘리포니아대학의 버클리 캠퍼스에서 수업을 맡았기 때문이다. 철이 들고 나서 거의 처음인 비행기 여행에서 세 살과 일곱 살 된 두 아이는 큰 사고가 난 직후여서 그런지 몹시 겁을 먹고 있었다. 여행 도중 막내아들은 슬픈 얼굴로 "아빠도 죽어요?" "엄마도 죽어요?" "M짱도 죽어요?" "나도 죽어요?" 하고 물었다. 요세미테공원의 인디언텐트 앞에서 "인디언도 죽어요?"라고 묻던 일을 잊을 수가 없다. 샌프란시스코공항에는 랭카스터 선생이 뉴욕 택시를 대절하여 마중을 나와 주셨다. 얼마 전까지 미시간 주의 카라마스에서 만든 '체크 마라톤(check marathon)'이라는 튼튼한 자동차였지만, 학생들은 산스크리트어로 '큰 수레'를 의미하는 '마하야나(mahāyāna)'라 불렀다. 소위 대승불교의 '대승(大乘)'이다.

히로시마 현의 진종사원(眞宗寺院) 출신인 누마타 에한(沼田惠範)

선생은 태평양전쟁 직전 미국 서해안에서 반일감정 폭발을 경험하고, 불교 전도를 통해 일본과 미국이 서로 이해할 수 있기를 염원했다. 전후 정밀계측기계 제작회사를 설립하여 세계적으로 성공한 선생은 '불교전도협회'를 설립하여 세계 각지에 있는 호텔에 영어 번역 불교경전 기증운동을 전개했다. 나아가 세계 각지에 있는 대학에 '불교학' 강좌를 기부하여 마침내 한역대장경을 모두 영역하는 세기의 프로젝트를 시작했다. 영역 사업의 센터는 버클리에 있었다. 그 누마타 센터에 자리를 잡고서 버클리 대학에 제일 먼저 기부한 '누마타 강좌'의 2대 교수로서 인도불교문헌과 고전티베트어를 가르치는 것이 당면한 나의 일이었다.

수업도 궤도에 오른 어느 날, 남아시아학과의 학과장이며 인도서사시 『라마야나』의 영역 프로젝트를 수행 중인 골드만에게 제프를 어떻게 하면 만날 수 있는지 물어보았다. 제프 메이슨은 토론토 시절의 동료 가운데 한 사람이다. 하버드대학에서 인도수사학의 연구로 학위를 받고 나보다 1년 뒤에 떠들썩하게 토론토로 부임했던 인도학자였다. 마티랄의 하버드시대 친구이기도 하며, 『인도철학저널』이 창간될 때 부편집자로서 이름을 날렸다. 부임 초기에는 고전 산스크리트어를 현대어처럼 회화를 통해서 가르치는 것에 대해 아주 긴장하고 있었지만 잘 되지는 않았던 것 같다.

태어나면서부터 바라는 것은 무엇이든 손에 넣곤 했던 제프는 토론토대학 인도학과가 머지않아 자신의 뜻대로 되리라 생각했지만 영국이나 인도라는 영연방 출신 노교수들의 저항에 부딪혀 제프의 쿠데타는 실패한다. 당시 북미 지식인 사이에서는 번민이 생기면 '정신분석의사'를 방문해 상담을 받는 것이 유행하고 있었다. 제프도 예외 없이 정신분석의사를 방문하게 된다. 제프는 금방 이 세계에서도 자신은 일류가 될 거라는 자신감을 가졌음에 틀림없다. 산스크리트어를 가르치는 한편 정신분석의사 자격을 취득하여, 필자가 토론토를 떠난 후에는 인도학자라기보다는 프로이트 정신분석학자로 더 많은 활약을 하고 있었다.

제프는 뉴욕 프로이트파의 대가인 아이슬러(P. Eisler)의 눈에 들어 당시까지 극비로 여겨졌던, 프로이트가 자신의 이론 형성기에 베를린의 정신분석학자 플리스(W. Fliess)에게 보낸 모든 서간의 교정 출판을 허가받고서 한때는 '프로이트전집'의 후계자로 지명될 정도였다. 그러나 '히스테리의 근본원인은 유아기에 부모로부터 받은 성적 학대에 있다'는 프로이트의 초기이론을 재발굴하여 현재의 정신분석학을 비판하였기 때문에 필자가 만났던 당시에는 아이슬러는 물론 학계 전체로부터 지탄의 대상이 되어 있었다. 그간의 사정은 자네트 말콤의 『프로이트전집에서』(빈디지사, 1985)에 경쾌하고 묘미 있게 그리고 상세히 기술되어 있다. 세계 속의 인도학 관계자 가운데 『타임』이나 『뉴스위크』에 사진이 찍혀 등장한 것은 제프뿐일 것이다.

버클리대학의 정문을 나서면 텔레그라프 거리에서 약간 떨어진 곳에 '파니니'가 있는데, 낮에 가면 제프를 만날 수 있다기에 골드만에게 연락하여 제프의 부인이 경영하는 샌드위치 가게에서 세 사람이 만났다. '파니니'는 이탈리아어로 '작은 빵'이라는 뜻이지만, 인도의 위대한 문법학자 '파니니(Pāṇini)'를 연상시키는 이름이기도 하다. 산스크리트어를 가르치는 일은 너무나 오래전에 그만두었으며 정신분석학의 주류에서도 쫓겨난 제프가 나한테 장래의 계획에 대해서 물어왔다. "아버지의 업적을 이어서 시골 절에서 주지나 할까 하네”라고 대답하자 제프는 “그럼 나는 오래된 보석이나 갈아볼까”라고 말하여 크게 웃었던 기억이 난다. 제프의 아버지는 중남미 출신의 부유한 보석상이었다.

유클리드와 파니니

일본을 대표하는 인도철학자 나카무라 하지메(中村元)의 방대한 인도연구 업적 중에서도 가장 독특한 것으로, 뒤에 영역되어 국내외 철학자에게도 널리 주목을 받은 것은 전쟁이 끝나고 맨 먼저 출판된 『동양인의 사유방법』(미스즈서방, 1948 · 1949)이다. “인도인은 개물 혹은 특수보다도 오히려 보편을 중시하는 사유경향이 있다. 그것은 우선 인도인이 추상명사를 즐겨 사용한다는 언어사실에서도 알 수 있다”(춘추사판, 1988, 39쪽)라는 기술에서도 보이는 것처럼 주로 언어 표현을 단서로 하여 인도인 · 중국인 · 일본인의 사유방법의 특색을 논한 것이 바로 나카무라 하지메의 『동양인의 사유방법』이다. 이 책은 국내외에서 찬반양론을 불러일으키고 나카무라 자신도 증보와 다시쓰기를 반복하여 현재에 이르고 있다. 인류에게 공통의 ‘언어본능’이 있다고 주장하는 핑커라면, 사고가 언어에 반영되고 언어가 사고를 규정한다는 나카무라류의 생각을 부정할 것이다. 그러나 핑커의 가설이 실증되지 않은 현 단계에서는 사고와 언어의 문제에서 나카무라의 주장도 고려하지 않으면 안 될 것이다.

서양의 인도학자들은 주로 서양의 철학사상과 비교해서 인도사상의 특색을 이해한다. 예를 들면 마티랄이나 메이슨의 스승에 해당하는 하버드대학의 원 산스크리트 교수 잉골스는 1952년 인도의 샤스트리연구소에서 행한 강연에서 그리스와 인도의 철학 전통을 비교하여 전자가 수학적 방법, 후자가 문법학적 분석으로 특징된다고 지적했다.

잉골스의 생각을 더욱 발전시킨 사람은 네덜란드의 인도학자 프리츠 스탈(F. Staal, 1930~)이었다. 1963년 암스테르담대학의 비교철학강좌 교수로 취임할 때 스탈은 '유클리드와 파니니' 라는 제목으로 강연을 하였다. 유클리드의 『기하학원론』과 파니니의 『아슈타띠야이』(8편으로 이루어진 문법서)를 제시하여 두 권의 책에, 그리스에서 시작하는 서양적 사고와 인도적 사고 각각의 원형(原型)이 있다고 주장했다. 스탈은 뒤에 MIT를 거쳐 버클리대학 인도철학교수로 취임하였으며, 현대의 기호논리학 방법을 사용하여 인도논리학을 분석하는 많은 논문을 발표한다. 원래 동료였던 촘스키의 영향이기 때문일까, 『보편』이라는 자신의 논문집(시카고대학출판국, 1988) 서문에서 잉골스는 인도논리학이 본질적으로 서양논리학과 다르지 않다는 결론에 도달한다.

잉골스나 스탈이 그리스에서 발단하는 서양철학의 전통을 특징짓는 데 수학이나 유클리드를 제시하는 것은, 노다 마타오(野田又夫)가 『철학의 세 가지 전통』 속에서 그리스철학의 특색을 유클리드나 아리스토텔레스와 같이 공리적 체계를 낳았던 점에서 구한 것과 궤를 같이한다.

한편 고대 인도에서는 스탈이 지적하는 것처럼 '파니니문법' 으로 대표되는 문법학이 학술연구의 모델로서 기능했다. 인도인의 사유방법을 알기 위해서는 무엇보다도 우선 파니니 및 파니니파의 인도 토착문법학 속에서 그 답을 찾지 않으면 안 된다.

다만 인도논리학과 서양논리학이 본질적으로 다르지 않다는 스탈의 생각에 필자는 찬성하지 않는다. 이번 장에서 밝히고자 하는 바와 같이, 인도논리학의 특징은 '귀납추리'에 있고, 아리스토텔레스의 공리주의적인 '연역추리'가 주류를 이루는 서양논리학과는 자연히 성격이 다르다고 생각하기 때문이다. 다만 서양논리학의 전통에 귀납적 경향이 없는 것은 아니라는 점을 고려한다면 인도논리학은 서양논리학의 일부와 일치한다고 말할 수는 있겠다.

파니니문법학

인도의 문법학은 베다제식의 바른 전통을 보존하고 유지하기 위해서 기원전 4~3세기경에 이미 성립해 있었던 여섯 개의 '베다의 보조학' 가운데 하나이다. 베다성전의 운율을 가르치는 '운율학', 베다제식 그것과 베다성전의 바른 사용법을 가르치는 '제사학', 베다제식을 행하는 날과 시간을 가르치는 '천문학', 베다성전에 나오는 어려운 언어의 어원 해석을 부여하는 '어원학', 바른 발음을 가르치는 '음운학', 그리고 바른 언어 사용을 가르치는 '문법학'이 바로 여섯 보조학이다.

인도에서는 파니니 이전에 이미 언어에 관한 문법학적 논의가 성행했던 것 같다. 그런데 파니니는 그것들을 참조하면서 당시 교양 있는 인도 지식인이 사용하는 언어(=산스크리트어)를 분석하여 기술한다. 그것이 약 4천 개의 너무나 짧은 문법규칙으로 이루어진 『아슈타띠야이』이며, 음운론에서 형태론·통어론에 이르기까지 정연한 문법체계를 기술하고 있다.

같은 책에는 간결한 표현으로 복잡한 언어체계를 기술하기 위해서 다양한 연구가 응집되어 있지만, 나아가 스탈이 지적한 것처럼 '대상 언어'와 '메타언어', '규칙'과 '메타규칙', 언어의 '사용'과 '언급' 의 구별 등 서양의 지적 전통이 겨우 백 년 전에야 의식하게 되었던 중요한 개념을 구사하고 있는 점은 지금도 높이 평가받고 있다.

파니니 이후 압도적으로 많은 인도 지식인들이 어렸을 때부터 이 문법서를 가지고 고급 언어로서 산스크리트어를 학습하였기 때문에 파니니문법은 일종의 규범문법 지위를 점하게 되었다. 그 결과 산스크리트어는 비교적 오래전에 어느 정도 고정화되어버리는 결과를 초래했다.

따라서 마찬가지로 인도유럽어족에 속하는 그리스어나 라틴어에 비교해서 오래된 어형을 충실하게 보존하고 있는 산스크리트어는 19 세기에 비약적으로 발달하는 '인도유럽비교언어학'의 성립에 지대한 공헌을 하였다. 그것은 나아가 스위스의 언어학자 소쉬르(F. Saussure, 1857~1913)에서 시작하는 언어연구의 '새로운 물결'을 낳았고, 현대 구미 언어학의 전개와도 연결되고 있다. 고대인도의 문법학이 근대유럽의 언어연구에 끼친 영향은 헤아릴 수 없을 정도이다. 파니니문법이야말로 인도가 낳아 세계에 과시하는 최대의 지적유산일 것이다.

무엇보다도 파니니에 의해서 산스크리트어가 완전하게 고정화되었다고 생각하는 것은 오해이다. 언어는 인간이 계속 사용하는 한 시간과 장소에 따라 끊임없이 변하기 마련이다. 인도문법학의 '3성인' 이라 하면 파니니, 카티야야나, 파탄잘리이다. 그 가운데 카티야야나 (Kātyāyana, 기원전 3세기)는 『아슈타띠야이』에 대한 간결한 주석 『바르티카(Vārttika)』를 저술하여 파니니문법을 비판적으로 검토하고 필요에 따라서 보충·수정을 가하였다. 그 배경에는 파니니가 몰랐던 새로운 어형의 등장도 있었다는 지적이 있다. 파탄잘리(Patañjali, 기원전 2세기)의 대주석서『마하바샤(Mahabhasya)』도 파니니문법과 카티야야나의 수정의견을 더욱 비판적으로 검토하고 있다. 파탄잘리의 책은 얼핏 보면 간명한 산문의 문답체로 기술되어 있지만 거기에는 대단히 세련된 텍스트 해석의 비판이 사용되고 있다. 파탄잘리의 스타일은 그 뒤 인도의 학문적 저작 모델이 되었다.

이렇게 해서 인도의 토착문법학은 인도에서 학문적 행위의 확고한 기반을 제공하게 되었던 것이다.

수반과 배제—귀납법의 원리

파니니학과 문법학의 테크닉 중에서 인도논리학의 전환과 밀접한 관계가 있는 것은 펜실베이니아대학의 파니니연구자 카르도나(G. Cardona)가 '귀납법의 원리(Principle of Induction)' 라 이름붙인 추리법이다. 그것은 인도에서 두 항 사이에 무엇인가의 관계, 특히 인과관계를 발견하기 위해서 널리 사용된 '수반(anvaya)' 과 '배제(viyatireka)' 에 의한 추리법이다. 카르도나는 다음과 같이 설명한다.

일반적으로 X가 항상 Y에 선행하고 또한 X와 Y 사이에 다음과 같은 관계가 성립할 때 X는 Y의 원인이라고 생각할 수 있다.

(a) X가 있다면 Y도 있다.

(b) X가 없다면 Y도 없다.

특히 X가 언어적 요소이며 Y가 의미 M의 이해라고 한다면 (a)와
(b)에서 추리하여 그 발화요소 X는 M을 이해하기 위한 원인이라
고 결론을 내릴 수 있다. 따라서 M은 그 발화요소 X에 귀결된다
는 의미이다.(『언어학적 분석과 인도의 전통』, 푸네, 1983, 40~41쪽)

카르도나는 산스크리트어의 문장을 예로 들어 해설한다. 지금은
영어를 전혀 이해하지 못하는 사람에게 다음과 같은 영문의 의미를
가르치는 경우를 예로 들어 고찰해보자.

(1) I see a boy.
(2) You see a girl.
(3) I saw a girl.
(4) You saw a boy.

위에 제시한 네 개의 영문을 유의미한 단위로 자르고 나아가 각 문
장에 대응하는 한글 문장을 역시 유의미한 단위로 잘라 제시하면 다
음과 같다.

(1') I / see / a /boy. 나 / 는 / 소년 / 을 / 본다.
(2') You / see / a / girl. 너 / 는 / 소녀 / 를 / 본다.
(3') I / saw / a / girl. 나 / 는 / 소녀 / 를 / 보았다.
(4') You / saw / a / boy. 너 / 는 / 소년 / 을 / 보았다.

상대하는 두 개의 문장 (1')과 (3')의 각 구성요소 사이에 수반과 배제의 관계를 살펴보면, 'I' 와 'a' 라는 영어가 발화되면 한국어로는 '나' '는' '을' 이라는 의미 이해가 수반됨을 알 수 있다. 한편 (2')와 (4')를 비교·검토하면, 'You' 와 'a' 가 발화되면 '당신' '은' '을' 이라는 이해가 수반됨을 알 수 있다. 따라서 'I' 가 발화될 때 '나' 라는 의미 이해가 수반되고, 'I' 가 발화되지 않을 때에는 '나' 라는 의미가 배제되기 때문에 영어의 'I' 는 '나' 를 의미한다고 추리할 수 있다.

같은 과정을 거쳐서 영어의 'You' 는 한국어의 '너' 와 수반·배제의 관계에 있고 전자가 후자를 의미하는 것도 알 수 있다. 또한 (1')(2')와 (3')(4')를 대비하면 영어의 'see' 와 'saw' 가 각각 한국어의 '본다' '보았다' 와 수반·배제의 관계에 있다. (1')(4')와 (2')(3')을 대비하면 영어의 'boy' 와 'girl' 이 각각 한국어의 '소년' '소녀' 와 수반·배제의 관계에 있음을 알 수 있다.

여기서 영문의 각 구성요소 4개의 의미는 거의 판명되었지만, 남아 있는 문제는 영어 'a' 와 한국어 조사 '는' '을' 의 대응관계이다. 영어의 'a' 가 부정관사임을 아는 사람에게는 양자가 문법적으로도 의미적으로도 전혀 관계가 없다는 것이 자명하지만 어디까지나 영어를 알지 못한다는 전제에서 생각해보면 (1')에서 (4')를 통해 양자 사이에는 항상 수반관계가 보이지만 배제의 관계는 보이지 않기 때문에 이상의 예문만으로는 양자 사이에 관계를 확립할 수 없다고 말할 수 있다. 그러나 다음 예문을 고려하면 양자 사이에 관계가 없는 것도 실증할 수 있다.

(5) I / see / boys. 나 / 는 / 소년들 / 을 / 본다.

이 예문에는 영어의 'a'가 발화되지 않는 경우에도 한국어의 '는'이나 '을'이라는 의미 이해가 수반되기 때문에 'a'가 '는'이나 '을'을 의미하지 않는다는 것은 분명하다.

이상과 같은 수순은 미지의 언어를 언어제공자를 통해서 학습할 때 이루어지는 것과 유사하다. 그런데 언어와 의미 사이의 관계를 확립하기 위해서는 양자의 수반·배제 관계가 예외 없이 발생하는 것이 필요조건이 된다. 외국어 학습에 있어서 언어제공자의 부주의나 학습자의 오해로 인해 잘못된 의미가 전달되는 사례는 흔히 있는 일이다. 또한 어떤 말에 일시적으로 다른 의미를 부여하는 비유적인 용법에서 그 말의 보편적인 뜻을 추리하는 것은 상당히 위험하다.

수반과 배제에 의해서 발견되고 확립되는 두 항 사이의 관계가 가장 비근한 예는 인과관계일 것이다. 예를 들면 불과 연기 사이에는

불이 있는 곳에는 연기가 있다.
불이 없는 곳에는 연기가 없다.

라는 수반과 배제의 관계가 경험적으로 알려져 있다. 따라서 불은 연기의 원인이라고 결정되는 것이다.

7세기 불교논리학자 다르마끼르띠는 무수히 경험을 반복하지 않아도

불과 연기가 모두 인식되지 않았던 곳에
불이 인식되고, 그것에 더하여 연기가 인식되고
불이 인식되지 않으면 연기도 인식되지 않는다.

라는 일련의 과정에 의해서 불과 연기 사이의 인과관계를 확립한다.

이와 같이 인과관계 발견을 위해서 적용되는 수반과 배제는 19세기 영국의 경험주의 철학자 밀(J. S. Mill, 1806~1873)이 실험적 탐구 방법으로 제안한 귀납추리의 5원칙(일치법·차이법·일치차이병용법·잉여법·공변법) 가운데 '일치차이병용법'과 유사하다고 할 수 있다.

바수반두

나가르주나와 함께 대승불교의 대표적인 사상가로 꼽히는 바수반두는 초기불교의 아비다르마 철학으로부터 대승의 유식사상에 이르기까지 폭넓은 학식과 많은 저작으로 알려져 있지만, 인도논리학의 발전에도 중요한 역할을 담당했다. 안타깝게도 바수반두의 논리학적 저작은 원본을 소실하고 단편으로밖에 전해지지 않지만 그의 독창성은 불교논리학의 대성자이자 인도논리학에 새로운 물결을 일으켰다고 하는 디그나가를 능가하는 측면이 있다. 바수반두가 카슈미르 유부의 아비다르마 체계를 경량부의 시점에서 비판적으로 종합한 『아비다르마코샤』(구사론)는 '불교백과사전'이라 불리는 고전적 명저이다. 이 책의 마지막 장인 「파아품(破我品)」의 서두에서 바수반두는 수반과 배제를 교묘하게 사용한 귀납논리의 사례 하나를 거론한다.

예를 들면 감각기관 5종의 존재는 (직접 지각할 수는 없지만) 추리가 가능하다. 여기에 아래와 같은 추리가 있다.

어떤 원인 X가 있어도

다른 원인 Y가 없는 경우에는 결과 Z가 생기지 않지만
후자 Y가 있을 때는 결과 Z가 생기는 것을 경험할 수 있다.
예를 들면 싹이 생기는 경우와 같이.

그런데 대상이 실로 빛에 의해 비추어지고 주의집중이라는 원인
(X)이 있음에도 불구하고 대상인식(Z)이 없는 경우와 있는 경우
가 있다.
전자는 눈이나 귀가 부자유스러운 사람들, 후자는 눈이나 귀가
부자유스럽지 않은 사람들의 경우이다.
따라서 그 경우에도 다른 원인(Y)의 비존재 혹은 존재가 결정된
다. 그리고 그 다른 원인(Y)이야말로 감각기관이다.

여기서 XYZ 사이에는 [X, Y→Z](수반관계)와 [X, -Y→-Z](배제관
계)가 성립한다.
다른 조건이 모두 같은 경우 눈이나 귀가 부자유스러운 사람에게
는 대상이 인식되지 않지만 그렇지 않은 사람에게는 대상이 인식된
다는 것으로부터 대상인식이라는 결과의 원인으로서 눈으로 볼 수
있는 눈이나 귀의 배후에 시각기관 · 청각기관 등의 감각기관의 존재
를 추리하는 것이다.

인도논리학의 논증형식-5지논증

수반과 배제에 의한 인도적 '귀납법의 원리'는, 인도논리학이 단
순한 문답법 · 토론술에서 일종의 논증법으로 전개할 때, 종래의 '의

사적인 이유'를 지적하여 논쟁에서 승패를 결정하는 대신에 논증에 설득력을 더하기 위해서 '바른 이유'를 발견하는 방법으로서 중요한 역할을 담당하는 것이었다.

　여기서 다시 『니야야수트라』 제1편으로 거슬러 올라가 나가르주나 등의 귀류법에 의한 간접적 논증이 아니라 정통적으로 다섯 개의 지분을 사용한 직접적 논증방법을 검토해보자. 『니야야수트라』 제1편 제1장은 니야야학파의 16원리 가운데 하나인 논증식의 '지분'을 다음과 같이 표시한다.

　　'지분'이란 제안·이유·유례·적용·결론이다.(1·1·32)(服
　　部 역, 371쪽)

　이것은 『차라카상히타』에도 보이는 것처럼 가장 표준적인 인도 논증식의 구성요소이다. 밧쯔야야나(服部 역, 371쪽)에 의하면 이것에 더해서 논리학자 중에는 논증의 준비단계로 이해하는 편이 좋다고 여기는 '지식욕망'·'의심'·'능력을 얻는 것(혹은 목적 달성의 가능성)'·'목적'·'의심의 제거'도 논증식의 지분이라고 생각하는 사람들이 있었던 것 같다. 상키야학파의 빈디야바신(Vindhyavāsin, 5세기 중엽) 등으로 생각되지만, 후대의 자이나교도들도 다른 종류의 10지(十支)로 이루어진 논증식을 사용한다. 한편 불교논리학자인 디그나가는 뒤에서 보는 바와 같이 '적용'과 '결론'의 2지를 삭제하고 제안·이유·유례의 3지로 이루어진 논증식 사용을 주장한다. 나아가 '제안'은 단순한 문제설정에 지나지 않을 뿐 적극적인 논증요소는 아니라고 분명히 말하기에 이른다.

『니야야수트라』는 각 지분에 대해 아래와 같은 간단한 정의를 부여한다.

   '제안'이란 논증되어야만 하는 것을 설하여 보여주는 것이다.(1·1·33)
   '이유'란 '유례'와의 (어떤) 성질의 공통성에 근거해서 논증되어야 할 것을 논증하는 수단이다.(1·1·34)
   또한 ('유례'와의) 성질의 상위에 근거해서.(1·1·35)
   '유례'란 논증되어야 할 존재와 (어떤) 성질을 공통하고 있는 것으로 그것의 (또 하나의) 성질을 갖는 (것과 같은) 실례이다.(1·1·36)
   혹은 그것의 반대에 의해서 (어떤 실례)가 반대의 (유례)이다.(1·1·37)
   '적용'이란 '(어떤 것도 유례와) 같다' 또는 '(그러나 어떤 것은 유례와) 같지 않다'라고 하는 것처럼 유례에 근거해서 논증되어야 할 존재에 (유례의 성질을 긍정적 또는 부정적으로) 딱 들어맞게 하는 것이다.(1·138)
   '결론'은 이유를 표시하기 때문에 제안을 다시 설한 것이다.(1·139)(服部 역, 372~376쪽)

이미 기술한 바와 같이 인도논리학 논증의 핵심은 유례에 있고 유례에는 2종이 있다.

   (1) 논증되어야 할 존재 즉, 논증의 주제(p)와 공통의 성질을 갖

는 '같은 종류의 사례(동류례)' (d)와

(2) 공통의 성질을 갖지 않는 '다른 종류의 사례(이류례)' (v)이다.

동류례를 사용하는가 이류례를 사용하는가에 따라 2종의 논증식을 구성하는 것이 가능하다. 밧쯔야야나가 거론한 실례를 보도록 하자.

[논증식1]

제안 : 언어는 비항구적이다.

이유 : 발생하는 것이기 때문이다.

유례 : 발생하는 것인 항아리 등의 실체는 비항구적이다.

적용 : 언어도 마찬가지로 발생하는 것이다.

결론 : 그러므로 발생하는 것이기 때문에 언어는 비항구적이다.

[논증식2]

제안 : 언어는 비항구적이다.

이유 : 발생하는 것이기 때문이다.

유례 : 발생하지 않는 존재인 아트만 등의 실체는 경험상 항구적
   이라고 인정받는다.

적용 : 언어는 그것과 마찬가지로 발생하지 않는 것은 아니다.

결론 : 그러므로 발생하는 것이기 때문에 언어는 비항구적이
   다.(服部 역, 377쪽)

여기서 '언어'가 지금 논증되어야 할 주제(p)이다. '비항구적인 것'이 p에 관해서 논증되어야 할 성질(S)이다. '발생하는 것인 존재'

가 p에 관해서 S를 논증하는 근거(H)이며, '논증하는 성질'도 때로는 '징표(=목인)'라고도 한다. '항아리 등의 실체'가 동류례(d)이며 '아트만 등의 실체'가 이류례(v)이다. 약호를 사용하여 위의 논증식을 다음과 같이 일반적으로 바꾸어 쓸 수 있다.

[논증식1]

제안 : 주제p는 성질S를 갖는다.

이유 : 성질H를 갖기 때문이다.

유례 : 성질H를 갖는 실례d는 성질S를 갖는다.

적용 : 주제p도 성질H를 갖는다.

결론 : 그러므로 주제p는 성질H를 갖기 때문에 성질S를 갖는다.

[논증식2]

제안 : 주제p는 성질S를 갖는다.

이유 : 성질H를 갖기 때문이다.

유례 : 성질H를 갖지 않는 실례v는 성질S를 갖지 않는다.

적용 : 주제p가 성질H를 갖지 않는 것은 아니다.

결론 : 그러므로 주제p는 성질H를 갖기 때문에 성질S를 갖는다.

이와 같이 인도논리학의 명제는 '기체x는 성질A를 갖는다' 혹은 '기체x에 성질A가 속한다'라는 기본구조이다. 요컨대 이 세상에 실제로 존재하는 어떤 특정 존재에 관한 판단이라는 성격이 농후하다. 그런 의미에서 그리스에서 발단한 서양논리학의 전통에서 주류를 이루는 연결사[繫辭]에 의한 주어·술어의 관계를 표현하는 'A는 B이다' 라는 추상적인 판단형식과는 구별된다. 가령 인도논리학 명제의 실제 표현이 주어·술어의 형식을 취하고 있다고 해도 그 심층구조로서 의도하고 있는 것은 어디까지나 기체·속성의 관계임에 주의해야 한다.

제3장에서 거론한 『차라카상히타』의 주장과 반대주장을 같이 약호로 표시하면 다음과 같다.

제안 : 주제p는 성질S를 갖는다.

이유 : 성질H를 갖기 때문이다.

유례 : 실례d와 같이.

적용 : 실례d가 성질H와 S를 갖는 것처럼 주제p도 성질H와 S를 갖는다.

결론 : 그러므로 주제p는 성질S를 갖는다.

유례의 표현형식은 『차라카상히타』 쪽이 밧쯔야야나와 비교해서 간결하며, 고대인도 토론의 오래된 형태를 전하고 있다. 어쨌든 인도 논리학의 논증식은 같은 학파 혹은 다른 학파 사이의 토론·논쟁을 형식적으로 정비할 목적으로 발달시켰음에 틀림없다. 밧쯔야야나가 거론한 예는 천계성전(天啓聖典) 베다의 '언어' 가 영원불멸이라고 주장하는 미망사학파에 대해서 베다의 '언어' 라고 해도 인간이 개발한 언어인 이상은 무상이라고 주장하는 바이세시카학파의 입장을 논증식으로 표현한 것이다.

논증의 과정-유추

인도의 논증은 다음과 같은 과정으로 이루어진다.

(1) '어떤 주제p가 성질S를 갖는다' 라는 주장이 제시된다.

(2) 다음에 그 이유로 'p는 다른 성질H를 갖기 때문' 이라 하지만, 그것만으로는 충분한 설득력이 없다.

(3) 여기서 실례를 거론해야 할 필요성이 생긴다. 동류례는 2개의 성질H와 S를 모두 갖는 구체적 사례d를 거론한 것이지만 그것으로부터 'H를 갖는다면 S를 갖는다' 라고 하는 것처럼 H와 S 사이에 수반관계가 상정된다. 마찬가지로 이류례는 H도 S도 전혀 갖지 않는 구체적 사례v를 거론함으로써 'H를 갖지 않으면 S도 갖지 않는다' 라는 배제의 관계를 상정한다.

(4) 이와 같은 상정을 해당의 주제p에 적용함으로써 'p는 S를 갖는다' 라는 최초의 제안이 결론으로 도출된다.

이와 같은 과정은 바로 긍정적인 혹은 부정적인 구체적 사례로부터 추리하는 '유추' 에 의한 추리 즉, '예증' 에 다름 아니다.

> 발생하는 것인 항아리 등은 비항구적이기 때문에
> 마찬가지로 발생하는 것인 언어도 비항구적일 것이다.

라고 하는 것으로 끝난다.

여기서 단지 H와 S 사이의 수반과 배제의 관계로 제시될 뿐 '어떻게 해서 성질H를 가진 기체는 반드시 성질S를 갖는다고 말할 수 있는가?', 'H와 S 사이에는 어떠한 관계가 있는가?' 라는 문제의식은 보이지 않는다. 제2장에서 소개한 바와 같이 추리를 정당화하는 관계는 무엇인가라는 문제의식은 바이세시카학파나 상키야학파처럼 문답법이나 논증법보다도 존재론이나 인식론에 깊은 관심을 보인 철학자들이 발전시킨 것이다.

논증의 오류-「니야야수트라」의 의사적 이유

인도의 토론술 전통에서는 제3장에서 본 바와 같이 우선 논쟁 중에 어떤 규칙을 위반하면 '패배의 입장' 이 되는가가 중요하다. 이어서 자신의 입장을 주장하기 위해 세우는 5지논증식 가운데 '이유' 가, 바른 이유와 비슷하기는 하나 그릇된 '의사적 이유' 라면 패배의 입장에 빠진다고 보는 것 같다.

여기에서는 『니야야수트라』가 기록하는 최초기의 의사적 이유에 관해서 상세하게 살펴보도록 하겠다. 좀 더 진보한 이론은 뒤에 언급할 것이다. 의사적 이유로서는 다음 다섯 가지가 거론된다.

'의사적 이유' 란
(1) 미혹이 있는 이유
(2) 반대의 이유
(3) 주제와 유사한 이유
(4) 논증되어야 할 것과 같은 이유
(5) 시간이 경과한 이유이다.(1 · 2 · 4)(服部 역, 386쪽)

(1) 미혹이 있는 이유

'미혹이 있는 이유' 는 '결정성을 갖지 않는 것' (1 · 2 · 5)으로 정의되지만 밧쯔야야나는 다음과 같은 논증식을 예로 든다.

> **제안** : 언어는 상주(常住)이다.
> **이유** : 가촉성(可觸性)을 갖지 않기 때문이다.
> **유례** : 가촉성을 갖는 항아리는 상주가 아닌 것이 경험적으로 인정된다.
> **적합** : 언어는 그것과 같이 가촉성을 갖는 것이 아니다.
> **결론** : 그러므로 가촉성을 갖지 않기 때문에 언어는 상주이다.(服部 역, 386~387쪽)

유례에는 지금 논증해야 할 주제(지금의 경우 '언어')와 공통성을 갖는가 갖지 않는가에 의해서 '동류례' 와 '이류례' 의 2종이 있지만 위의 논증식의 유례는 '이류례' 임을 주의해야 한다.

그런데 항아리는 가촉성을 가짐과 동시에 상주하지 않는 것이 잘 알려져 있지만 마찬가지로 가촉성을 갖는 원자를 니야야나 바이세시카의 존재론에서는 상주라고 한다. 따라서 가촉성은 상주가 아닌 것에도 상주인 것에도 존재한다. 한편 가촉성을 갖지 않는 것에 관해서 고찰해보면 아트만은 상주이지만 의식은 상주가 아니다.

'상주성' 을 a, '가촉성' 을 b로 표시하면 니야야나 바이세시카의 존재론을 전제로 하는 '대화의 세계' 를

{a. −b} {−a. b} {a. b} {−a. −b}

라는 네 개의 부분으로 분할할 수 있다.(그림 4 참조)

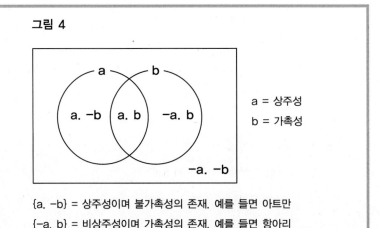

그림 4

a = 상주성
b = 가촉성

{a. −b} = 상주성이며 불가촉성의 존재. 예를 들면 아트만
{−a. b} = 비상주성이며 가촉성의 존재. 예를 들면 항아리
{a. b} = 상주성이며 가촉성의 존재. 예를 들면 원자
{−a. b} = 비상주성이며 불가촉성의 존재. 예를 들면 의식

　지금의 경우 각각에 '아트만' '항아리' '원자' '의식' 이라는 실례를 대입할 수 있기 때문에 네 개의 부분 모두 공집합은 아니다.
　'불가촉성' 이라는 이유에서 '상주인 것' (a)과 '상주가 아닌 것' (−a) 이라는 서로 양립할 수 없는 2개의 영역으로 이루어진 '대화의 세계' 를 살펴보면, 그 어떤 영역에도 불가촉성은 존재하기 때문에 그것이 어느 쪽인가 한쪽에만 존재한다고는 확정할 수 없다.(그림 5 참조) 따라서 '가촉성을 갖지 않기 때문' 이라는 이유는 언어가 상주인가 아닌가를 결정할 수 없는 '미혹이 있는 이유' 라 하는 것이다.

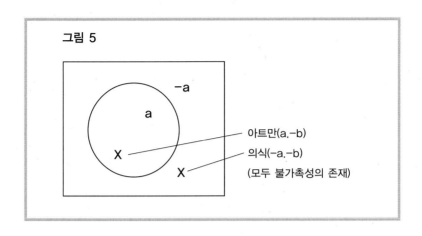

그림 5

−a

a

X

X

아트만(a.−b)
의식(−a.−b)
(모두 불가촉성의 존재)

(2) 반대의 이유

'반대의 이유'는 '정설을 승인한 뒤 그것을 위반하는 것'(1·2·6)
이라 정의된다. 밧쯔야야나는 다음과 같은 상키야학파의 정설 두 개
를 예로 든다.

제안1 : 이 파생물(원자에서 전개한 원리들)은 현현으로부터 은폐
된다.
이유1 : 그것은 상주성을 배척하기 때문이다.

제안2 : (이 파생물은 현현으로부터) 은폐되어도 존재한다.
이유2 : 그것은 소멸을 배척하기 때문이다.(服部 역, 387쪽)

이 경우 제안2의 '파생물은 현현으로부터 은폐되어도 존재한다'

라는 것은 '파생물은 상주이다' 라는 것에 다름 아니기 때문에 이것을 정설로 승인하는 한 '파생물은 상주가 있을 수 없다' 는 이유1은 정설을 위반하는 것이 된다. 역으로 이유2는 제안1의 정설을 위반하는 것이라 할 수 있다. 요컨대 자신이 인정하는 정설과 '서로 양립될 수 없는 이유' 를 논증식으로 사용해서는 안 된다는 것이다.

(3) 주제와 유사한 이유

'주제와 유사한 이유' 는 '주제에 관한 고찰이 생기게 되는 근원이 되는 점을 그대로 확정하기 위해서 제시된 것' (1·2·7)이라 정의된다. 여기서 '주제(prakaraṇa)' 란 아직 확정되지 않은 주장명제 내지 반대 주장명제를 의미한다. 지금 논의의 목적이 되고 있는 사항을 이유로 사용해도 확정적인 결론을 도출할 수 없다는 것이다. 밧쯔야야나는 다음과 같은 두 개의 서로 대립하는 논증식을 제시한다.

제안 : 언어는 비항구적이다.
이유 : 항구성이 인정되지 않기 때문이다.
유례 : 항구성이 인정되지 않는 항아리 등은 비항구적임이 경험적으로 알려져 있다.

제안 : 언어는 항구적이다.
이유 : 비항구성이 인정되지 않기 때문이다.
유례 : 비항구성이 인정되지 않는 허공 등은 항구적임이 경험적으로 알려져 있다.(服部 역, 388쪽)

'항구성이 인정되지 않는 것' 즉, '비항구성'이라 생각한다면 위의 모든 논증식은 주장내용을 그대로 이유로 사용하고 있기 때문에, 'A이다. 그렇기 때문에 A이다'라는 동어반복의 논증으로 전혀 설득력이 없다. 이것은 아리스토텔레스의 '논점선취의 오류'에 해당한다.

그러나 니야야학파에서는 위 두 개의 논증식이 모두 바른지 그렇지 않은지를 결정할 수 없다는 점에 역점을 두고 있다. 따라서 후대의 니야야학파는 이러한 종류의 의사이유를 '대등한 반대주장을 갖는 것'이라 부른다.

(4) 논증되어야 할 것과 같은 이유

'논증되어야 할 것과 같은 이유'는 '그것 자체가 논증되어야 할 것이기 때문에 논증되어야 할 것과 전혀 차이가 없는 것'(1·2·8)으로 정의된다. 밧쯔야야나는 다음과 같은 예를 든다.

　　제안 : 그림자는 실체이다.
　　이유 : 운동을 수반하기 때문이다.(服部 역, 389쪽)

'그림자는 운동을 수반하기 때문'이라는 이유는 그것 자체가 증명을 필요로 한다. 왜냐하면 '도대체 그림자도 사람과 같이 보행하는 것인가 혹은 (빛을) 차단하는 실체(=인간)가 움직일 때 차단의 연속에 의해서 이 빛의 비존재의 연속(=그림자)이 파악되는 것인가' 그 어느 쪽이 바른가를 우선 확정하지 않으면 안 되기 때문이다. 그런 의미에서 이 이유는 '논증되어야 할 것과 전혀 차이가 없는 것' 이라 불리는 것이다.

아직 확립되어 있지 않은 명제가 이유의 자격이 될 수 없다는 것은 논의할 필요도 없다. 이러한 이유는 후대에는 '불성(不成)' 이라는 의사적 이유의 일종으로 분류된다.

(5) 시간을 경과한 이유

'시간을 경과한 이유' 는 '시간을 경과하여 제시된 것' (1·2·9)이라 정의된다. 이미 거론한 '패배의 입장' 가운데 (10) '시기를 얻지 못한 진술' 과 혼동해서는 안 된다고 밧쯔야야나가 특별히 주의한 것은 이 의사적 이유의 태생이 '패배의 입장' 에 있다는 것을 시사하는 것으로 보인다. 『차라카상히타』가 (10)과는 달리 이 의사적 이유를 세우지 않은 것도 이와 같은 추리를 가능하게 한다. 밧쯔야야나는 다음과 같은, 그다지 적절하다고는 볼 수 없는 예를 제시한다.

제안 : 언어는 항구적이다.

이유 : 결합에 의해서 개현되기 때문이다.

유례 : 가령 색과 같이. 현현 이전에도, 이후에도 존재하는 (항아리의) 색은 등불과 항아리의 결합에 의해서 개현된다.

적합 : 그것과 마찬가지로 언어도 (항구적으로) 존재하고 큰 북과 북채의 결합에 의해서 혹은 나무와 도끼의 결합에 의해서 개현된다.

결론 : 그러므로 결합에 의해서 개현되기 때문에 언어는 항구적

이다.(服部 역, 390쪽)

이 이유는 '시간을 경과한 것'이라 불린다. 왜냐하면 등불이나 항아리가 결합하는가, 그렇지 않은가의 여부는 항아리의 색은 개현되지(=볼 수 있다)만 멀리서 발생한 큰 북과 북채의 결합에서 얼마간의 시간이 경과하여 음성은 개현되는(=들을 수 있다) 것이다. 왜냐하면 소리의 개현은 결합의 시간을 경과하기 때문이다. '음성은 결합에 의해서 개현된다'라는 이유는 결합과 개현 사이에 시간차가 있고 또한 직접적인 인과관계를 상정하기 어렵기 때문에 의사적 이유로 간주된다는 취지인 것 같다.

그러나 지금 문제가 되는 것은 밧쯔야야나도 지적한 바와 같이 위의 논증식의 이유와 유례 사이에 정합성이 없다는 점에 있다. 이 사례는 논증인의 오류라기보다는 오히려 유례의 오류라 볼 수 있다. 아마도 이와 같은 문제를 내포하고 있기 때문에 후대의 니야야학파에서 이 의사적 이유는 전혀 해석이 바뀌어 다음과 같은 예를 제시하고 있다.

제안 : 불은 뜨겁지 않다.
이유 : (구성요소에 의해서) 만들어진 것이기 때문이다.
유례 : 물과 같이.

현재의 제안은 불 가까이에 손을 대면 뜨거움을 느낀다는 감각기관(=피부)의 지각에 의해서 이미 부정되고 있다. 따라서 '만들어진 것이기 때문'이라는 이유를 제시하여도 시기를 일탈한다는 의미에서 여기에 채용했을 것이다. 이 의사적 이유는 '그 대상(=제안내용)이 이미 부정되고 있는 이유'라 불리게 된다. 그러나 이 사례도 또한 이유의 오류라기보다 오히려 제안의 오류로 보아야 한다.

'논증인의 3상설' –잘못된 이유의 반성에서 바른 이유의 발견으로

의사적 이유의 고찰은 바른 이유의 특징 음미로 전개했던 것이다. 아마도 '추리를 정당화하는 관계개념은 무엇인가' 하는 데 큰 관심이 있었던 바이세시카학파나 상키야학파 등 인도인식론의 전통에 영향을 받았을 것이다. 그리고 논리학자들 사이에도 논증을 성립시키는 '바른 이유란 무엇인가' 라는 문제의식이 발생했다. 그 결과 뒤에 인도논리학에서 중요한 위치를 차지하는 '논증인의 3상설'이 등장한 것이다. 결국 논증식 중에 제시된 이유가 세 개의 특징[相]을 가진다, 즉 세 개의 조건을 만족시킨다면 '바른 이유(=논증인)'로서 인지된다는 생각이 발생했다.

누가 처음으로 논증인의 3상설을 주장했는지는 알 수 없다. 현존하는 자료 중에서 그것을 언급하는 가장 오래된 것은 바수반두의 형이라 여겨지는 유식학파의 아상가(Asaṅga, 無着, 4~5세기)가 나가르주나의 『중론송』 제1장 제1게송에 대한 주해로서 저술한 『순중론(順中論)』(한역만 현존)이다. 아상가 자신은 '논증인의 3상설'을 승인하지 않았지만 대론상대인 상키야학파가 설한 현상세계의 근본원인인 '원질'의 존재를 증명할 때 니야야 슈마(若耶須摩) 논사의 '인의 3상설'을 원용하고 있다.

니야야 슈마 논사가 인도철학의 어떤 특정한 학파에 해당하는가에

관해서는 여러 가지 설이 있어 아직 확정할 수는 없다. '니야야 슈마'
는 '논리애호가'를 의미하고 니야야학파를 가리킨다고 이해할 수도
있지만 아상가나 바수반두와 거의 동시대인 밧쯔야야나가 아직 '논
증인의 3상설'을 전혀 언급하지 않고 있기 때문에 그 가능성은 낮다
고 볼 수 있다. 오히려 같은 설이 주로 불교논리학자에 의해서 발전
되었다는 역사적 경위를 고려하면 불교내부의 논리학자라고 생각하
는 것이 맞을 것이다.

『순중론』에 인용된 '논증인의 3상' 공식을 후대의 표준적인 표현
에 맞게 다소 바꾸어보면 다음과 같다.

> 이유(因)는
> (1) 논증 주제의 속성이며(주제소속성)
> (2) 동례군에 존재하고(동류로 수반)
> (3) 이례군에는 존재하지 않는 것(이류로부터 배제)

앞의 약호를 사용하여 표현하면 다음과 같다.

> (1) 주제소속성 : 이유H는 주제p에 존재하는 것.
> (2) 동류로 수반 : 논증되어야 할 성질S를 갖는 것에는 이유H가
>   존재하는 것.
> (3) 이류로부터 배제 : 성질S를 갖지 않는 것에는 이유H가 존재하
>   지 않는 것.

『순중론』에는 다음과 같은 논증식의 구체적 사례도 거론되고 있다.

제안 : 언어는 비항구적이다.

이유 : 만들어진 것이기 때문이다.

유례 : 만약 존재가 만들어진 것이라면 모두 비항구적이다. 예를
    들면 항아리 등과 같이.

적용 : 언어도 또한 그와 같다.

결론 : 그러므로 만들어진 것이기 때문에 언어는 비항구적이
    다.(후략)

   이 논증식은 앞에서 거론한 『차라카상히타』나 밧쯔야야나의 논증
식 사례와 비교할 때 '유례'의 표현이 크게 다르다는 것을 쉽게 알
수 있다.

   『차라카상히타』에는 단지

   예를 들면 허공과 같이
   예를 들면 항아리와 같이

라는 실례가 거론될 뿐이었다. 한편 밧쯔야야나에서는

   발생하는 것인 항아리 등의 실체는 비항구적이다.

라고 하는 것처럼 '논증되어야 할 성질' (S)과 '이유' (H)가 공존하는
실례와

240

발생하지 않는 것인 아트만 등의 실체는 항구적이라고 경험상
인정된다.

라고 말하는 것처럼 S도 H도 보이지 않는 실례를 각각 하나씩 거론할
뿐이다. 어떤 경우에도 'H를 갖는 것은 S를 갖는다. H를 갖지 않는 것
은 S를 갖지 않는다' 라는 수반과 배제의 관계에 근거해서 'p는 H를
갖기 때문에 S를 갖는다' 라는 유비추리가 행해지고 있는 것이다.
　그런데 『순중론』에서 유례는

만약 존재가 만들어진 것이라면 모두 비항구적이다.

라는 명제의 형태로 제시된다. 이것은

무릇 만들어진 것은 비항구적이다.

라고 바꾸어 쓸 수 있고, 집합의 개념을 도입하면

만들어진 것의 집합이 비항구적인 것의 집합에 의해서 포섭된다.

라는 관계이다. 뒤에 디그나가에 의해서 '변충관계' 라 불리는 것에
다름 아니다. '항아리 등' 의 실례는 이와 같은 '변충관계' 를 보증하
는 구체적 사례로서 거론되고 있는 것이다.

유비추리에서 귀납추리로

논증인의 3상 가운데 제1상은 이유인 '소작성(만들어진 것이라는 성질)'이 논증의 주제인 '언어'에 소속한다는 것이다. 논증에 즈음에서는 언어가 만들어진 것 요컨대 발화자의 발성기관이나 의지적 노력 등에 의해서 생긴 것이라는 사실이 어떠한 방식으로 우선 확인되지 않으면 안 된다. 원래 언어가 만들어진 것이 아니라고 한다면 현재의 논증은 처음부터 성립할 수 없기 때문이다.

제2상과 제3상은 이유인 '소작성'이 논증의 주제인 '언어'와 같이 비항구적인 것, 예를 들면 항아리 등의 '동례군'에 존재하는 것과 그 것과는 반대의 항구적인 것, 예를 들면 허공 등의 '이례군'에는 존재하지 않는 것이다.

실은 이 제2상과 제3상은 단순히 바른 이유가 가져야 할 특징, 만족시켜야 할 조건일 뿐만 아니라 뒤에 '동류로 수반'과 '이류로부터 배제'라 불리는 것에서도 알 수 있는 것처럼 이유(H)와 논증되어야 할 성질(S) 사이에 어떤 관계를 발견하기 위한 '귀납법의 원리'로서 기능하고 있다. 그 관계란 언어와 그 의미의 이해, 불과 연기, 감각기관과 인식 같은 구체적인 인과관계가 아니라 유례로서 제시된다.

만약 존재가 만들어진 것이라면 모두 비항구적이다.

라는 일반적인 법칙이다. 요컨대 논증인의 제2상과 제3상은 집합H와 집합S 사이의 '변충관계'를 확정하기 위한 귀납추리의 과정을 표시하고 있다. 그 결과 제2상과 제3상을 만족시키는 이유(H)는 논증되어야 할 성질(S) 사이에 '알게 하는 것'과 '알려지는 것'이라는 관계를 맺게 되며 '바른 이유'라 부를 수 있는 것이다.

항아리 등의 비항구적인 것 중에는 '소작성'이 발견되며(수반), 허공 등의 항구적인 것 중에는 '소작성'이 발견되지 않는다(배제)는 사실을 경험적으로 확인하고 나서

무릇 만들어진 것은 비항구적이다.

라는 일반법칙을 도출한다.

이것을 현재의 논증 주제인 '언어'에 적용함으로써

언어는 만들어진 것이기 때문에 비항구적이다.

라는 결론에 이를 수 있다. 이와 같은 추리를 더 이상 '유비추리'라 할 수는 없다. 귀납법의 원리에 의해서 도출된 일반법칙에 기초한 '귀납추리'이다. 그것은 아리스토텔레스에 의해서 확립된 공리주의적인 '연역논리'와는 구별하지 않으면 안 된다.

'귀납추리'야말로 인도논리학을 특징짓는 최선의 키워드이다. 실로 '논증인의 3상설'의 도입에 의해서 인도논리학은 비약적으로 그 성격을 변화시켜 진보했다고 말할 수 있다.

귀납영역의 분석

'대화의 세계'를

(1) 이미 경험하고 알고 있는 존재의 집합과

(2) 아직 경험하지 못하고 알지 못하는 존재의 집합

으로 나누어보자.

인도논리학에서 추리·논증은

(1) 이미 알고 있는 존재의 집합으로 이루어진 영역에서 수반과
배제에 의해 어떤 일반법칙을 경험적으로 확립하고

(2) 그것을 아직 알지 못하는 영역의 어떤 항목(논증의 주제p)에
적용하여

(3) 결론을 도출한다.

라는 기본 구조를 가지고 있다. 이미 알고 있는 영역에서 확립된 법
칙을 아직 알지 못하는 영역에 적용한다는 점에서 실로 '귀납적' 이
다. 이와 같은 귀납추리를 성립시키는 영역이라는 의미에서 이미 알
고 있는 존재의 집합을 맥길대학의 불교학자 헤이즈(R. Hayes, 1945~)
에 따라서 '귀납영역' 이라 부르기로 한다.

귀납영역은 논증되어야 할 성질(S, 예를 들면 '비항구성')을 가진 존
재의 집합(+S)과 그 보집합(-S)으로 이분된다. 전자는 '동례군', 후자
는 '이례군' 이라 한다.(그림 6)

나아가 논증되어야 할 성질(S)과 이유가 되는 성질(H)을 두 개의 항
으로 하는 벤다이어그램으로 그리면 귀납영역을

{+S. -H} {-S. +H} {+S. +H} {-S. -H}

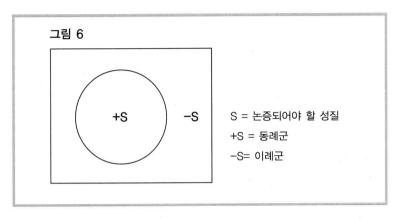

그림 6

+S   −S

S = 논증되어야 할 성질
+S = 동례군
−S = 이례군

라는 네 개의 영역으로 나눌 수 있다.(그림 7)

논증인의 제2상인 '이유의 동례군으로 수반' 이란 {+S. +H}(=비항구적이며 만들어진 것)에 '항아리' 등의 실례가 있어 공집합이 아니라는 것이다.

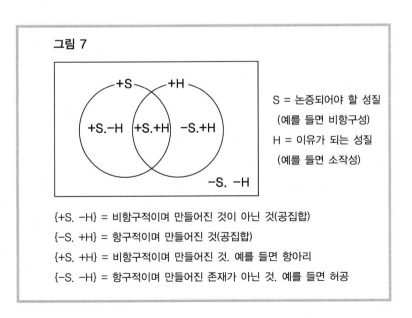

그림 7

+S   +H

+S.−H {+S.+H} −S.+H

−S. −H

S = 논증되어야 할 성질
  (예를 들면 비항구성)
H = 이유가 되는 성질
  (예를 들면 소작성)

{+S. −H} = 비항구적이며 만들어진 것이 아닌 것(공집합)
{−S. +H} = 항구적이며 만들어진 것(공집합)
{+S. +H} = 비항구적이며 만들어진 것. 예를 들면 항아리
{−S. −H} = 항구적이며 만들어진 존재가 아닌 것. 예를 들면 허공

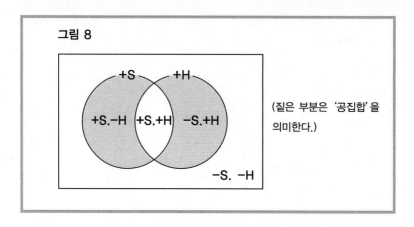

그림 8

+S   +H

+S.-H +S.+H -S.+H

-S. -H

(짙은 부분은 '공집합'을
의미한다.)

　논증인의 제3상인 '이례군으로부터 배제' 란 {-S. -H}(=항구적이
며 만들어진 것이 아닌 것)의 영역에는 '허공' 이라는 실례가 있어 역시
공집합은 아니라는 것이다. 물론 허공의 실재성을 인정하지 않는 철
학자들에게는 공집합이다.

　한편 {+S. -H}(=비항구적이며 만들어진 것이 아닌 것)과 {-S.
+H}(=항구적이며 만들어진 것)은 실례가 발견되지 않기 때문에 공집
합이다.

　이 결과를 벤다이어그램 그림으로 표시하면 그림 8이 된다.(짙은 부
분은 공집합을 의미한다). {+H}(=만들어진 것)의 집합과 {+S}(=비항구
적인 것)의 집합이 외연을 같이 하는 게 분명하다.

　이렇게 해서 '무릇 만들어진 것은 비항구적이다' 라는 일반법칙이
확립된다. 또한 외연을 같이 하는 한 '무릇 비항구적인 것은 만들어
진 것이다' 라는 관계도 성립하지만 지금은 '소작성' 이라는 이유에
의해서 '비항구성' 을 논증하는 것이 목적이기 때문에 제2의 관계는
필요가 없다.

이상과 같이 확립된 일반법칙을 항구적인가 아닌가가 결정되지 않는다는 의미에서 미지의 영역에 속하는 주제인 '언어' (p)에 적용하면

만들어진 것이기 때문에 언어는 비항구적이다.

라는 결론이 도출되는 것이다.

이와 같은 수반과 배제라는 귀납적 과정에 의해서 도출된 일반법칙, 바꾸어 말하면 이유(H)와 논증되어야 할 성질(S) 사이에 성립하는 관계는 상키야학파나 바이세시카학파가 추리를 정당화하는 관계로서 열거한 '소유자와 소유물의 관계'·'적대관계'·'인과관계'·'내속관계' 등(제2장 참조) 존재와 존재 사이에 성립하는 구체적인 관계와는 달리 두 집합 사이에 성립하는 포섭관계에 해당하는, 소위 추상적 관계이다.

바수반두는 그것을 '불가분의 관계' 라 부른다. 그 원어는 'X없이 Y가 있을 수 없다' 는 의미이며, 만약 S와 H 사이에 'S가 없다면 H도 없다' 는 관계가 성립한다면 H에 의해서 S의 존재를 추리할 수 있다고 여긴다.

예를 들면, 불과 연기 사이에는 '불이 없는 곳에 연기는 없다' 는 속담이 있는 것처럼 불가분의 관계가 있기 때문에 먼 산에 솟아오르는 연기를 보고 그 아래 불의 존재를 추리할 수 있는 것이다. '불가분의 관계' 는 본질적으로는 S가 없는 곳(=이류)에서 H가 배제된다고 하는 논증인의 제3상에 해당한다.

디그나가 - 변충관계

디그나가는 바수반두의 '불가분의 관계'를 이미 기술한 바와 같이 집합 {+H}와 집합 {+S} 사이의 '변충관계'로 파악한다. 디그나가는 변충관계를 명시하기 위해서 논증인의 3상에 새로운 해석을 도입한다. 원래 논증인의 제2상과 제3상은 이유(H)가

(2) 동류(+S)로 수반과
(3) 이류(-S)로부터 배제

라는 두 개의 조건을 만족시키고 있음을 확인하고 H와 S 사이에 '알게 하는 것'과 '알려지는 것'이라는 관계가 성립하는 것을 발견하는 귀납적 과정을 표시한 것이었다.

예를 들면 언어의 비항구성을 논증하는 경우 동류는 논증되어야 할 성질인 '비항구성'을 갖는 것의 집합이며 이류는 그 보집합이다. 이류로서 상정된 '소작성(만들어진 것이라는 성질)'은 논증되어야 할 성질 '비항구성'과

비항구적인 것(=동류)에는 소작성이 수반된다.
항구적인 것(=이류)으로부터는 소작성이 배제된다.

라는 수반과 배제의 관계가 있기 때문에 정당한 이유라고 여겨진다. 그리고 이와 같은 귀납적 과정을 거쳐서

무릇 만들어진 것은 비항구적이다.

라는 일반적 법칙이 도출되는 것이다.

　　그런데 디그나가는 논증인의 제2상과 제3상에 대해서 다른 정식화
도 제시한다.

　　　(2) 동류(=S를 갖는 것)에만 H가 존재하는 것
　　　(3) 이류(=S를 갖지 않는 것)에는 H가 결코 존재하지 않는 것

'에만' 혹은 '결코'라고 번역한 것은 모두 '제한·한정'을 의미하는
산스크리트어의 불변화사(eva)에 해당한다. 파니니학파의 문법학자
비야띠에게 귀속되는 해석규칙에 의하면 X와 Y의 두 단어로 이루어
진 문장에서 Y에 이 불변화사가 붙는다면 X는 Y에 의해서 한정을 받
는다. 바꾸어 말하면 X의 영역은 Y의 영역에 의해 제한되는 것이다.
이와 같은 X는 '피한정자', Y는 '한정자'라 불린다.(그림 9 참조)

　　예를 들면

　　　ayaṁ gaur eva

라는 문장은

　　이것은 소에 다름 아니다.

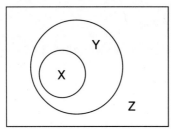

그림 9 '이것은 소에 다름 아니다'

X=이것(피한정자)
Y=소(한정자)
Z=말, 개 등 소 이외의
　　네 발 동물

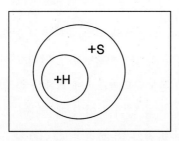

그림 10 'S를 갖는 것에만, H가 존재한다.'

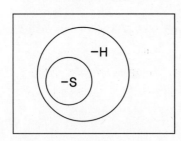

그림 11 'S를 갖지 않는 것에는 H가 결코 존재하지 않는다.'

라는 의미이며 '이것(ayaṁ)'이라는 단어가 지시하는 대상이 '소 (go)'의 집합 내부에 제한되며 그 집합 외부의 '말'이나 '개' 등의 네 발동물 집합에는 포함되지 않는 것이다.

이 해석규칙을 디그나가의 '논증인의 3상' 공식의 해석에 적용하면 제2상에서는 S의 존재영역인 '동류'에 한정사(eva)가 붙어 있기 때문에 H의 존재영역이 S의 존재영역에 의해서 제한된다. 결국 전자가 후자에 의해서 포섭된다는 것을 알 수 있다.(그림 10)

한편 제3상에서는 H의 비존재에 한정사(eva)가 붙어 있기 때문에 S의 비존재영역(-S=이류)이 H의 비존재영역(-H)에 의해서 포섭된다는 것을 알 수 있다.(그림 11)

두 그림은 표리 관계에 있기 때문에 디그나가의 해석에 따르면 논증인의 제2상과 제3상은 논리적으로 완전히 등가가 된다. 양자는 모두 'H의 집합은 S의 집합에 의해서 변충된다'는 '변충관계'를 긍정적 혹은 부정적 형태로 표시하고 있다.

앞의 사례에서 디그나가의 '논증인의 3상' 해석을 적용하면

비항구적인 것(=동류)에만 소작성은 존재한다.
항구적인 것(=이류)에는 결코 소작성이 존재하지 않는다.

라고 하는 것처럼 '소작성'과 '비항구성' 사이에

무릇 만들어진 것은 비항구적이다.
무릇 항구적인 것은 만들어진 것이 아니다.

라는 일반적 법칙, 그의 표현에 따르면 비항구적인 것의 집합에 의한 만들어진 것의 집합의 '변충관계' 즉, '포섭관계'가 명시되고 있는 것이다.

디그나가에 이르러 논증인의 제2상과 제3상은 단순히 수반과 배제라는 관계를 발견하기 위한 귀납적 과정을 표현할 뿐만 아니라 각각의 정식에 한정사(eva)를 삽입함으로써 귀납적 과정에 의해서 발견된 일반적 법칙 즉, '변충관계'를 정확하게 표시하는 논리적 언명이라는 역할도 담당하게 되었던 것이다.

인도논리학에 대한 디그나가의 최대 공헌은 이 변충관계 이론을 최초로 정식화하여 추리·논증의 기초이론으로 확립한 것이다. 그 이후의 인도논리학자들은 학파의 범위를 뛰어넘어 거의 예외 없이 추리·논증을 정당화하는 근거로 이 이론을 채용하였다.

실로 변충관계의 이론이야말로 인도논리학의 핵심이론이다. 이 변충관계를 발견하는 방법으로서 문법학파가 개척한 '수반'과 '배제'라는 귀납법의 원리가 사용된다는 것, 나아가 변충관계를 정확하게 정식화하기 위해서 같은 문법학파의 불변화사 용법이 이용되는 것을 고려하면 인도논리학의 발전에 인도문법학이 결정적인 역할을 담당했다고 해도 지나친 말은 아니다.

9구인설

인도논리학에 디그나가가 공헌한 또 한 가지는 동례군과 이례군으로 이루어진 귀납영역에 이유(因, 논증인)가 어떻게 수반하고 배제되는가를 총망라해서 검토하고 그 모든 경우를 매거하여 그중에서 바

른 이유가 되는 경우를 추출하고자 시도한 '9구인설'이다. 이유(=논증인)가

    (1) 동례군의 전체에 수반하는가
    (2) 그 일부에만 수반하는가
    (3) 전부 배제되는가

마찬가지로

    (1) 이례군의 전체에 수반하는가
    (2) 그 일부에 수반하는가
    (3) 전부 배제되는가

각각 세 개의 가능성이 있기 때문에 3×3=9와 같은 조합이 가능하다고 디그나가는 생각했다.

여기에 더해 동례군·이례군이 각각 공집합인 경우를 고려하여 4×4=16과 같은 완전매거에 성공한 것은 니야야학파의 웃또타카라였다.

9구인의 고찰 대상이 되는 '이유'는 모두 현재의 논증 주제인 '언어'의 속성임을 확인할 수 있다. 따라서 논증인의 3상의 제1상, 바른 이유의 제1조건인 '주제소속성'을 만족시킨다. 만약 해당 이론이 이 조건을 만족시키지 않는다면 '불성(不成)'이라 불리는 '의사적 이유'로 간주되게 된다.

디그나가는 초기에 작은 저술서 『인륜론(因輪論)』에서 거론한 9구

디그나가의 9구인 표

【논증식1】

제안 : 언어는 항구적이다.
이유 : 인식대상이기 때문
        이다.
유례 : 허공과 같이, 항아리
        와 같이.

【논증식2】

언어는 비항구적이다.
만들어진 것이기 때문
이다.
항아리와 같이, 허공과
같이.

【논증식3】

언어는 노력의 소산이다.
비항구적이기 때문이다.

항아리와 번개와 같이,
허공과 같이.

【논증식4】

제안 : 언어는 항구적이다.
이유 : 만들어진 것이기 때
        문이다.
유례 : 허공과 같이, 항아리
        와 같이.

【논증식5】

언어는 항구적이다.
들려진 것이기 때문
이다.
허공과 같이, 항아리와
같이.

【논증식6】

언어는 항구적이다.
노력의 소산이기 때문
이다.
허공과 같이, 항아리와
번개와 같이.

【논증식7】

제안 : 언어는 노력이 소산
        이 아니다.
이유 : 비항구적이기 때문
        이다.
유례 : 번개와 허공과 같이,
        항아리와 같이.

【논증식8】

언어는 비항구적이다.

노력의 소산이기 때문
이다.
항아리와 번개와 같이,
허공과 같이.

【논증식9】

언어는 항구적이다.

형태를 갖지 않기 때문
이다.
허공과 원자와 같이, 운
동과 항아리와 같이.

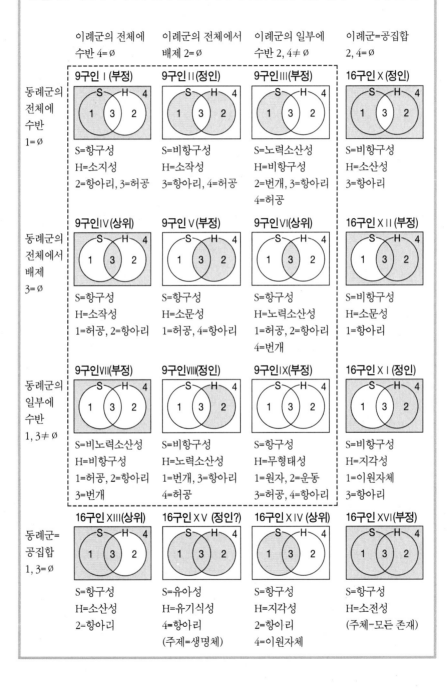

그림 12 디그나가의 9구인과 웃또타카라의 16구인(주제는 원칙으로서의 언어)

인의 논증식을 다음과 같이 제시한다. 아마도 간결하게 표시하기 위함일 것이다. 유례에는 구체적인 실례의 명칭을 거론할 뿐이다.

이들 논증식에서 '이유'(H)와 '논증되어야 할 성질'(S)의 관계를 명시하기 위해 동례군(+S)과 이례군(-S), 이유의 존재영역(+H)과 비존재영역(-H)이라는 구분에 따라서 '귀납영역'(그림 6, 그림 7 참조)을 분할하고 실례의 거론되지 않는 영역은 공집합으로 간주하여 짙은 선을 붙여서 표시하면 그림 12와 같이 된다. 편의상 뒤에 거론한 웃또타카라의 16구인도 함께 그림 12에 제시했다. 벤다이어그램 그림의 각 영역에서 짙은 부분이 있고 없음의 조합이 16과 같은 것에서도 웃또타카라의 매거의 완전함이 증명된다.

숫자 1, 2, 3, 4는 각각 {+S, -H} {-S, +H} {+S, +H} {-S, -H}에 대응한다. 실례는 각 그림 아래 해당 번호를 붙여서 제시한다.

3종의 의사적 이유

9구인의 제1은 '인식대상성'이다. 이 이유는 동례군(항구적인 것, 예를 들면 허공)의 전체에도 이례군(비항구적인 것, 예를 들면 항아리)의 전체에도 보인다. 따라서 언어가 인식되기 때문이라고 해서 항구적인가 그렇지 않은가를 확정할 수가 없다.

9구인의 제3·제7·제9도 같은 이유가 동례군에도 이례군에도 보이기 때문에 제1의 이유와 함께 소위 '부정'이라는 의사적 이유로 분류된다. 이들 의사적 이유는 '동류로 수반'이라는 논증인의 제2상은 만족시키지만 '이류로부터 배제'라는 제3상을 만족시키지 못하기 때문에 바른 이유라고는 할 수 없다.

9구인의 다섯 번째인 '들리는 것(所聞性)'은 논증 주제인 '언어' 특유의 성질이기 때문에 동례군(항구적인 것)에도 이례군(비항구적인 것)에도 전혀 보이지 않는다. 원래 항구성의 유무를 묻는 논증의 주제는 동례군과 이례군으로 이루어진 현재의 '귀납영역'에는 속하지 않기 때문에 논증주제에 특유한 성질은 귀납영역에는 있을 수 없는 것이다. 이러한 종류의 이유는 '이류로부터 배제'라는 논증인의 제3상은 만족시키지만 '동류로 수반'이라는 제2상은 만족시키지 못한다. 그리고 이유를 지지하는 유사 실례가 전혀 없다는 의미에서 '불공부정(不共不定)'이라 불리는 의사적 이유이다.

9구인의 네 번째인 '소작성'은 동례군(항구적인 것)에는 보이지 않고 이례군(비항구적인 것) 전체에 보이기 때문에 제안내용과 정반대의 '언어는 비항구적인 것이다'라는 명제를 증명해버리게 된다.

9구인의 여섯 번째도 동례군의 전체로부터 배제되고 이례군의 일부에 보이기 때문에 마찬가지다. 양자는 논증인의 3상의 제2·제3상을 모두 만족시키지 못한다. 그리고 이러한 종류의 이유는 제안과 '상용되지 않는' 의사적 이유[相違]라 불린다.

이와 같이 9구인 가운데 일곱 번째까지는 의사적 이유의 사례이다. 논증인의 3상 가운데 제2·제3 둘 중 하나를 만족시키지 못하는 것은 '부정(不定)', 둘 모두 만족시키지 못하는 것은 '서로 양립하지 않는' 의사적 이유라 불린다. 제1상을 만족시키지 못하는 것은 '불성(不成)'의 의사적 이유라 불린다. 합해서 3종의 의사적 이유가 있게 된다.

이 3종의 의사적 이유 이론은 논증인의 3상설 등장에 의해서 바른 이유의 특징·조건을 고찰한 결과 고안되었던 것이다. 바수반두 등 디그나가 이전의 불교논리학자가 이미 의사적 이유를 이 3종으로 분류하고 있다. 앞서 열거한 『니야야수트라』의 의사적 이유 5종 가운데 '미혹이 있는 이유'는 '부정'에, '반대의 존재'는 '서로 양립하지 않는' 이유에 거의 해당하지만 그 이외의 것을 불교논리학자들은 의사적 이유의 분류로서 인정하지 않았다.

바른 이유

9구인 가운데 남아 있는 제2·제8번째가 '바른 이유'일 것이다. 양자는 동례군 전체 혹은 그 일부에 존재하고 이례군으로부터 배제되는 것으로 논증인의 제2·제3상을 모두 만족시키기 때문이다. 이렇게 보면 9구인은 바른 이유를 탐구하기 위한 일종의 체크리스트(checklist)임을 알 수 있다. 정당성의 기준은 말할 것까지도 없이 논증인의 3상에서 제2·제3상에 해당한다.

9구인의 제2·제8번째를 바른 이유로 보는 것은 귀납영역에서 이유가 동례군의 적어도 일부에는 존재하고 이례군에서는 완전히 배제되는 것을 의미한다. 이것은 바꾸어 말하면 귀납영역에서 이유의 영역이 동례군에 포함되며 변충된다는 것이다. 이와 같이 디그나가의 변충관계 이론은 9구인의 분석에서 발생되었다고 말할 수 있다.

디그나가의 논증식-3지논증

디그나가는 니야야학파의 5지에 의한 논증식에 대해서 '적용'과 '결론'이라는 마지막 2지는 불필요하다며 3지로 이루어진 논증식 구성을 주장한다. 나아가 각 논증지는 다음과 같은 일반적인 형식을 취하지 않으면 안 된다고 강조한다.

제안 : 주제p는 성질S를 갖는다.
이유 : 성질H를 갖기 때문이다.
유례 : 무릇 성질H를 갖는 것은 모두 성질S를 갖는다. 예를 들면 d와 같이. 무릇 성질S를 갖지 않는 것은 모두 성질H를 갖지 않는다. 예를 들면 v와 같이.

9구인의 논증식2와 8을 디그나가의 이 표준 논증식 형식으로 바꾸어 기술하면 다음과 같다.

[논증식2]
제안 : 언어는 비항구적이다.
이유 : 만들어진 것이기 때문이다.
유례 : 무릇 만들어진 것은 모두 비항구적이다. 항아리와 같이. 무릇 항구적인 것은 모두 만들어진 것이 아니다. 허공과 같이.

[논증식8]
제안 : 언어는 비항구적이다.
이유 : 노력의 소산이기 때문이다.
유례 : 무릇 노력의 소산인 것은 모두 비항구적이다. 항아리와 같이. 무릇 항구적인 것은 모두 노력의 소산이 아니다. 허공과 같이.

[논증식2]를 『순중론』의 논증식과 비교하면 '적용' 과 '결론' 의 2지가 없는 것에 더해서 유례가 두 개의 명제로 구성되는 점이 다르다. 두 개의 유례는 각각 '유사한 유례' '유사하지 않은 유례' 라 불린다. 양자는 디그나가의 논증인 제2상과 제3상의 새로운 해석에 의해서 표현되는 집합S에 의한 집합H의 변충관계를 긍정적 혹은 부정적으로 표현한 것이며, 논리적으로 등가이다.

디그나가는 이와 같은 변충관계를 표시하기 위해서는 유례의 명제는 산스크리트어의 통어적인 어떤 형식을 갖추지 않으면 안 된다고 분명하게 말한다. 즉

무릇 A인 것은 모두 B이다.

라는 명제는

yat A tat B eva

라고 하는 것처럼 상관적인 두 개의 관계대명사(yat⋯tat)와 한정사(eva)에 의해서 표현되지 않으면 안 된다는 것이다.

이것은 디그나가의 논증인 3상의 공식에 한정사를 도입한 것과 궤를 같이한다. 이미 기술한 바와 같이 유사한 유례는 논증인의 제2상, 유사하지 않은 유례는 제3상에 해당한다. 한편 이유명제는 현재의 주제인 '언어' 에 '소작성' 이라는 이유가 속한다는 것을 기술한 것이며 논증인의 제1상을 논증식 속에 재현한 것이라고 할 수 있다.

그런데 두 개의 유례가 논리적으로 등가라면 어떻게 해서 양자를

병기할 필요가 있는가 하는 문제가 제기될 수 있을 것이다. 마찬가지로 논증인의 3상에 관해서도 같은 문제를 제기할 수 있다. 만약 제2상과 제3상이 논리적으로 등가라면 바른 이유는 그 둘 중 어느 하나를 만족시키면 괜찮은 것은 아닌가?라고 물을 수 있다.

디그나가는 이와 같은 의문이 제기될 수 있다는 것을 충분히 숙지하고 있었다. 그는 변충관계조차 명료하게 제시되어 있다면 유사한 유례만으로 충분하여, 유사하지 않은 유례를 제시할 필요는 없다고 말하는 한편, 최종적으로는 두 유례를 병기할 필요가 있다는 입장을 버리지 않는다.

S와 H 사이의 변충관계를 귀납영역에서 확립하기 위해서는 S와 H 사이에 수반과 배제 양쪽의 관계가 성립하는 것을 확인할 필요가 있다. 그리고 그러기 위해서는 수반을 지지하는 긍정적인 실례와 배제를 지지하는 부정적 실례가 함께 존재해야 한다. 디그나가가 두 개의 유례 병기를 고집한 점에서 디그나가의 논리학이 실례에 의존하는 귀납적 성격을 가지고 있음을 읽을 수 있다.

또한 유례의 명제에는 자주 '…… 이라고 경험된다' 라는 표현이 삽입된다. 이것은 유례가 표시하는 일반법칙이 반드시 보편적인 것에 국한하지 않고 우리들의 경험세계, 즉 '귀납영역' 에서만 확립되는 법칙임을 디그나가가 강하게 의식하고 있었음을 상기시킨다.

웃또타카라의 16구인

불교논리학자인 디그나가가 자신의 주저 『프라마나삼웃짜야』에서 체계적으로 제시한 변충관계 이론에 기반을 둔 '새로운 인도논리학'

은 불교도 이외의 인도철학 여러 학파에도 지대한 영향을 미친다. 바이세시카학파의 프라사스타파다는 디그나가 논리학을 거의 대부분 받아들이면서 종래의 자기 학파 논리학설과 회통을 시도한다. 또한 미망사학파의 쿠마리라밧타(Kumārilabhāta)도 디그나가 논리학설을 마치 자명한 진리인 것처럼 전제하면서 자기 학파의 형이상학도 고려하여 논리학설을 전개한다.

이에 대해 니야야학파의 웃또타카라는 밧쯔야야나의 『니야야수트라주해』에 대한 복주 『바르티까』 속에서 바수반두나 디그나가가 확립한 불교논리학의 여러 이론을 하나하나 일일이 거론하여 철저하게 비판한다.

예를 들면 변충관계에 관해서도 디그나가와 같이 귀납영역이라는 우리의 '대화의 세계' 일부에서 성립하는 집합 간의 포섭관계로 파악하지 않고 어디까지나 경험세계에 있어서 구체적인 두 사물 간의 관계로 이해한다. 웃또타카라에 의하면 추리·논증을 성립시키는 것은 그와 같은 변충관계가 아니라 니야야학파나 바이세시카학파가 모두 인정하는 존재의 범주 6종 가운데 하나인 '내속' 관계였다.(제2장 참조)

저 산에 솟아오르는 연기가 그 아래 숨어 있는 불의 존재를 추리하게 하는 것은 연기가 불에 내속해 있기 때문이라고 생각한다. 이것은 제2장에서 기술한 바와 같이 상키야학파나 바이세시카학파가 추리·논증의 기반으로 하여 '인과관계'·'소유관계'·'적대관계' 등의 구체적인 존재와 존재 사이의 관계를 상정한 것과 본질적으로 같은 입장이다.

인도논리학에 대한 웃또타카라의 최대 공적은 위에서 기술한 바와 같이 동례군·이례군이 각각 공집합인 경우도 고려하여 디그나가의 '9구인'을 '16구인'으로 확대하고 동례군과 이례군으로 이루어진 귀납영역에 이유가 수반되고 배제되는 모든 경우를 완전하게 매거한 점이다.

다음으로 웃또타카라가 새롭게 더한 논증식 7개를 제시한다. 니야야학파의 웃또타카라는 물론 5지로 이루어진 논증식을 사용하였지만 여기서는 유례 이하는 생략한다.

[논증식10]
제안 : 언어는 비항구적이다.
이유 : 생기는 것이기 때문이다.

[논증식11]
제안 : 언어는 비항구적이다.
이유 : 외적인 감각기관에 의해서 지각되기 때문이다.

[논증식12]
제안 : 언어는 비항구적이다.
이유 : 들리는 것이기 때문이다.

[논증식13]
제안 : 언어는 항구적이다.
이유 : 생기는 것이기 때문이다.

[논증식14]

제안 : 언어는 항구적이다.

이유 : 외적인 감각기관에 의해서 지각되기 때문이다.

[논증식15]

제안 : 이 생명체는 아트만을 가지지 않는 것(無我)이 아니다.

이유 : 감각기관의 근거가 아니라는 바라지 않는 결과가 되어버리기 때문이다.

[논증식16]

제안 : 모든 것은 항구적이다.

이유 : 인식대상이기 때문이다.

논증식10~12는 '언어는 항구적인가 아닌가' 라는 논쟁에서, 예를 들면 경량부와 같이 허공 등 '항구적인 것' 이라는 이례군의 존재를 전혀 인정하지 않는 사람들에 대해서 상정된 것이다.

웃또타카라는 논증식10·11의 이유가 논증인의 제3상을 만족시키지는 못하지만 제1상·제2상을 만족시키기 때문에 '순수긍정인' 이라는 바른 이유라고 주장한다. 이 경우 경량부에는

무릇 생기는 것은 비항구적이다.

무릇 외적인 감각기관에 의해서 지각되는 것은 비항구적이다.

라는 긍정적인 변충관계는 성립하지만

무릇 항구적인 것은 생기는 것이 아니다.

무릇 항구적인 것은 외적인 감각기관에 의해서 지각되지 않는다.

라는 부정적인 변충관계는 항구적인 것을 인정하지 않기 때문에 성립하지 않는다. 따라서 논쟁 중의 양 학파에 있어서 '긍정적인 변충관계만이 성립하는 이유' 라는 의미에서 '순수긍정인' 이라 불렸던 것이다.

이 두 개의 이유는 디그나가도 바른 이유로 인정한다. 디그나가는 이례군이 공집합인 경우 전적인 비존재인 이례군에는 어떠한 이유도 존재할 수 없기 때문에 논증인의 제3상은 필연적으로 만족시킨다고 생각한다. 이렇게 보면 16구인 제10·제11의 이유는 3상을 모두 갖추고 있기 때문에 웃또타카라와 같이 '순수긍정인' 으로 볼 필요는 없다. 각각 9구인 제2·제8의 특수사례에 지나지 않는다.

논증식12의 이유는 논증인의 제1상은 만족시키지만 제2상을 만족시키지 않기 때문에 의사적 이유이다. 제3상을 만족시키는가의 여부는 직전의 경우와 같이 웃또타카라와 디그나가에서 의견이 나뉜다. 9구인 다섯 번째 항목인 '불공부정인(不共不定因)' 에 해당한다.

한편 논증식13·14는 '항구적인 것' 이라는 동례군의 존재를 인정하지 않는 사람들에 대해서 상정된 것이다. 양자는 모두 논증인의 제2상·제3상을 만족시키지 못하기 때문에 자신의 제안과 '서로 양립할 수 없는' 의사적 이유이다. 9구인 제4번째·제6번째 항목의 특수사례라 볼 수 있다.

순수부정인

논증식15는 아트만의 존재를 인정하지 않는 불교도와 같이 '아트만을 보유한 존재'라는 동례군이 존재할 수 없다고 주장하는 사람들에 대해서 상정된 것이다. 이 이유는 논증인의 제2상을 만족시키지 않지만 제1·제3상을 만족시키기 때문에 '순수부정인'이라는 바른 이유라고 웃또타카라는 주장한다.

그러나 제안을 지지하는 긍정적인 실례가 전혀 없다면 논증은 성립되지 않는다는 입장을 엄수하는 디그나가는 이 이유를 바른 것이라고 인정하지 않는다. 뒤에 다르마끼르띠는 2종의 이유를 긍정적으로도 부정적으로도 실례를 수반하지 않는 '불공부정인(不共不定因)'이라 하여 엄격하게 비판한다.

논증식15는 불교의 무아설(無我說)을 부정하고 자파의 유아설(有我說)을 간접적으로 증명하는 귀류논증이다. 아트만과 같이 경험적으로 알 수 없는 형이상학적 존재를 논증하기 위해서는 결코 귀류논증을 정당하게 평가하지 않았던 인도 논리학자들도 귀류논증에 의지하지 않을 수 없었던 것이다.

웃또타카라는 귀류논증을 '간접논증(아비따)'이라 부르고 다음과 같은 논증식을 제시한다.

　　제안 : 이 생명 있는 육체는 아트만을 갖지 않는 것이 아니다.
　　이유 : 호흡 등을 보유하지 않는다는 바람직하지 못한 결과가 되어버리기 때문이다.
　　유례 : 무릇 논쟁 중인 두 학파가 호흡 등을 보유하지 않는다고

똑같이 인정하고 있는 것은 모두 아트만을 갖지 않는 것으로
경험된다.

적용 : 그러나 이것은 호흡 등을 보유하지 않는 것이 아니다.

결론 : 그러므로 이것은 아트만을 갖지 않는 것이 아니다.

만약 어떤 생명체가 무아(無我)라고 가정한다면 우파니샤드 이래의 아트만이야말로 외적인 감각기관의 배후에 있는 인식주체라고 하는 바라문 사상계의 상식에 의해 그 생명체는 여러 감각기관의 근거가 아닌 것으로 되어버린다. 그렇지만 이 생명체는 현재 감각기관을 보유하고 있다. 따라서 그것은 무아일 수가 없다는 취지의 논증일 것이다. 웃또타카라가

이 생명체는 호흡 등을 보유하기 때문에 아트만을 갖는다.

라고 논증하고자 한다면 위의 5지논증 유례의 명제에는 문제가 있다. 뒤에 바이세시카학파의 비요마시바가 한 것처럼

무릇 아트만을 갖지 않은 것은 호흡 등을 보유하지 않는다. 예를
들면 항아리와 같이.

라고 바꾸어 기술하지 않으면 안 된다. 이대로는 유례에 제시된 일반적 법칙을 논증의 주제에 적용할 때 소위 '후건긍정의 오류'를 범하게 되기 때문이다.

그것은 일단 제쳐두고, 아트만을 인정하지 않는 불교도로서는

　　　　무릇 호흡 등을 보유하는 것은 아트만을 갖는다.

라는 긍정적인 변충관계는 성립할 수 없다. 그러나 그것과 대우의 관
계에 있는

　　　　무릇 아트만을 갖지 않는 것은 호흡 등을 보유하지 않는다.

라는 부정적인 변충관계는 불교도에게도 성립하는 것이다. 무엇보다
도 웃또타카라의 경우에는 '무릇 호흡 등을 보유하지 않는 것은 아트
만을 갖지 않는다' 라는 부정적 변충관계를 의식하고 있다. 그리고
'무아이며, 또한 호흡을 갖지 않는 것' 의 사례로서는 '항아리 등' 의
무기적인 합성물을 몇 가지 거론할 수 있다.
　　이와 같이 해당의 이유(예를 들면 '호흡 등을 보유한 것')가 논증 주
제(예를 들면 아트만)의 고유한 성질이기 때문에 '부정적인 변충관계
만이 성립하는 이유' 가 '순수부정인' 이라 불리는 것이다.
　　아트만이나 주재신(Īśvara) 등 대론 상대가 인정하지 않는 형이상학
적 존재를 논증하려고 할 때 니야야학파는 '순수부정인' 에 의지하지
않을 수 없었다. 뒤에 순수부정인은 바이세시카학파가

　　　　지원소(地元素)는 지원소가 아닌 것과는 다르다.
　　　　지원소성(혹은 향기라는 속성)을 보유하기 때문이다.

와 같이 그 학파의 존재론의 각 범주에 정의를 부여할 때 많이 이용
되는 것 같다.

헴펠의 까마귀

그런데 '호흡을 가지며 동시에 아트만을 갖는 존재'가 있는가를 직접 조사할 수는 없지만, 항아리처럼 '무아이며 동시에 호흡을 갖지 않는 것'을 가능한 한 많이 관찰하여

무릇 무아인 것은 호흡 등을 보유하지 않는다.

라는 일반적 명제를 귀납적으로 도출해보자. 그러나 그것으로부터

무릇 호흡 등을 보유하는 것은 아트만을 갖는 것이다.

라는 논리적으로 등가인 긍정적 명제를 도출하여 '생명체는 아트만을 갖는 것이다'라는 결론에 도달하는 것은 정당화될 수 있을까?

순수부정인에는 '헴펠의 까마귀'의 역설과 같은 문제가 내재해 있다.

모든 까마귀는 검다.

라는 가설을 실증하기 위해서 까마귀는 세상에 너무나도 많기 때문에 예를 들면 '흰색 테이블보' 등, 검지도 않고 까마귀도 아닌 구체적 사례를 다수 관찰하여

검지 않은 것은 어떠한 것도 까마귀가 아니다.

라는 논리적으로 등가인 명제를 도출함으로써 원래의 가설을 실증했다고 주장할 수 있을까 하는 문제이다. (野崎昭弘 『역설논리학』, 중공신서, 1980, 66쪽 이하 참조)

웃또타카라는 긍정적 유례가 없어도 귀납적 논증은 성립할 수 있다고 주장하지만, 긍정적 유례가 없이 단순한 부정적 유례만으로는 귀납적 논증이 성립할 수 없다는 디그나가의 입장이 올바르다. 그것은 또한 '헴펠의 까마귀'의 역설에 대한 하나의 답이 될 것이다.

논증식16은 '모든 것'을 논증 주제로 하는 것이 지금까지의 논증식과 크게 다르다. 이와 같은 경우에는 '모든 것'이 '대화의 세계' 전체를 지시한다면 '귀납영역'도 주제('모든 것')에 포함되어버리기 때문에 주제와는 달리 '동례군'과 '이례군', 즉 귀납영역 그것이 존재하지 않게 된다. 이와 같은 이유가 바른 이유로는 보이지 않는다. 이것도 9구인 제5 '불공부정인'의 특별한 사례라 생각할 수 있다.

이상이 웃또타카라의 16구인설에서 새롭게 부가된 7개 이유의 대략이다. 논증인의 3상설에 관해서 웃또타카라는

(1) 유사한 유례와 유사하지 않은 유례가 함께 성립할 수 있는 경우에는 이유가 3상 모두를 만족시키지만

(2) 유사한 유례밖에 성립하지 않는 경우에는 제1상·제3상

(3) 유사하지 않은 유례밖에 성립하지 않는 경우에는 제1상·제3상 두 개만을 만족시킨다면 족하다.

라는 입장을 취한다. 따라서 디그나가를 비롯한 불교논리학자들이 논증인의 3상 모두를 만족시키지 않으면 안 된다고 주장하는 것을 비

판단다. 그리고 그 결과로 논증식15와 같은 역설이 발생한다.

또한 케샤바미슈라(Keśavamiśra, 13세기)와 같은 후대 니야야학자는 디그나가의 논증인의 3상에 '이유의 대상이 아직 부정되지 않은 것', '대립하는 반대주장이 없는 것'을 더하여 논증인의 5상설을 주장한다.

귀납법의 문제

웃또타카라의 예리한 비판에도 불구하고 디그나가가 확립한 '논증인의 3상설'과 '변충관계론'은 학파의 벽을 넘어서 널리 인도 논리학자들에게 수용되기에 이르렀다. 이렇게 해서

$$\{A \rightarrow B\} \quad \{-A \rightarrow -B\}$$

라는 형태를 취하는 '수반'과 '배제'에 근거하여 변충관계를 확립하고 그것에 의해서 추리·논증하는 것이 인도논리학의 공통 성격이 되었다. 지금까지 반복해서 기술한 것처럼 인도논리학의 기본 성격은 '귀납논리'이다.

한편 그리스에서 발단한 서양논리학의 전통에서는 아리스토텔레스에 의해서 확립된 공리주의적 '연역논리'가 그 주류를 이루고 있다. 레이몽의 『논리학초보』(竹尾·淺野 역, 세계사상사, 1973)는 그 서두(8쪽)에서 '논리학'을 정의하여 '논증의 패턴이 타당하거나 혹은 타당하지 않은 정확한 조건의 기호에 의한 연구'라고 한다. 그리고 전제라 부르는 몇 가지의 언명 혹은 명제로부터 필연적으로 결론이

귀결된다면 그 논증은 건전 · 타당한 것으로 간주된다. 아마도 현대 논리학자들은 대부분 연역논리 이외의 논증 시도를 논리학적으로 타당한 것으로 인정하지 않을 것이다.

그런데 라이헨바하(H. Reichenbach, 1891~1953)의 후계자인 셸몽(개정판 『논리학』, 山下正男 역, 培風館, 1975, 19쪽)이 지적하는 것처럼 연역적 논증은 '모든 전제가 참이라면 결론은 참이다' 가 '결론 중에 있는 정보 혹은 사실적인 내용의 전부는 이미 전제에 암암리에 포함되어 있다' 는 특징이 있다. 연역 논증은 만인을 납득시키는 것이지만 거기에 새로운 발견은 어디에도 없는 것 아닌가 하는 의문이 당연히 발생한다. 이렇게 해서 베이컨(F. Bacon, 1561~1626)이나 밀은 과학적 발견의 이론으로서 관찰이나 실험을 반복함으로써 좀 더 과학적 일반법칙을 발견하는 '귀납법' 채용을 주장했던 것이다.

과학적 방법에 관한 이와 같은 고찰을 정면에서 부정한 사람이 포퍼(K. Popper, 1902~1994)였다. 포퍼는 이론의 과학성 기준을 '검증가능성' 이 아니라 '반증가능성' 에 둠으로써 귀납적 방법론을 버리고

> 비판적 방법 · 시행착오의 방법-대담한 가설을 제시하여 우리들이 오류를 범하는 것을 검토하기 위해 그 가설을 가장 엄격한 비판에 맞추는 방법(포퍼 『끝없는 탐구-지적 자전』, 森博 역, 岩波現代選書, 1978, 117쪽)

을 과학의 새로운 방법론으로 제창했다. 그리고 과학적 이론을 확립하는 과정은 '연역적 추론(否定否定式)' 이라고 명언한다.(같은 책, 108쪽) 포퍼에 의하면 '연역적 추론은 어떠한 반례도 존재하지 않는 경

우에만 타당하다.' (같은 책, 205쪽) 이렇게 해서 '과학적 이론이라는 것은 가령 반증되지 않아도 영원히 가설 또는 추측에 머무는' (같은 책, 108쪽) 것이 된다. 귀납법에 의한 검증가능성 혹은 실증가능성이라는 '신화'는 이미 흄(D. Hume, 1711~1776)에 의해서 타파되었다고 포퍼는 말한다.

흄은 개별의 관찰에서 일반법칙을 도출하는 귀납법이 어떻게 정당화되는가를 문제 삼는다. 그리고 아무리 많은 개별 관찰을 거듭해도 그 결과 미경험의 영역에 속하는 대상에 관해서는 추리할 수 없다는 것이 흄이 지적한 '귀납법의 문제'이다.

포퍼의 귀납법 부정은 큰 반향을 불러일으켰지만 카르납(R. Carnap, 1891~1970) 등 과학적 방법론에 강한 관심을 기울였던 논리학자들은 연역논증의 타당성과는 전혀 다른 의미에서 귀납추리 정당성의 근거를 추구하고 있다. 지금 과학적 실험의 현장에서는 귀납법의 원리가 널리 수용되고 있다는 것을 부정할 수 없을 것이다.

또한 셸몽은 귀납적 논증의 특징이 '모든 전제가 참이라면 결론은 아마도 참일 것이다. 그러나 필연적으로 참인 것은 아니지만' '결론은 전제에는 암암리에 존재하지 않는 정보를 포함하는' 것이라고 한다. 귀납적 논증의 결론은 새로운 정보를 포함하지만 그 타당성이 개연적이며 확률의 문제인 점에서 커다란 특색이 있다. 이와 같은 결론은 포퍼와 같이 반증가능한 것이며 어디까지나 가설에 지나지 않는다고 말할 수도 있을 것이다. 아무리 많은 검은 까마귀를 관찰한들 '흰 까마귀' 한 마리의 출현에 의해서 '모든 까마귀는 검다'는 명제는 부정되는 것이다. '모든 까마귀는 검다'라는 언명은 반례가 나타나지 않는 한에서만 성립하는 반증 가능한 가설이라 볼 수 있다.

디그나가-아포하 이론

흄이나 포퍼가 제기한 '귀납법의 문제'에 대해 인도의 논리학자들이 무지했던 것은 아니다. 어떻게 해서 변충관계를 정당화하는가 하는 문제는 디그나가 이후 인도논리학의 가장 중요한 문제가 되었다. 디그나가 자신은 이 문제를 자신의 주저인 『프라마나삼웃짜야』 제5장의 자주(自注)에서 언어와 그 대상(의미)의 관계를 논할 때 다루고 있다.

디그나가의 인식론에서는 실재하는 대상을 다섯 감관을 통해서 있는 그대로 전체적으로 파악하는 한 순간의 '직접지각'과 지각된 내용에 관해서 사유하는 '개념지'를 구별한다. 추리지나 언어에 의한 인식은 개념지를 본질로 한다고 본다. 디그나가 인식론의 독자성은 직접지각의 본질을 '자기인식'이라 한 것과, 모든 개념지의 본질을 '타자의 부정(apoha)'이라 규정한 것에 있다. 개념지는 해당 대상을 직접 전체적으로 파악하는 것이 아니라 다양하게 독특한 대상의 한 측면을, 예를 들면 '화성(火性)'이라는 보편을 개재시켜서 간접적으로

이것은 실로 불이며 그것 이외의 것(예를 들면 물 등)은 아니다

(ayaṁ vahnir eva, nānyaḥ)

와 같이 파악할 수 있는 것으로 생각한다. 여기에도 인도문법학파의 한정사(eva)가 의식적으로 사용되고 있음을 주의해야 한다. 디그나가의 인식론 특히 아포하 이론은 논리학과 같이 문법학파들의 영향 아래 형성되었다고 말할 수 있다.

아포하 이론에 의하면 해당 대상이 어떤 집합(예를 들면 불의 집합)에 소속한다고 하는 '개념적 판단'은 그 보집합(= '타자', 예를 들면 물 등 불이 아닌 것의 집합)에는 소속하지 않는다고 하는 '부정적 판단'과 표리일체의 관계에 있는 것이다.

바꾸어 말하면

a는 X이다

라는 긍정적 판단은

a는 비X가 아니다

라는 이중부정으로 이루어진 부정적 판단과 동일하다고 말하는 것이다.

얼핏 보면 당연하다고 생각되는 이 이론을 디그나가가 제시한 배경에는 '이것은 불이다'라는 긍정적 판단의 대상으로서 눈앞에 타오르는 불뿐만 아니라 이 세상에 존재하는 모든 불에 공통하는 화성(火性)이라는 보편까지도 실재한다고 생각하는 니야야학파나 바이세시카학파의 실재론·실념론이 있다. 디그나가는 인도실재론의 안티테제로서 아포하 이론을 주장했던 것이다.

디그나가에게 있어 실재하는 대상이란 순간적인 직접지각의 대상이 되는 존재이며 그것은 순간적으로 찰나멸해가는 존재이다. 한순간 한순간 속에 이전해가는 것으로 본다. '이것은 불이다', '이것은 물이다'라고 판단하는 순간 그 대상은 이미 눈앞에 존재하지 않는다.

혹은 아주 미세하지만 이미 변화하고 있다. '불' 이나 '물' 이라는 개념이나 언어에 대응하는 보편은 우리들의 개념적 구상의 산물에 지나지 않는다. 보편은 결코 외계에 실재하는 것이 아니다. 외계에 무엇이 실재하는가에 관해서 디그나가는 분명하게 말하고 있지는 않지만 그가 인식론이나 논리학을 논의할 때 외계의 존재를 전제하고 있다는 것은 분명하다. 그러나 그 존재는 언어나 개념에 의해서 특정할 수 없다는 것이 디그나가의 기본적인 자세이다. '존재는 인과효력을 갖는 것이다' 라는 존재에 대한 불교논리학파의 정의가 출현하는 것은 다르마끼르띠를 기다리지 않으면 안 된다.

중세 유럽철학의 술어를 빌리면 디그나가는 니야야학파와 바이세시카학파의 '실재론' 에 대해서 '유명론' 의 입장을 취하고 있다고 말할 수 있다. 보편은 실재하지 않기 때문에 보편을 대상으로 하는 개념지는 'a는 X이다' 라는 직접적 · 긍정적 형식으로 표현하는 것은 상응하지 않는다. 'a는 비X가 아니다' 라는 간접적 · 부정적 형식으로 표현함으로써 디그나가는 실재론에 관여하는 것을 의식적으로 피하고자 했던 것이다.

수반과 배제-언어의 표시기능

그런데 디그나가는 추리 · 논증의 이유(H, 예를 들면 연기)와 그 대상인 '추리 · 논증되어야 하는 성질' (S, 예를 들면 불) 사이의 관계를 고찰할 때

불이 있는 곳에 연기가 있고 불이 없는 곳에 연기는 없다.

라는 수반과 배제의 관계가 성립한다면

　　무릇 연기가 있는 곳에는 불이 있다.

라는 일반적 법칙이 확립되고 해당의 이유는 그 대상인 논증되어야
할 성질을 귀결하는 것이 가능하다고 하였지만, 수반과 배제라는 같
은 '귀납법의 원리' 는 나아가 언어와 그 대상(의미) 사이의 관계를 고
찰할 때에도 적용된다.

　　(어떤 언어가) 다른 언어의 대상에 (적용되는 것이) 관찰되지 않기
　　때문에 또한 자기 대상의 일부에 (적용되는 것이) 관찰되기 때문
　　에 언어는 ('타자의 배제' 라 규정되는 대상과) 결합하기 쉽고 또한
　　(다른 언어의 대상에는) 일탈하(여 적용되지) 않는다.(『프라마나삼
　　웃짜야』 제5장 제34게송)

　　언어가 대상을 표시하는 방법은 수반과 배제이다. 그리고 양자
　　는 '동류에 대한 적용' 과 '이류에 대한 비적용' (으로 정의되는
　　것)이다. 그 가운데 동류에 관해서는 그 모든 것에 대한 (해당 언
　　어의) 적용이 반드시 언급될 필요는 없다. 때로는 (언어의 대상이)
　　무수하게 존재하며, (모든) 대상(에 대한 적용)을 언급하는 것은
　　불가능하기 때문이다. 한편 이류에 관해서는 가령 무수히 존재
　　해도 (거기에 해당되는 언어의 적용이) 관찰되지 않은 것만으로
　　(이류에 있어서) 비적용에 대해 언급할 수 있다. 실로 그러므로 자
　　기와 필연적으로 결합하는 (대상) 이외의 것에는 (그 언어의 적용

이) 관찰되지 않는 것에서 그것 (즉 타자)를 배제하는 추리가 (언어에 의한) '자기의 대상 표시' 라고 하는 것이다.(같은 게송에 대한 디그나가의 자주)

우리의 언어활동을 관찰하면 '불' 이라는 말은 성냥불이나 가스불 등 일군의 동류 대상에 적용되지만 수돗물이나 부엌의 식탁 등 이류의 대상에는 적용되지 않는 수반과 배제의 관계가 보인다. 바꾸어 말하면 언어는 그 대상과 동류의 존재에는 수반하고 이류의 존재로부터는 배제되는 방식으로 대상을 표시한다는 것이 디그나가의 생각이다.

마찬가지로 추리·논증의 이유(H)에 관해서도 동류의 존재(=동례군)에 수반하고 이류의 존재(=이례군)로부터는 배제되는 방식으로 '논증되어야 할 성질' (S)을 입증한다고 말할 수 있다. 이와 같이 디그나가에게 있어서 언어와 이유는 완전히 같은 작용을 하는 것이며 그런 까닭에 언어에 의한 인식은 추리의 한 형태라고 보는 것이다.

세상에 '불' 이라 불리는 것은 무수히 존재한다. 하지만 디그나가는 어떤 언어의 적용대상이 무수히 존재하는 경우 그 하나하나의 구체적 사례를 언급하는 것은 불가능하며 또한 그럴 필요도 없다고 말한다. 추리의 경우도 이유가 적어도 동례군의 일부에 존재한다면 논증인의 제2상을 만족시킨다고 생각한다. 따라서 수반에 관한 한 '불' 이라는 언어를 언급하면 뜨거운 불이 한 번 적용되며, 연기는 불이 있는 곳에 한 번 보이면 충분할 것이다.

배제에 관해서도 '불' 이라는 언어가 적용되지 않는 대상은 이 세상에 무수히 존재하기 때문에 그것을 하나하나 점검하는 것은 불가

278

능하다. 따라서 디그나가는 해당 언어가 물 등의 이류례에 대해서 적용되는 것이 관찰되지 않는 것만으로 이류로부터 배제는 명시된다고 생각한다. 이것을 추리의 경우에 응용하면 이유(H, 예를 들면 연기)가 이례군(-S, 호수 등, 불이 없는 것)에서 관찰되지 않는 것만으로 이류례 전체로부터 배제(논증인의 제3상)가 확인된다고 할 수 있을 것이다.

이상의 고찰에서 귀결하는 것은, 디그나가에 있어서 변충관계는 결코 이유와 그 대상인 '논증되어야 할 성질' 사이의 '필연적 관계' 를 의미한다고는 말할 수 없다는 것이다. 언어의 경우든 추리의 경우든 두 항(item) 사이의 변충관계는 수반과 배제의 원리에 의해서 상정되는 일반법칙이지만, 그것은 이류 혹은 이례군에서 반례가 보이지 않는 한 타당하다는 일종의 '가설' 이라고 말할 수 있다.

디그나가는 이와 같이 자신의 귀납추리에 개연적인 성격을 부여함으로써 '귀납법의 문제' 를 피할 수 있었다.

열린 논리학

『프라마나삼웃짜야』 제5장의 과제 가운데 하나는 '불' 이나 '연기' 혹은 '소' 나 '말' 이라는 보통명사가 어떻게 해서 이 세계에 존재하는 모든 불이나 연기, 소나 말에 적용될 수 있는 것인가, 그 근거는 무엇인가 하는 문제이다. 화성(火性)이나 우성(牛性)이라는 보편의 실재를 인정하지 않는 디그나가는 최종적으로 그것은 '세간의 언어습관', '세간의 상식' 이라고 생각한다. 일군의 네 발 동물을 '소' 라는 이름으로 부르는 데 특별한 형이상학적 근거는 없다. 새로 태어난 자식에게 '철수' 나 '영희' 라는 이름을 붙이는 것과 같이 자의적이라는 것이 디그나가의 결론이다.

그런데 세간의 상식은 결코 무질서한 것이 아니다. 디그나가는 자신의 논리학 · 의미론이 전제하는 '대화의 세계'로서 제3장에서 소개한 바이세시카학파의 범주론과 유사한 보편과 특수의 위계질서를 상정한다.(그림 13 참조) 이와 같은 위계질서는 디그나가의 조금 선배이며 디그나가에게도 강렬한 영향을 주었음직한 문법학자 바르트리하리도 전제하는 것이다.

디그나가의 주된 관심은 인식론과 논리학이다. 그래서 디그나가는 자신의 저작 속에서 끝내 '무엇이 존재하는가?'라는 존재론적 과제에 답한 적이 없다. 디그나가가 인식론 · 논리학을 다룰 때는 아마 외계의 실재를 인정하는 경량부의 입장에 서 있었을 테지만 궁극적으로는 '모든 것은 다만 인식만이 있을 뿐'이라는 유식학파의 입장으로 이행한다. 디그나가의 '자기인식' 이론은 그와 같은 사상적 이행을 가능하게 하는 것이다. 만약 모든 인식이 자기인식이라고 한다면 어떻게 해서 외계대상 등이 필요할까?

디그나가가 자신의 인식론 · 논리학의 전제로서 불교적 혹은 경량부적 존재론을 고집하지 않았다는 사실은 충분히 주목할 만한 가치가 있다. 디그나가가 채용한 바이세시카학파나 바르트리하리의 존재론과 아주 유사한 범주의 위계질서는 아마도 당시 철학하는 인도 지식인들이 각각의 학파의 신조를 별도로 한다면 상식적으로 승인할 수 있는 존재론의 최대공약수였을 것이다.

이런 의미에서 디그나가는 어떠한 형이상학적 입장에도 열린 인도 논리학 구축을 지향하고 있었다고 말할 수 있다. 학파 간 논쟁을 위한 공통의 도구로서 기능하는 논리학은 그와 같은 것이 아니면 안 되

그림 13

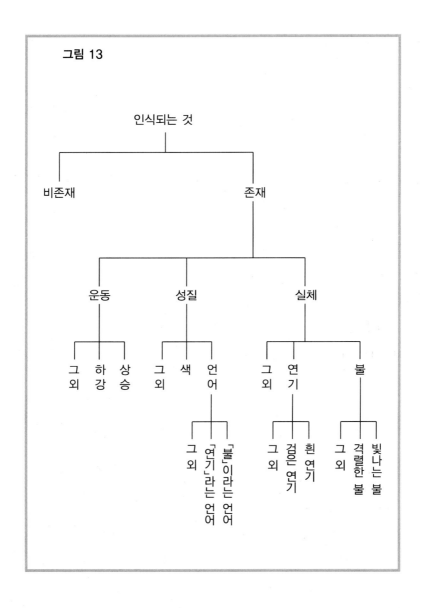

는 것이다. 디그나가의 변충이론이 학파의 벽을 넘어서 인도 논리학자 사이에 널리 받아들여졌던 사실은 디그나가의 의도가 어느 정도 실현되었음을 시사한다.

다르마끼르띠-변충관계의 근거

디그나가의 최대 후계자는 다르마끼르띠(Dharmakīrti, 法稱, 600~660)이다. 하지만 다르마끼르띠가 결코 충실한 후계자는 아니었다. 이례군에 반례가 보이지 않는 한에서 변충관계의 정당성을 인정하는 디그나가 논리학의 가정적 성격을 다르마끼르띠는 강하게 비판한다. 다르마끼르띠는 다만 귀납 영역의 일부(이례군, -S)에 이유(H)가 관찰되지 않는 것만으로는 그것이 거기에 있는 것인가라는 의혹은 생길지언정 결코 존재하지 않는다는 확정적 인식은 생기지 않는다고 생각하기 때문이다.

디그나가는 변충관계를 상정하는 근거를 당시의 지식인이 허용한 형이상학적 상식으로서 범주의 위계질서 나아가 세간일반의 언어습관에서 구하고 있다.

언어는 만들어진 것이기 때문에 비항구적이다.

라고 추리할 수 있는 것은 세간일반에서

언어는 만들어진 것이고 만들어진 것은 비항구적이다.

라고 인정하기 때문이며, 무릇 지어진 것은 항아리이든 천이든 '비항구적인 것'으로 불리기 때문이다.

'까마귀는 검다'는 세간의 상식과 일군의 검은 새를 '까마귀'라고 부르는 세간의 언어 습관에 근거하면 '모든 까마귀는 검다'라고 말할 수 있지만 그 이상의 보편성·필연성은 없다.

디그나가에 따르면 직접지각은 어떠한 상식적 혹은 형이상학적 선입관 없이 리얼한 현실에 직면하는 것이지만 추리나 언어에 의한 인식은 현실을 완전히 떠난 개념의 세계와 대치하는 것이다. 따라서 디그나가 논리학의 적용범위는 세간의 언어관습과 상식에 의해서 형성된 개념의 세계에 한정된다. 사실 디그나가는 '왜 만들어진 것은 비항구적인가?'라는 형이상학적 물음에 전혀 관심을 보이지 않는다.

디그나가는 그에 선행하는 바이세시카학파나 상키야학파 논리학자들이 추리·논증을 성립케 하는 근거로서 '인과관계'나 '내속관계' 등의 형이상학적 관계 혹은 '소유자와 소유물'이나 '적대관계' 등의 현실세계에 보이는 구체적인 것과의 관계를 제시하는 모습을 철저하게 비판한다. 디그나가가 추리·논증의 근거로 삼은 것은 개념과 개념 간의 '불가리의 관계', 집합과 집합 간의 '포섭관계' 즉, 변충관계였다.

이에 대해 다르마끼르띠는 실재에 직면하는 직접지각과 관념적인 보편의 세계에 관한 개념적 인식 사이의 관계를 설명할 필요에 이르렀다. 다르마끼르띠에 따르면 실재란 무엇인가의 '효과적 작용'을 하는 것이다. 실재하는 항아리는 물을 담을 수가 있고, 실재하는 물은 갈증을 해소할 수 있는 것처럼 무엇인가의 형태로 인간의 욕망을 만족시키는 것이다.

그런데 항구적인 것은 말할 것도 없고 적어도 지속한다고 생각되는 것은 항아리이든 물이든 실은 우리들의 개념적 구상의 산물이며 실재가 아니라고 하는 불교도의 기본적 입장에 입각한 다르마끼르띠로서는 최종적으로 실재는 순간적인 존재에 다름 아니다.

현실세계는 시시각각 변화한다는 불교적 세계관을 다르마끼르띠는 '세계는 찰나멸' 이라는 말로 표현한다. 이 순간적인 존재가 가질 수 있는 궁극적인 '효과적 작용'은 점차 자기의 형상을 다음 순간에 생기는 직접지각 속에 투사한다. 요컨대 존재의 효과적 작용은 자기의 지각상을 차례로 창출하기에 이르는 것이다. 따라서 다르마끼르띠에 따르면 실재란 직접 지각되는 것이다. 이와 같이 우선 실재하는 대상과 직접지각 사이에 인과관계가 설정된다. 다르마끼르띠는 분명히 '지각의 인과설' 입장을 취하고 있다.

이렇게 생긴 직접지각은 디그나가가 규정한 바와 같이 완전히 개념적 구상이 배제된 것이며 그 지각상이 대상상의 충실한 반영이라는 의미에서 전혀 오류가 없는 것이다. 그러나 순간적으로 존재하는 대상의 단순한 수용에 지나지 않는 직접지각은 그 자체로는 인식자를 행동으로 이끌 수 없다는 것이 다르마끼르띠의 생각이다. 사람의 행동은 무언가 결단이 선행되지 않으면 안 된다고 생각하기 때문이다.

다르마끼르띠에 의하면 직접지각은 어떤 내적 혹은 외적 저해요인 (예를 들면 눈병 혹은 달리는 수레 위에 있는 것 등)이 없다면 직접 대상에 관한 바른 판단이 생긴다. 그것은 지각 직후에 생기기 때문에 지각과 유사하지만 '이것은 항아리이다', '이것은 물이다' 등과 같이 보편적 관념을 포함한 개념지이다. 사람은 이와 같은 개념적 판단에 근거해서 행동을 한다. 이런 의미에서 직접지각 단독으로는 인간의 행위를 이끌지 않는다. 따라서 대상이 가진 효과적 작용을 실현케 하는 것은 아니다.

한편 '저 산에 연기가 있다' 라는 판단은 일련의 추리과정을 거쳐 '저 산에는 불이 있다' 라는 추리지를 낳는 원인이 된다. 또한 '연·기' 라는 음의 연쇄를 낳는 판단은 '연기' 라는 언어지식의 원인이 된다. 지각 직후에 '판단' 이라는 개념을 도입함으로써 다르마끼르띠는 직접지각과 후속하는 개념지, 추리지나 언어지 사이의 인과관계를 설명할 수 있었다. 이와 같은 개념지는 직접지각을 매개하여 실재하는 대상과 간접적이지만 인과적으로 연계되어 있기 때문에 그것이 일으키는 행위가 사람을 기만하지는 않는다. 물론 찰나멸의 원칙에서 보면 직접 지각된 대상은 이미 소멸해버렸기 때문에 개념지에 의해서 얻어진 대상은 그것에 후속하는 유사한 대상이다. 이런 의미에서 개념지는 직접지각과 달리 본질적으로 오류지이다.

다르마끼르띠의 아포하 이론

그런데 개념지에서 파악되는 대상은 직접지각에 의한 지각상과는 달리 대상의 단편적인 인식에 지나지 않는다. 눈앞에 타고 있는 현실의 불에 대한 지각상은 대상의 정확 또는 전체적인 반영이며 1회 한정의 특수한 존재임에 대해서 불의 개념적 파악은 모든 불에 공통하는 추상적인 불의 이미지 즉, 불 일반을 대상으로 한다.

디그나가와 마찬가지로 다르마끼르띠도 이와 같은 개념지의 본질적 기능을 '타자의 부정' (아포하)이라 보고 있다. 추상적인 불의 인식은 '불이 아닌 것' (=불의 보집합)을 배제함으로써 '불이 아닌 것이 아니다'라고 말하는 것처럼 간접적으로 '불 일반'을 파악하는 것이지 결코 직접지각과 같이 불 그것을 파악하는 것은 아니다.

현실의 대상은 개념지에 의해서 다양한 형태로 차이화된다. 눈앞에 있는 항아리는

그릇이나 물병 등 항아리가 아닌 것이 아니다.

라는 형태로 파악되지만 나아가

작은 그릇이나 젓가락 등 점토재 이외의 것은 아니다.
녹로(둥근 도자기를 만드는 데 사용하는 회전식 목재 원반대) 이외의 도구를 사용하여 만든 것이 아니다.
데바닷따 이외의 도공이 만든 것이 아니다.

등과 같은 부정적 판단을 계속할 수 있다.

다르마끼르띠의 아포하 이론의 특징은 이들 다양한 판단에 대응해서 직접지각으로 파악한 대상의 측에도 다양한 차이성이 있다는 것을 적극적으로 인정한 점에 있다. 항아리를 '수제품 등이 아니라 점토제'라고 판단하는 것은 눈앞에 있는 현실의 항아리가 점토를 소재로 하여 만들어진 것에 다름 아니다.

실재하는 대상은 무수한 차이성에 의해서 특징된다. 항아리는 하나의 종으로서 다른 종과 구별됨과 동시에 동일한 항아리라고 해도 이 순간의 항아리는 다른 순간의 항아리와 절대적으로 구별된다. 나

아가 특정 항아리의 다양한 성질과 모양에 의해서 동종과 이종의 다양한 존재로 구별된다. 이런 의미에서 순간적으로 존재하는 대상은 그 이외의 어떤 존재와도 다른 특수한 존재라고 말할 수 있다.

그러나 그들 차이성은 개념지에 의해서 대상화되어 비로소 의식되는 것이다. 우리들의 눈앞에 있는 것은 다만 하나의 항아리에 지나지 않는다. 그것에 다양한 개념 규정을 부여하는 것은 인식자인 인간의 행위이며, 언어로 대표되는 인간의 문화적 축적 결과이다.

그러나 인간의 개념적 구상이 결코 자의적인 것은 아니라고 한 것이, 디그나가와 크게 다른 다르마끼르띠의 입장이다. 개념지는 실재와 인과적으로 결합해 있다. 그리고 실재의 세계는 모두 인과관계로 설명된다는 것이 '선한 불교도' 로서의 다르마끼르띠의 주장이다.

디르마끼르띠의 아포하 이론의 또 하나의 특징은, 개념지는 디그나가와 같이 '타자의 부정' 으로 특징되지만 디그나와와 달리 개념지가 단순한 부정적 인식이 아니라 그것과 대응하는 긍정적 인식과 표리일체의 관계라고 생각한다는 점에 있다.

이것은 항아리 이외의 것이 아니다.

라는 부정적 판단은

이것은 항아리에 다름 아니다.

라는 긍정적 판단과 같은 것이다. 다르마끼르띠는 '타자의 부정' 의 '부정' 은 앞의 제4장에서 나가르주나에 관해서 언급한 2종의 부정

가운데 긍정을 함의하는 '상대부정' 임을 분명히 한다.

디그나가의 의미론을 중심으로 하는 아포하 이론은 다르마끼르띠에 이르러 개념론으로서 크게 발전한다.

본질적 결합관계-열린 논리학에서 불교논리학으로

실재와 인식의 관계를 인과적으로 설명하는 데 노력한 다르마끼르띠는 추리·논증의 성립근거로서 '변충관계'를 상정하는 데 디그나가와 같이 세간의 언어습관이나 당시 인도철학의 상식적인 범주론에 의하지 않고 '본질적 결합관계'라는 새로운 개념을 도입했다.

저 산에 솟아오르는 연기가 불의 존재를 추리하게 하는 것은 연기와 불 사이에 있는 본질적 결합이 있기 때문이라고 한다. 요컨대 연기가 불의 결과라고 하는 '인과관계'이다. 이것은 바이세시카학파나 상키야학파의 구체적인 관계에 근거한 추리·논증설을 비판한 디그나가의 자세와 좋은 대조를 이룬다.

다르마끼르띠는 디그나가의 '열린 논리학'을 폐기하고 다시 특정한 형이상학적 입장에 선 논리학을 구축한 것이다. 다르마끼르띠가 근거한 입장은 불교교의의 중핵이라고도 할 수 있는 '연기설'이다. 우리의 경험세계의 그 어떤 사상(事象)도 원인을 갖지 않는 것은 없다. 즉, '원인 없이 결과 없고, 결과에는 반드시 원인이 있다'는 사상이다. 이와 같은 입장에 입각함으로써 다르마끼르띠는 '주재신 비판', '다른 세상의 존재증명', '붓다의 일체지자성(一切知者性) 논증', '찰나멸 논증', '타심상속(他心相續)의 존재논증' 등의 교의적 논증을 적극적으로 전개하는 장을 자신에게 부여하였다. 다르마끼르띠의 논리학은 '연기설'이라는 불교교의에 근거한 논리학 즉, '불교논리학'이라 부를 수 있다.

'본질적 결합관계'로서 다르마끼르띠는 인과관계 이외에 '(A는 B라고 하는) 동일성의 관계'를 상정한다. 예를 들면 뜰 안에 벚꽃이 있는 것을 이유로 뜰 안 나무의 존재를 추리하는 것은 벚나무와 나무 사이에 '벚나무는 나무이다', '벚나무는 목성을 본질로 한다'라는 본질적 결합관계가 있기 때문이라 생각한다. '벚나무는 나무이다'라는 관계는 얼핏 보면 디그나가가 상정한 세간의 언어 습관이나 바이세시카학파류의 상식적인 범주론을 상기시키지만 꼭 그렇지는 않다.

다르마끼르띠의 아포하 이론에 따르면 '벚나무는 나무이다'라는 개념적 판단은 단순한 자의적인 판단이 아니라 외계존재의 인과적 존재방식 즉, 눈앞의 만개한 벚꽃이 '나무'로 분류되기 위한 조건이 모두 갖추어져 있다고 하는 생물학적 사실에 근거하고 있다. 우리들이 벚꽃이나 매화 그리고 소나무 등을 '나무'라는 종으로 같이 분류하는 데에는 바이세시카학파의 '목성'이라는 보편과는 달리 무엇인가의 인과적 근거가 있다고 다르마끼르띠는 생각하는 것이다.

일군의 존재가 '동일한 종(同種)'으로 간주되기 위한 2개의 조건을 다르마끼르띠는 상정한다.

> (1) 동일한 원인의 집합에서 생긴 복수의 존재는 동일한 종에 속한다고 간주할 수 있다. 예를 들면 어떤 공방에서 한 사람의 도공이 같은 재료와 도구를 사용하여 만든 항아리는 '데바닷따의 항아리' 등이라는 이름으로 동종의 항아리로 간주된다.
>
> (2) 동일한 결과를 낳는 복수의 존재는 동일한 종에 속한다고 볼

수 있다. 예를 들면 같은 해열효과를 가진 다양한 약초나 환약
은 동등하게 '해열제' 라는 이름으로 부르는 것이다.

따라서 '벚나무는 나무이다' 라는 판단도 궁극적으로는 눈앞에 서
있는 나무 한 그루의 인과적 존재방식에 의존하고 있는 것이다.
다르마끼르띠는 변충관계를 성립시키는 근거로서 본질적 결합관
계를 제시하고 구체적으로는 인과관계와 동일성의 관계를 상정한다.
결국 다르마끼르띠의 논리학이 성립하는 논의 공간, 더 정확하게는
변충관계를 도출하게 하는 '귀납영역' 은 이들 2개의 관계만으로 설
명 가능한 영역이다.
나아가 위에서 기술한 바와 같이 다르마끼르띠의 아포하 이론에
의해서 'A는 B이다' 라는 동일성의 관계도 인과관계에 의해서 설명
할 수 있다면 궁극적으로는 인과관계의 하나로서 다르마끼르띠의 논
의 공간은 모두 설명될 것이다. 바꾸어 말하면 '모든 것은 연기하고
있다(무엇인가에 의존해서 생기는 것)' 는 전통적, 정통적 불교설이 다
르마끼르띠 논리학의 근거에서 부상하는 것이다.

다르마끼르띠의 논증식

인과관계와 동일성의 관계에 근거해서 다르마끼르띠는 '결과' 와
'본질' 이라는 2종의 이유를 세운다. 인과관계에 근거하면 결과에서
원인을 추리할 수 있고, 동일성의 관계에 근거하면 어떤 본질에서 다
른 본질을 추리할 수 있다. 어떤 경우든 결과는 원인에 의해서, 이유
가 되는 본질(예를 들면 벚나무성)의 존재영역은 귀결이 되는 본질

(예를 들면 목성)의 존재영역에 의해서 변충된다고 하는 변충관계가 성립하기 때문에 바른 추리가 가능한 것이다. 말할 것도 없이 여기서 말하는 '벚나무성'이나 '목성'은 바이세시카학파가 생각한 '보편'은 아니다. 어디까지나 개념지의 세계에서 '타자의 부정'을 통해 외계대상에 설정된 '차이성' '보편개념'이다.

다르마끼르띠는 나아가 디그나가가 거의 문제 삼지 않았던 '부정적 논증'을 정면으로 제시하여 제3의 이유로서 '비인식'을 세운다.

> 탁자 위에 항아리가 있을 때 인식할 수 있는 인식의 조건, 즉 시감관(視感官)에도 장애가 없고, 광선 등을 지각할 수 있는 외적 조건이 갖추어져 있는데도 항아리가 인식되지 않는다는 것은 이 탁자 위에 항아리가 존재하지 않는다고 판단하고 언명하며 항아리를 깨뜨릴 것 같은 두려움 없이 태연하게 탁자 위를 걸어가는 행동을 하는 이유가 된다.

라고 다르마끼르띠는 생각한다. 이렇게 해서 '비존재'의 인식이나 논증을 일관해서 설명하는 이론적 기반이 갖추어지게 되었던 것이다. 아래에서 '결과', '본질', '비인식'이라는 3종의 이유를 이용한 논증식의 실례를 제시해보고자 한다.

[논증식1]
변충관계 : 무릇 연기가 있는 곳에는 불이 있다. 예를 들면 아궁이에 있어서와 같이.
주제소속성 : 여기에는 연기가 있다.

(생략된 결론 : 따라서 여기에는 불이 있다.)

[논증식2]

변충관계 : 무릇 존재하는 것은 비항상적이다. 예를 들면 항아리
와 같이.

주제소속성 : 언어는 존재한다.

(생략된 결론 : 따라서 언어는 비항상적이다.)

[논증식3]

변충관계 : 무릇 인식조건을 갖추고 있음에도 불구하고 인식되지
않는 것을 존재하지 않는다고 판단하는 것은 당연하다. 예를
들면 무엇인가 별도로 다른 것이 존재하지 않는다고 확인되는
토끼의 뿔과 같이.

주제소속성 : 어떤 특정의 장소에서 인식조건을 갖추고 있음에도
불구하고 항아리가 인식되지 않는다.

(생략된 결론 : 따라서 거기에 항아리는 존재하지 않는다.)

다르마끼르띠의 논증식은 디그나가까지의 인도논증식에서 형식
적으로 크게 변화하고 있다. 종래의 '제안'·'이유'·'유례'·'적용'·'결
론'이라는 5지, 혹은 '제안'·'이유'·'유례'의 3지라는 형태를 취하지
않는다.

우선 디그나가가 '유례'에서 제시한 변충관계를 실례와 함께 제
시한다.

다르마끼르띠는 이미 앞에서 살펴본 바와 같이 논증인의 제2상과

제3상은 한정사에 의한 제한을 가하면 논리적으로 등가이며 양자는 같은 변충관계를 표시한다고 생각하지만 논증에 즈음하여 그 변충관계를 우선 제시한 것이다. 거기에 디그나가의 경우와 마찬가지로 구체적인 실례를 거론하고 있는 데 주의하지 않으면 안 된다. 논증식의 형식은 변화해도 시례에 의존하는 귀납추리의 성격은 변화하지 않는 것이다.

다음, '이유' 대신에 논증인의 3상 가운데 제1상인 '주제소속성'을 제시한다. 여기서 다르마끼르띠의 논증식도 디그나가와 같이 논증인의 3상의 이론을 전제하고 있음을 알 수 있다.

디그나가의 논증형식과 대비해보면 다르마끼르띠의 논증식에서는 '제안'을 생략하고 있다고 보는 것이 타당하지만 위에서 살펴본 바와 같이 '결론'을 생략하고 있다고 생각하는 편이 우리는 훨씬 이해하기가 쉽다. 그 결과 아리스토텔레스 논리학의 '삼단논법'과 유사한 논증식을 얻을 수 있게 된다. 다르마끼르띠의 논증을 '연역추리'라고 속단하는 것은 오해이다. 과감하게 연역추리라는 성격을 읽고자 한다면 그것은 지금까지 강조해왔던 수반과 배제에 근거한 귀납추리에 연결된 것으로서 이해되어야 한다.

논증식1은 불과 연기 사이의 '인과관계'에 근거한 추리이다.

논증식2는 '무릇 존재하는 것은 비항상적이다' 요컨대 '제행무상'이라는 불교교의에 의거한 증명이라고 할 수 있지만, 이와 같은 전칭명제가 그 자체로는 설득력이 없기 때문에 또 다른 논증이 필요하다. 다르마끼르띠는 우선 '존재'를 '효과적 작용을 하는 것'이라고 정의하고 난 뒤

만약 어떤 것이 항상적이라면 계시적이든 동시적이든 효과적 작용을 할 수 없다. 따라서 무릇 항상적인 것은 존재한다고 말할 수 없다. 바꾸어 말하면 무릇 존재하는 것은 비항상적이다.

라는 것처럼 귀류법을 사용하여 논증식2의 변충관계를 확립한다. 귀류법을 적극적으로 활용한다는 점에서 디그나가와 차이가 있다.

논증식3은 단순한 비존재의 확인이지만 비인식에 의한 추리에는 원인의 비인식에 의한 결과의 비존재 추리나 능변의 비인식에 의한 소변의 비존재 추리 등 복수의 경우가 고려되고 있다. 논증식3에 나타난 '인식조건을 갖춘' 이라는 표현은 통상적인 의미의 다르마끼르띠 추리 · 논증이 신화나 공상세계의 사물이 아니라 지금 현재 인식 가능한 존재만을 대상으로 한다는 것을 시사하는 것이다. 한편 내세에 있어서 업의 과보 등 이 세상에서는 전혀 인식 불가능한 것에 관해서는 신뢰할 만한 가치가 있는 성전에 근거해서 그 존재여부를 결정해야만 한다고 다르마끼르띠는 생각한다.

타심의 존재논증

다르마끼르띠는 통상의 인간에게는 인식 불가능한 존재를 증명하기 위해 '유추(analogy)' 를 자주 이용한다. 그 사례 하나로 다르마끼르띠가 제시한 '타심의 존재논증' 을 소개한다. '타심지(他心知)' 가 붓다의 신통력 가운데 하나로 간주되는 것처럼 통상의 인간은 타인의 마음을 알 수 없다는 것이 인도에서도 상식적인 이해이다. 직접지각에 의해서 알 수 없는 것은 추리의 대상이 될 수 없다. 따라서 통상적인 추리로 타심의 존재를 논증하는 것은 불가능하다.

다르마끼르띠는 『타상속의 존재논증(Santānāntarasiddhi)』이라는 작은 저술에서, 우선 외계의 실재를 인정하는 경량부의 입장에서 자신의 신체활동이나 언어활동에는 그런 활동을 하게 하는 마음의 활동이 선행함을 관찰한 다음, 타인의 신체활동이나 언어활동을 보고 그것들이 내가 아닌 다른 사람의 마음의 활동을 원인으로 한다는 걸 추리하며 그 결과로 타심의 존재를 논증한다.

예를 들면 그네 타는 아이를 등 뒤에서 밀어줄 때, 아이를 즐겁게 하려는 나의 의지가 나의 신체적 활동을 매개로 하여 아이를 흔들고 있지만, 역으로 그네를 타고 있는 나를 누군가 등 뒤에서 밀어준다면 내 의도와는 관계없이 내 신체는 앞뒤로 흔들린다. 그러한 경우 내가 아닌 타인의 신체적 활동에 선행하여 나를 흔들고 있는 타인의 의지가 먼저 존재한다는 사실을 유추할 수 있다.

다르마끼르띠는 외계의 실재를 인정하지 않은 유식학파의 입장에 선다고 해도 타심의 존재가 증명되는 것은 마찬가지라는 점을 다양한 시점에서 변호하고, 일체는 '식' 뿐이라는 유식학파의 주장이 반드시 '독아론(solipsism)' 에 빠지는 것은 아니라는 걸 증명한다.

소위 '타심의 문제' 는 '분석철학' 이라 총칭하는 영어권 철학자들 사이에서 왕성하게 논의가 이루어졌지만 그 즈음 타심의 존재증명에서 고전적인 예로 거론되는 것은 밀의 아날로지에 의한 논증이다. 밀은 자기 자신에 있어서 육체의 변용이 감정(feeling)을 낳고, 감정이 다양한 외적 행동을 일으키는 것을 자각한 다음 타인이 자신과 같은 육체의 변용 뒤에 같은 행동을 하는 것을 관찰하여 눈앞에 있는 것이 자동기계가 아닌 한 타인의 마음이 존재한다고 결론을 내렸다.

타심의 존재논증에 관한 한 19세기의 영국 철학자와 7세기의 인도 불교논리학자 사이에 본질적인 차이는 보이지 않는다.

다르마끼르띠 이후의 인도논리학

다르마끼르띠가 인도논리학에 끼친 영향은 디그나가를 훨씬 능가하였다. 디그나가는 인도논리학에 새로운 바람을 불러일으켰을 뿐이고 큰 구조만을 결정했을 뿐이다. 디그나가가 형이상학적인 논쟁보다도 논증의 형식적인 정비에 부심한 데에 비해, 다르마끼르띠는 디그나가의 일종의 추상적인 '형식논리학'을 다시 존재론과 인식론의 지평으로 끌어내려 다른 학파와 논쟁하는 데 전력을 다했다.

그 결과 다르마끼르띠 이후의 인도 철학 여러 학파 학자들은 마치 디그나가의 존재를 잊어버리기나 한 것처럼 다르마끼르띠 논리학의 비판이나 수용에 노력하였다. 다르마끼르띠 자신은 주저 『프라마나바르티카(量評釋)』 말미에서 자신이 세운 논리체계를 다른 사람들이 이해하지 못한다고 한탄하고 있지만 그런 걱정은 기우였다고 말할 수 있다. 불교 안팎을 불문하고 다르마끼르띠는 인도논리학의 발전에 큰 영향을 끼쳤기 때문이다.

다르마끼르띠 이후 인도논리학에 나타나는 커다란 변화는 11~12세기에 발단하여 강게샤(14세기경)에 의해 대성된 '신논리학'의 등장이다. 강게샤는 니야야학파의 후예이지만 인식론·논리학의 개념들을 엄밀하게 정의하기 위해서 전혀 새로운 술어군과 그것들을 장대한 복합어로 연결시키는 독특한 표기법을 개발했다. 강게샤의 표현 기법은 그 표면적인 난해함에도 불구하고 15·16세기 이후에는 다른 학파의 학술서에도 채용되어 일종의 학술언어로서 기능하게 된다.

잉골스를 비롯한 현대의 연구자들은 기호를 사용하여 신논리학파의 복잡하기 그지없는 논의를 표현하려고 노력하고 있다. 얼핏 보면 정의를 위한 정의에 지나지 않는 것처럼 보이는 논의도 상세하게 음미해보면 인식론·논리학의 뛰어난 지견을 발견할 수 있다. 예를 들면 라그나타 시로만(16세기)은 '집합의 집합이 수이다' 라는 프레게(F. Frege, 1848~1925)의 정의와 유사한 '수' 의 정의를 신논리학 특유의 술어를 가지고 제기하고 있다.

인도인의 사유방법-귀납법

이상 다르마끼르띠까지 인도논리학의 발전 경위를 소묘하였지만 그 본질은 본 장의 서두에 기술한 바와 같이 '수반과 배제' 라는 귀납법의 원리에 근거한 '귀납적 논증' 이다. 인도인의 사유방법의 근본은 귀납법이라는 것이 이 책의 결론이다.

그런데 인도에서 문법가들보다 더 이전에 이 귀납법의 원리를 의식적으로 사용한 사람이 있었을까?

그것은 바로 불교의 창시자 붓다(기원전 6~5세기)이다. 붓다가 '각자(覺者)' 인 까닭은 '무릇 어떤 존재도 원인이 없이 생기는 것은 없다' 라는 연기의 이법·인과의 도리를 깨달았기 때문이다. 연기는 초기 불교경전에서는 자주 '12연기' 설이라는 형태로 설해지고 있다. 예를 들면 붓다의 후반생의 시자(侍者)였던 아난다의 질문에 답하여 붓다는 다음과 같이 교시한다.

스승이시여, 그렇다면 연기에 관한 인식이 숙달된 비구라고 바르게 말할 수 있는 것은 어떠한 범위의 것입니까.

아난다여, 이 점에 관해서 비구는 다음과 같이 아는 것이다.

이것이 있을 때 저것이 있고, 이것이 생기는 것에 의해서 저것이 생긴다.

이것이 없을 때 저것이 없고, 이것이 멸하는 것에 의해서 저것이 멸한다.

즉 미혹[無明]을 조건[緣]으로 하여 생성의 활동[行]이 있고,

생성의 활동을 조건으로 하여 지식[識]이 있고

지식을 조건으로 하여 개체존재[名色]가 있고

개체존재를 조건으로 하여 여섯 지각의 장[六處]이 있고

여섯 지각의 장을 조건으로 하여 경험[觸]이 있고

경험을 조건으로 하여 감수[受]가 있고

감수를 조건으로 하여 욕망[渴愛]이 있고

욕망을 조건으로 하여 (신체에 대한) 집착[取]이 있고

(신체에 대한) 집착을 조건으로 하여 생존[有]이 있고

생존을 조건으로 하여 탄생[生]이 있고

탄생을 조건으로 하여 노·사(老·死)가 있고, 우수·비탄·고·우뇌·고민이 생긴다.

이와 같이 이 모든 고뇌의 모임이 일어나는 것이다.

그것에 반해서,

미혹을 남김없이 소멸시킴으로써 생성의 활동이 적멸하고

생성의 활동이 적멸함에 의해서 지식이 적멸하고

지식의 적멸에 의해서 개체존재가 적멸하고

개체존재의 적멸에 의해서 여섯 지각의 장이 적멸하고

여섯 지각의 장이 적멸함에 의해서 경험이 적멸하고

경험의 적멸에 의해서 감수가 적멸하고

감수의 적멸에 의해서 욕망이 적멸하고

욕망의 적멸에 의해서 (신체에 대한) 집착이 적멸하고

(신체에 대한) 집착의 적멸에 의해서 생존이 적멸하고

생존의 적멸에 의해서 탄생이 적멸하고

탄생의 적멸에 의해서 노·사·우수·비탄·고·우뇌·고민이 적멸한다.

이와 같이 하여 이 모든 고뇌가 남김없이 적멸한다.

아난다여, 이러한 한에서 그를 연기에 관한 인식이 숙달된 비구라고 하는 것은 바르다.(長尾雅人·工藤成樹 역「다양한 세계」『세계의 명저1 바라문교전·원시불전』 수록, 490~491쪽)

12연기설의 각 항목은 인도불교의 전통적인 해석에 따르면, '과거세(무명·행)에서 현재세(식·명색·육처·촉·수)로, 현재세(갈애·취·유)에서 미래세(생·노사)로'라는 윤회전생의 과정을 표현한 것이지만 우리의 주의를 끄는 것은

이것이 있을 때 저것이 있고, 이것이 생기는 것에 의해서 저것이

생긴다.

이것이 없을 때 저것이 없고, 이것이 멸하는 것에 의해서 저것이
멸한다.

라는 짧은 정형구이다. 이것은 바로

X가 있을 때에는 Y가 있고, X가 없을 때에는 Y도 없다.

라는 '수반과 배제' 의 관계를 표현하고 있다.

위의 경전은 12항목 사이에 각각 수반과 배제의 관계가 성립하는
것을 표명하고 있다. 즉,

미혹[無明]을 조건[緣]으로 하여 생성의 활동[行]이 있고
미혹이 남김없이 소멸하여 제거됨으로써 생성의 활동이 적멸

하기 때문에 무명과 행 사이에는 원인과 결과라는 관계가 성립한다
고 설하는 것이다. '이것이 있을 때 저것이 있다' 라는 정형구는 불교
에 있어서 '인과관계' 를 귀납적으로 도출·확정하는 원리인데, '차
연성(此緣性)' 등으로 불린다. 실로 '연기=인과관계' 야말로 불교의
근본적 교리라고 할 수 있다. 깨달음을 열었던 붓다는 바라나시의 녹
야원에서 다섯 명의 옛 동료를 향해 '최초의 설법' 을 하였다고 한다.
그 내용을 '사성제' 라 하는데, 바로 네 개의 진리를 설한 것이다. 네
개의 진리[諦]란 바로 다음과 같다.

(1) 인생은 사고(四苦, 生·老·病·死), 팔고(八苦, 四苦+怨憎會苦·愛別離苦·求不得苦·五蘊盛苦)로 충만해 있다고 하는 고제(苦諦)

(2) 고가 생기하는 원인은 갈애라고 하는 집제(集諦)

(3) 갈애를 멸하는 것이 고의 멸이라는 멸제(滅諦)

(4) 팔정도를 실천하는 것이 고의 멸에 이끄는 방법이라는 도제(道諦)

그런데 여기에도 고와 그 원인, 고의 멸과 그 수단과 같이 인과의 원리가 투철하고 있음을 알 수 있다.

사성제의 사고는 환자를 앞에 둔 의사의 대증요법에 자주 비유된다.

(1) 병에는

(2) 원인이 있고

(3) 병의 치료에는

(4) 치료법이 있다

라는 것이다.

인도의학 연구자 지스크(K. Zysk)가 근년에 연구한 바에 의하면 베다시대의 마술적인 치료에서 합리적인 치료로 인도의학이 전환한 것은 붓다를 비롯하는 고행자(슈라마나, 사문)들이 활약했던 시대이며 불교나 자이나교 등의 사문교단 주변이나 내부에서 활약했던 의사들이 뒤에 『차라카상히타』 등으로 대표되는 아유르 베다의 의학 형성에 크게 공헌했을 것으로 추측된다.(梶田昭 역『고대인도의 고행과 치유』, 時空出版, 1993) 초기불교경전, 특히 교단의 비구나 비구니의 계율을 규정하는 '비나야' 문헌 속에 합리적인 의학 지식이나 치료법이 많이 보이는 점이 지적되고 있다.

한편 8세기의 중관학파 학자 샨타라크시타(Śāntarakṣita)는 앞에서 언급한 '이것이 있을 때 저것이 있다' 라는 정형구를 '유크티(yukti)' 라 부르고, 의학서 『차라카상히타』의 작자라고 간주되는 차라카에 의해서 독자적인 인식수단으로 간주되었다고 기록한다. 인도에 있어서 귀납법의 원리가 합리주의적인 인도의학의 전통과 결합하고 있다는 것은 대단히 흥미로운 점이다.

이상과 같은 상황 증거에 근거하여 붓다야말로 인도에서 합리적인 사변의 창시자이며, 귀납법에 의한 추리는 인도의 의학이나 문법학을 비롯한 경험과학의 발달에 공헌했다고 추리하는 것도 가능하다.

다시 버클리에서 툴민을 만나다

1996년 12월 캘거리에서 귀국하는 길에 12년 만에 버클리에 들렀다. 랭카스터 교수의 요청으로 불교문헌 텍스트 데이터베이스에 관한 정보교환을 하고 '불교논리학' 에 관해 공개강연을 하기 위해서였다. 샌프란시스코 북쪽 골든게이트를 지나 태평양을 바라보는 언덕 위에 교수가 새로 이사한 집이 있었다. 그 집에서 저녁 해가 바다로 떨어지는 웅장한 광경을 보았다. 이튿날 강의에서는 불교논리학에만 한정하지 않고 일반적으로 인도논리학은 연역적인 것이 아니라 귀납적이라는 이 책의 주장을 펼쳤다. 그러자 청중 가운데 철학을 가르치는 초로의 교수 한 분이 필자의 인도논리학 이해는 영국의 논리학자

툴민(S. Toulmin, 1922~)의 생각과 가까운 것 같다는 말씀을 하셨다. 그 말을 듣고 나는 엉겁결에 말문이 막혀버렸다. '툴민'이라는 이름을 일주일 동안 '세 번씩'이나 들었기 때문이다.

일주일 전에는 미국종교학회가 뉴올리언스에서 개최되었는데 오랜만에 친구들과 지인들도 만나볼 겸 학회에 나갔다. 그 전에 버클리에서 강연할 원고를 옛 제자였던 헤이즈와 틸레만즈에게 보냈다. 지금 두 사람은 각각 맥길대학과 로잔느대학에서 불교를 가르치고 있는데, 뜻밖에도 내 원고를 읽고 두 사람이 모두 툴민의 『논의의 용도(The Uses of Argument)』(Cambridge University Press, 1958)에 대해 언급하는 것이었다.

강연 다음 날, 버클리의 서점에서 툴민의 책을 구입했다. 툴민이 주장하는 바는 우선 논의의 용도가 다양하다는 점에 있다. 아리스토텔레스에서 현대의 기호논리학자에 이르기까지 소위 연역논리를 구사하는 사람들은 수학의 논증을 유일한 논의 모델로 삼고 있지만 그러한 '분석적 논의' 외에, 예를 들면 법정에서 전개하는 논증과 과학 실험에 근거한 논증 등 '실질적인 논의'라 부를 수 있는 것들이 있다고 한다. 툴민은 법정에서 이루어지는 논의를 모델로 하여 다음과 같은 실례를 거론한다.

증거 : 하리는 버뮤다 태생이다.

이유 : 버뮤다 태생인 사람은 일반적으로 영국신민이다.

근거(확실한 증거) : 이하의 법령 등의 법률적 규정 때문에……

　　그러므로

한정사 : 아마도

주장 : 하리는 영국신민일 것이다.

반증 : 그의 부모는 외국인이었다 / 그는 이미 미국에 귀화했다 /
…… 라는 것이 아닌 한.

툴민은 이와 같은 법정 논의를 모델로 하여 과학적 논증과 귀납적 추리론 일반을 설명할 수 있다고 생각했다. 우리가 일상적으로 행하고 있는 논쟁이나 논증의 모델로서 연역적 논증·수학적 논리학은 맞지 않는다고 말한다. 이것은 물론 연역주의자인 포퍼가 인정하는 것은 아니지만 직접적으로는 헴펠(C. G. Hempel, 1905~1997)의 엄격한 비판에 직면하게 된다.(「귀납적 모순」『신티제(Synthese)』 11호, 1960) 헴펠은 뒤에 '포퍼·헴펠모델'이라 부르게 되는, 복수의 일반법칙과 초기조건에서 과학적 예측이 논리적으로 연역되고 있다는 과학적 설명의 이론을 전개한다.

그런데 툴민의 논증 모델을 인도의 논증식과 비교하면 '주장'은 '제안', '증거'는 '이유'에, '이유'는 '유례' 중에 제시된 '변충관계'에 거의 대응한다고 할 수 있다. '확실한 증거'는 변충관계를 보증하는 여러 조건에 상당한다. 나머지 '한정사'와 '반증'에는 대응을 발견할 수 없다.

툴민의 모델이 대략적인 측면에서 인도 논증식의 구상과 일치하는 것은 양자가 귀납법에 의한 논증을 지향하고 있는 것과 무관하지 않을 것이다.

사이에르를 효시로 하여 잉골스, 스탈, 마티랄 그리고 최근에는 에드게 등에 의해서 인도 논증식을 기호화하려는 시도가 반복되어왔지만 기호화의 모델을 연역적인 추리에서 구하는 한 성공할지는 의심스럽다고 말하지 않을 수 없다.

또한 아리스토텔레스류의 연역적 논증에 의문을 제시한 것은 툴민 뿐만이 아니다. 귀납적 논증의 확립을 지향했던 밀은 일찍이 『논리학 체계』 속에서 모든 삼단논법이 다음과 같은 형태로 제시되어야 한다고 주장한다.

대전제 : 속성A는 속성B의 징표(mark)이다.
소전제 : 해당의 대상은 속성A를 보유한다.
　그러므로
결론 : 해당의 대상은 속성B를 보유한다.

'대전제' 는 다르마끼르띠의 논증식 가운데 '변충관계' 에, '소전 제' 는 '주제소속성' 에 해당한다. 변충관계라는 인도논리학의 개념 이 밀에게는 없다는 것은 말할 필요가 없지만 '속성A' 에 '존재성', '속성B' 에 '찰나멸성' 을 대입하면 '결론' 을 명시하는가의 여부는 별도로 하더라도 다르마끼르띠의 '찰나멸논증' 과 유사하다고 할 수 있다.

나아가 삼단논법의 공리로서 밀은

무릇 무엇인가의 표징을 보유하는 것은 후자가 표징으로 되고 있는 것을 보유한다.

고 한다. 러시아 출신 최고의 불교학자 체르바츠키가 거의 백 년 전 에 지적한 바와 같이 이 공리는 표징(연기)에 의해서 표징의 보유자(불)를 추리한다.

라는 인도논리학의 추리의 원칙과 궤를 같이 하는 것이다(Logic in Ancient India, *Further Papers of Stcherbatsky*, Calcutta, 1971). 여기에 이 책 속에서 '세 번씩'이나 밀과 인도논리학의 친근성을 지적할 수 있었다. 인도에서 벌어지는 논쟁이라면 상대는 여기서 반드시 설득당하고 만다.

끝으로 흡연의 옳고 그름을 추리하다

1997년 11월 히로시마 국제회의장에서 '제3회 국제 다르마끼르띠 학회'를 개최하였다. 세계 14개국에서 100명 이상의 불교논리학 연구자가 운집하여 마흔 가지 이상의 연구발표를 하였는데, 제2회였던 비인학회 이상으로 성황을 이루었다. 7세기의 고고한 불교논리학자의 인식론·논리학·존재론·언어철학을 연구하기 위해 1200년이 지난 지금 이렇게 많은 사람이 모인다는 것을 다르마끼르띠 선생은 상상이나 할 수 있었을까. 지금 선생이 어느 불국토에 있는지는 알 수 없지만, 아마 히로시마대학에 모인 우리의 발표를 듣고서 웃고 있지 않을까.

프라우발너의 학문상 후계자인 비인대학 슈타인켈너(E. Steinkellner, 1937~) 교수를 비롯하여 현재 활약 중인 세계의 다르마끼르띠 연구자는 거의 다 모인 것 같았다. 하지만 유감스럽게도 고령인 말바니야 선생님은 오시기가 어려웠다. 그래서 제3장의 말미에 제시한 흡연의 옳고 그름에 관하여 서로 대립하는 두 개의 논증식을 선생님께 보여 드릴 수는 없었다. 마지막으로 여기서 그 두 개의 논증식을 검토해보기로 한다.

편의상 앞의 논증식을 다르마끼르띠류의 2지논증으로 바꾸어 제시하면 다음과 같다.

[논증식1]
변충관계 : 무릇 마음의 평온을 주는 것은 인간에게 유용하다. 예를 들면 음악과 같이.
주제소속성 : 흡연은 마음의 평온을 준다.
결론 : 그러므로 흡연은 유용하다.

[논증식2]
변충관계 : 무릇 건강을 해치는 것은 인간에게 무용하다. 예를 들면 음주와 같이.
주제소속성 : 흡연은 건강을 해친다.
결론 : 그러므로 흡연은 무용하다

논증식1의 변충관계가 성립하는가의 여부는 '유용'이라는 말의 개념규정에 크게 의존한다. '마음에 평온을 준다 하더라도 유용하지 않은 것도 있다'고 생각하는 사람도 있을 것이다. 주제소속성에 관해서도 마찬가지다. 마음이 초조할 때 담배를 비우면 오히려 더 심한 초조감을 느꼈던 사람도 있을 것이다. 따라서 논증식1은 그다지 설득력이 있는 논증이라고 할 수 없다.

한편 논증식2의 변충관계는 아마 누구라도 인정할 수 있을 것이다.

주제소속성 쪽은 폐암 등의 환자를 조사해보면 상당한 확률을 보이기 때문에 올바르다고 할 수 있지만 90세가 지나서도 흡연과 음주 습관을 계속하는데 몹시 건강한 사람도 있다. 따라서 논증식2도 100% 설득력을 가진다고는 할 수 없다. 무엇보다도 선생의 건강 비결은 다른 데 있었던 것 같다. 이것이 두 개의 논증식에 대한 필자 자신의 자기채점이다.

글을
마치면서

벌써 20년 이상 된 일이지만, 히로시마대학에 인도철학 전임강사로 부임한 지 얼마 되지 않아 교직원 친목여행 술자리에서 새로운 동료한테 "인도철학이라고 하지만 구체적으로 전공이 뭡니까?"라는 질문을 받은 적이 있다. "인도논리학 특히 불교논리학을 연구합니다"라고 대답하자 서양철학 전공 동료들이 "인도논리학이니 불교논리학이니 하지만 특별한 게 뭐 있습니까? 논리학은 하나 아닙니까?"라고 미심쩍은 눈총을 보냈다. 그 일이 있고 나서부터 '인도인의 논리학'이 아리스토텔레스에서 러셀, 프레게, 콰인에 이르기까지 서양논리학 발전의 역사와 비교해서 어떠한 특징이 있으며 어떠한 평가를 받고 있는가에 대해 인도연구자 이외의 사람들에게도 설명하지 않으면 안 되겠다는 일종의 사명감을 느끼게 되었던 것 같다.

그즈음 카지 노부유키(加地伸行) 씨의 『중국인의 논리학』(중공신서, 1977)이 출판되었다. 나카무라 하지메 선생이 '비논리적이라는 것은 중국어의 가장 두드러진 특징 중 하나이다' (『동양인의 사유방법2』, 춘추사, 1961)라고 발언한 데 대해 정면으로 이의를 제기하며 인도유럽어와는 성격을 달리하는 '중국인에게는 중국어의 논리가 있다'(28 쪽)고 주장하고 중국인의 논리학을 넓은 의미의 논리학으로서 기호론, 그중에서도 '기호와 대상의 관계를 다루는 의미론'(49쪽)으로 파악하여 중국에 있어서 논리학의 발전이 '명실론(名實論)'을 축으로 하는 의미론의 논쟁에 의해서 형성되었다는 것을 분명히 밝히고 있다. 지금까지 단순한 궤변에 지나지 않는다고 생각했던 '흰 말은 말이 아니다'(白馬非馬)라는 공손룡의 주장이 의미론적으로 해명되는 것을 알고서 나는 참으로 눈에서 비늘이 떨어진다는 생각을 했던 것이다.

언젠가 『인도인의 논리학』을 쓰고 싶다고 생각하고 있었는데 중공신서(中公新書)의 편집을 맡게 된 대학 친구 이토이가와 쇼지(糸魚川昭二) 씨의 권유로 기회가 찾아왔다. 책임을 맡고 난 뒤 많은 시간이 지났지만 인내로 기다려준 이토이가와 씨에게 이 장을 빌려서 감사하다는 말씀을 드리고 싶다. 이 사이 『화엄경입법계품』의 산스크리트 원전을 처음 현대어로 번역하는 작업(『깨달음으로의 편력』상·하, 중앙공론사, 1994) 작업에 참가하기도 하고, 비인·옥스퍼드·캘거리의 각 대학으로 출강하기도 하여 자주 약속이 지연되어버렸던 것이다. 선천적으로 게으른 나에게 마지막 일격을 가한 것은 슌부데이 고아사(春風亭小朝)였다. 다재다능한 그의 반평생을 조명하는 TV프로그램에서 마지막으로 사회자가 "이제부터는 천천히 후진 양성에……"라는 말을 하자 고아사는 "그것은 능력 없는 사람들이나 하는 짓이다. 나는 언제나 새로운 것에 도전한다"라고 대답하는 것이었다. 평소에도 학생지도가 힘들다고 불평을 하곤 했던 나를 돌아보니 당연히 해야 할 일에서도 도피하고 있는 나 자신을 뼈저리게 느낄 수 있었다. 베이죠(米朝)나 쇼가쿠(松鶴)를 듣고 자란 나에게 고아사의 만담이 그다지 재미있지는 않았지만, 그때 TV에서 했던 그의 말에는 그저 감사할 따름이다.

1993년 봄 옥스퍼드대학에 객원교수로서 나가 있을 때 초청해준 곰브리치 교수가 이력서를 자세히 보더니 나에 비하면 자신은 '지역적인 학자'로 생각된다는 말을 한 적이 있다. 인사의 말로 고맙게 생각했지만 "저는 1960년대 교토대학 문학부에서 인도학, 불교학에 관한 한 당시로서는 세계 일류의 교육을 받았다고 생각합니다"라고 가슴을 펴고 답할 수 있었다. 불교학의 나가오 가진(長尾雅人) 선생, 카지야마 유이치(梶山雄一) 선생, 인도철학의 핫토리 마사아키(服部正明) 선생, 지금은 돌아가신 산스크리트어 산스크리트문학의 오오지하라 유다카(大地原豊) 선생 등 세계 학계의 제1선에서 활약하는 선생님들에게 산스크리트를 기본부터 차근차근 배울 수 있게 된 은혜는 헤아릴 수 없는 것이다. 고전학이라는 것은 입에서 입으로, 사람에서 사람으로 전해지는 것이다. 선생님들은 무엇보다도 학문이 세계에 열린 창이라는 걸 몸으로 가르쳐주셨다. 당시 구미에 유학하는 선배들의 뒤를 따라서 나 자신도 언젠가는 외국에 나가려는 생각을 했었다. 또한 핫토리 마사아키 선생과 카지야마 유이치 선생은 이 책의 일부를 미리 읽어보시고 적절한 가르침을 베풀어주셨다. 선생님이란 언제나 선생님이며 감사한 분이다.

1968년 가을, 유학을 간 토론토에서는 대학 선배이자 하버드대학 박사과정을 마치고 부임해 오신 고바야시 노부히코(小林信彦) 선생 부부가 공사를 가리지 않고 돌봐주셨다. 당시 북미 최고의 진용을 갖춘 토론토대학 동아시아학과에서는 워더, 마티랄 등의 여러 선생님들로부터 지도를 받고 무사히 학위를 취득하여 귀국할 수 있었다. 그 사이 말바니야 선생뿐만 아니라 루엑 교수를 비롯한 쟁쟁한 객원교수들을 맞이하였다. 나고야대학에서 와서 지금은 돌아가신 기타카와(北川) 선생으로부터 디그나가의 난해한 텍스트를 배울 수 있었던 것은 내 생애 커다란 재산이 되었다. 슬레이트 교수의 '논리학' 수업에서 콰인의 『수리논리학(Mathematical Logic)』과 당시 출판된 『논리학의 철학(Philosophy of Logic)』(山下正男 역, 培風館)을 읽고 주 2회 제출하는 대량의 연습문제를 해낼 수 있었던 것은 이후 나에게 큰 자신감을 갖게 해주었다. 박사논문의 심사에도 참가해주셨던 슬레이트 교수는 "귀국하면 일본에서 논리학을 가르쳐라"라고 마지막 작별의 말씀을 해주셨다.

귀국 후 히로시마로 옮기기까지 2년간 교토산업대학에 부임하였지만 동기로 들어온 하야시 다카시(林隆) 선생은 당시부터 지금에 이르기까지 필자의 뜻도 모르는 질문에 전문 논리학의 입장에서 항상 성심성의껏 답을 해주셨다. 이 책의 마지막 원고를 읽으시고는 간절한 가르침을 베풀어주신 것도 하야시 선생이다. 히로시마대학으로 부임한 후 약 10년간 인도논리학를 전문으로 하는 우노 아쯔시(宇野惇) 선생 아래에서 함께 일을 한 것은 최대의 행운이었다. 토론토에서 알게 된 말바니야 선생과 사따띠세 선생이 우노 아쯔시 선생의 인도 유학 친구였다는 것을 알고서 불가사의한 인연을 느끼기도 했다.

이상과 같은 많은 선생님들, 그리고 일일이 거명할 수 없을 정도로 많은 선배·동료·학생들 덕분으로 이 작은 책을 세상에 내놓게 되었다. 특히 류코쿠대학의 미고가미 게이세이(神子上惠生) 선생에게서는 항상 최신 연구정보를 전해주셨고, 아울러 귀중한 장서를 빌려주

시곤 하셨다. 이 책이 조금이라도 가치가 있다면 그것은 모두 선생님의 덕분이며 잘못이 있다면 모두 필자의 책임임을 말씀드리고 싶다. 이 책으로는 광대한 인도논리학의 세계를 일부밖에 소개할 수 없었지만 적어도 그 본질은 조금이나마 지적했다고 생각한다. 이 책에서 상세하게 언급하지 못했던 디그나가와 다르마끼르띠의 불교인식론·논리학에 대해서는 별도로 준비하고 있는 『불교논리학』(사라총서, 평락사서점)을 참고하기 바란다.

이 책을 읽는 독자 가운데 나아가 인도인의 논리학에 관해서 상세하게 알고 싶은 분을 위해서 현재 입수 가능한 서적·논문을 중심으로 소개해두고자 한다.

1. 長尾雅人 책임편집 『세계의 명저1 바라문교전·원시불전』, 중앙공론사, 1969
『세계의 명저2 대승불전』, 중앙공론사, 1967

이 두 권은 인도사상 및 인도불교 기본문헌의 현대어 번역을 수록한 선집(選集)이다. 각각의 권두를 장식하는 「인도사상의 조류」(長尾雅人·服部正明)와 「불교의 사상과 역사」(長尾雅人), 권말의 각 연보(年報)는 인도사상과 불교를 개관하는 데 도움이 된다. 이 책의 역사적 기술은 이 두 권의 책으로부터 빚진 바가 크다.

『세계의 명저1』에는 이 책에서 자주 언급한 밧쯔야야나의 『니야야수트라』의 『주해』 제1장이 『논리학입문』(服部正明 역)이라는 제목으로 수록되어 있다. 그 외에 우파니샤드의 초역(服部正明 역), 『상키야

카리카』의 완역(服部正明 역『고전상키야체계개설』, 원시불전(長尾雅
人·櫻部建·工藤成樹 역),『미린다왕의 질문』(大地原豊 역) 등 이 책과
관계가 깊은 문헌의 번역이 포함된다.

『세계의 명저2』에는 이 책 제4장에서 다룬 나가르주나의 저작 가
운에『회쟁론』이『논쟁의 초월』(梶山雄一 역)이라는 제목으로 수록되
어 있다. 나아가 나가르주나의 주저『중론』의 일부가 중요한 주석과
함께 번역되어 있다. 또한 가장 후기의 불교논리학 강요서『타르카바
샤』가『인식과 논리』(梶山雄一 역)라는 제목으로 수록되어 있다.(뒤에
중공문고『논리의 말씀』, 1975).

2. **長尾雅人** 외 편집 암파강좌·동양사상 제5~7권『인도사상 1, 2, 3』, 1988~1989
암파강좌·동양사상 제8~10권『인도불교 1, 2, 3』, 1988~1989

현재 일본의 인도학 불교학계 제일선에서 활약하는 연구자들의 논
문을 모은 것이며, 사학의 현황을 파악하는 데 아주 좋다. 그 가운데
이 책의 내용과 특히 관련이 있는 것은 제5권「바이세시카학파의 자
연철학」(服部正明),「니야야학파의 지식론」(赤松明彦, 山上證道), 제6
권「초기바이세시카학파의 아트만론」(茂木秀淳), 제7권「언어와 의미
의 고찰·총론」(服部正明),「언어의 표시대상-개물과 보편」(竹中智
泰), 제8권「불교학설의 체계들-유부」(櫻部建),「경량부」(御牧克己),
「중관」(一鄕正道),「유식」(沖和史),「논리학파」(桂紹隆), 제9권「연기」
(三枝充悳), 제10권「개념-아포하 이론을 중심으로」(桂紹隆),「인식」
(戶崎宏正),「언어와 논리」(岩田孝) 등이다.

제1장 인도에 철학은 있는가?

3. 野田又夫 『철학의 세 가지 전통』, 갈마서방, 1974

　일본을 대표하는 데카르트 연구자의 손에 의해 이루어진 세계철학사의 조감도와 동서비교철학의 시도를 볼 수 있다.

제2장 인도논리학의 구조

4. 松尾義海 『인도논리학의 구조』, 초판 1948, 재판 1984, 기중당

　최후기의 니야야학파 강요서인 케샤바미슈라의 『타르카바샤』 번역연구이지만 전문연구자의 평가가 대단히 높다.

5. 梶山雄一 「인도논리학의 기본적 성격」 『철학연구』 제468~469호, 1980(『불교에 있어서 존재와 지식』, 기이국옥서점, 1983 재록)

　니야야학파의 인식론과 논리학의 전체상을 명쾌하게 제시하고 있다.

6. 金倉圓照 『인도의 자연철학』, 평락사서점, 1971

　바이세시카학파의 자연철학 가운데 대표적인 논서인 『바이세시카 수트라』와 프라사스타파다의 『파다르타다르마상그라하』의 온전한

316

번역이 수록되어 있다.

7. 泰本融 『동양논리의 구조』, 법정대학출판국, 1976

저자의 니야야학파 연구를 집대성한 책이다. 동서논리학의 비교연구를 일본에서 최초로 시도했다.

8. 宇野惇 『인도논리학』, 법장관, 1996

최근 인도논리학 연구의 최대 성과이다. 특히 이제까지 누구도 손을 대지 못한 신니야야학파 연구에 대한 길을 열었다는 점에서 높이 평가받고 있다. 최후기의 바이세시카학파 강요서 『타르카상그라하』의 상세한 주석을 붙인 온전한 번역이 포함되어 있다.

9. 村上眞完 『인도의 실재론』, 평락사서점, 1996

바이세시카학파의 인식론 연구에 있어서 최신의 성과이다.

제3장 인도에서 토론의 전통

다수의 우파니사드 해설 가운데 하나만을 제시하면 다음과 같다.

10. 服部正明 『고대인도의 신비사상』, 강담사 현대신서, 1979

제4장 귀류법-나가르주나의 반논리학

11. 梶山雄一·瓜生津隆眞 역 『대승불전14 용수논집』, 중앙공론사, 1974

나가르주나의 주저인 『중론송』을 제외한 주요한 논서의 현대어 번역이며 梶山雄一 역 「바이다리야논」, 동 「회쟁론」이 포함되어 있다.

12. 梶山雄一·上山春平 『불교의 사상3 공의 논리(중관)』, 각천서점, 1969(각천문고로 재판, 1997)

나가르주나의 사상에 대한 가장 뛰어난 입문서이다. 같은 시리즈 櫻部建·山上春平의 『존재의 분석(아비다르마)』(1969, 1997년 각천문고로 재판)은 나가르주나의 비판 대상이 되었던 설일체유부의 아비다르마 사상에 대한 가장 뛰어난 입문서이다.

13. 梶山雄一 「궤변과 나가르주나」 『理想』 제610호, 1984
14. 梶山雄一 「불교지식론의 형성」 『강좌·대승불교9 인식론과 논리학』, 춘추사, 1984

나가르주나의 논리학을 재평가하고 나가르주나와 니야야학파의 논쟁을 상세하게 논하고 있다.

15. 山下正男 「공의 논리학」 『理想』 제610호, 1984

일본의 논리학자 중에서도 가장 인도논리학에 조예가 깊은 저자의 짧지만 획기적인 논문이며 그 '사구분별'의 해석에 필자는 강한 영향을 받았다.

16. 立川武藏 『'공'의 구조』, 제삼문명사, 레구르스 문고, 1986

이 책과는 다른 시각에서 나가르주나의 논리를 분석하고 있다.

제5장 인도인의 사유방법-귀납법

불교인식론과 논리학의 논문집으로는 다음과 같은 것이 있다.

17. 三枝充悳 편집, 강좌불교사상 제2권 『인식론·논리학』, 이상사, 1974

服部正明의 디그나가 인식론, 戶崎宏正의 다르마끼르띠 인식론, 北川秀則의 디그나가 논리학, 梶山雄一의 다르마끼르띠와 후기불교논리학 연구가 수록되어 있다.

18. 『강좌·대승불교9 인식론과 논리학』, 춘추사, 1984

이미 거론한 미산논문 이외에 桂紹隆 「디그나가의 인식론과 논리학」, 戶崎宏正 「다르마끼르띠의 인식론」, 赤松明彦 「다르마끼르띠의 논리학」, 御牧克己 「찰나멸논증」 등이 포함되어 있다.

19. 谷貞志 『무상의 철학-다르마끼르띠와 찰나멸』, 춘추사, 1996 (2008년 산지니 번역)

일본의 불교학자 중에서도 현대서양철학에 대한 조예가 아주 깊은 저자가 세계 학계에서도 처음으로 다르마끼르띠로 대표되는 불교논리학의 찰나멸 이론에 대해서 대담하고도 자극적인 철학적 분석 · 평가를 시도하고 있다.

20. 末木誠剛 『동양의 합리사상』, 강담사 현대신서, 1970

서양논리학자의 손으로 이루어졌으며, 이 책에 선행하는 단 하나의 유서이다.

끝으로 필자 자신의 학술논문 중에서 특히 관계가 깊은 논문을 한 편만 제시하고자 한다.

21. 桂紹隆 「인도논리학에 있어서 변충관계의 생성과 발전-『차라카상히타』에서 다르마끼르띠까지」 『광도대학문학부기요』 제45권, 특집호1, 1986

이 책은 인도불교인식논리학의 세계적 대가인 카츠라 쇼류(桂紹隆) 교수의 역저(力著)이다. 카츠라 쇼류 교수는 인도불교인식논리학이 서양사상과 동양사상을 이해하는 데 가교의 역할을 할 수 있음에 주목한다. 오늘날 학문 간의 소통이 강조되고 있는데, 특히 동양과 서양이 진정으로 소통하기 위해서는 물질과 물질의 만남을 넘어서 정신과 정신이 상호융합되어야 한다. 동·서양 사상의 상호이해와 융합은 동양사상에 입각한 서양사상의 수용이나 서양사상에 근거한 동양사상의 수용뿐만 아니라 두 사상 사이의 접점 혹은 경계에 있는 사상을 통해야만 가능하다. 그런 측면에서 인도사상은 서양과 동양의 경계이자 접점에 놓여 있다. 현상적으로는 서양사상이 존재론적 전통에 입각해 있다면 동양은 실천론(가치론)의 전통에 입각해 있다고 볼 수 있다. 이러한 서양의 존재론과 동양의 실천론 전통을 통섭하고 있는 것이 바로 인도불교인식논리학이다. 인도불교인식논리학뿐만 아니라 나아가 인도인의 사유방법과 사유구조 및 토론의 전통에 대해 역사적 맥락을 짚어가면서 쉽고 정확하게 기술하고 있는 책으로는 아마도 이 책을 능가할 만한 것이 없을 것이다.

책의 전체 내용을 대강 기술하면, 1장(인도에 철학은 있는가?)에서는 "철학이란 무엇인가?" 그리고 철학의 세 개의 전통(인도철학·그리스철학·중국철학) 등이 포괄적으로 논의되고 있다. 2장(인도논리학의 구조)에서는 신화에서 철학으로의 흐름과 인도에서 차지하는 논리학의 영역과 논리학의 지위에 대해서 체계적으로 다루어지고 있다. 3장(인도에서 토론의 전통)에서는, 인도에서 토론의 전통이라는 제목이 시사하는 바와 같이, 인도의 토론문화가 가히 독보적임을 보여준다. 일반인들은 신비주의자 라즈니쉬나 크리슈나무르티를 떠올리지만, 인도에는 이러한 신비주의 못지않게 광범위한 합리적 토론문화의 전통이 있다. 3장에는 "어떻게 토론할 것인가?", "토론에서 어떻게 상대를 논파할 것인가?" 그리고 "토론이나 논쟁에서 무엇을 지킬 것인가?" 등이 기술되어 있다. 요즘 거의 모든 대학들이 토론과 관련된 강좌를 필수로 하고 있다. 이런 측면에서 인도인의 토론문화는 우리에게 많은 것을 시사해줄 것이다. 4장(귀류법-나가르주나의 반논리학)에서는 토론과 논쟁에서 핵심이 되는 것을 주로 다루는데, 특히 인간의 사고와 언어를 중점적으로 고찰하고 있다. 또한 사고와 언어에 대해서 나가르주나가 어떻게 논의를 전개하고 있는지, 그리고 사고를 언어로 표현할 때 그 논리 속에 어떤 오류들이 포함될 수 있는지 등에 대해서 다루고 있다. 5장(인도인의 사유방법-귀납법)에서는 인도인의 사유방법 특히 디그나가로부터 출발하여 다르마끼르띠에 의해 완성된 인도불교인식논리학에 대해서 구체적으로 기술하고 있다. 인도불교사상가들이 얼마나 체계적이고 합리적으로 사유하고 있는지를 5장에서 볼 수 있을 것이다.

이 책은 현대불교연구원에서 여러 동학들과 공부를 하면서 나온 성과물이다. 매주 한 차례씩 1년가량 같이 공부했다. 지금까지 늘 공부만 했지 그 결과물에 대해서는 생각하지 않았다. 그런데 인도인의 논리학을 같이 공부하면서 그 결과물로 이 책을 번역하자는 데 의견이 모아졌다. 자신이 맡은 부분을 번역해 오면, 같이 읽으면서 수정에 수정을 거듭했다. 그렇게 하여 이 책이 완성되었다. 혼자가 아니라 함께 어떤 일을 해냈다는 뿌듯함을 느낀 것은 나만의 느낌인가! 끝으로 이 책의 출판을 허락해주신 산지니 출판사 강수걸 사장님께 감사드린다. 그리고 권경옥 편집자께도 진심으로 감사의 인사를 드리고 싶다.

2009년 8월 22일
공동역자를 대표하여 권서용

12연기설 69, 299

16구인 255, 256, 261, 263, 265, 270

16원리 44, 45, 56, 67-78, 81, 113, 127, 131, 136, 154-156, 181, 187, 224

3지논증 258

5지논증 72, 76, 223, 230. 267

9구인 252-265, 270

공 29, 154, 194

『구사론』 142, 150, 152, 222

궤변 21, 45, 78, 113, 128-131, 134-136, 156, 158, 160, 161, 168, 176, 179, 188, 194, 197, 204, 206, 310

귀납영역 243, 244, 252, 256-258, 261-263, 270, 290

귀납추리 216, 222, 242-244, 273, 278

귀류법 76-78, 133, 135-137, 158, 159, 186, 194, 196, 198, 201, 202, 206, 207, 224, 294

나가르주나 29, 44, 77, 136, 137, 144, 149-190, 192, 193, 196-198, 201-207, 222, 238, 287

내속 42, 51, 58-60, 63, 199, 200, 247, 262, 283

노다 마타오 24, 168, 215

논란 132, 134

논쟁 45, 78, 90, 112, 125, 131, 133, 134, 135, 156, 160, 180

논힐 21, 45, 78, 112, 131, 133-136, 160, 207

『니야야수트라』 21, 44-48, 56, 67, 73, 111, 117, 127-137, 155, 173, 179-181, 187, 230, 258

니야야학파 30, 44, 50-58, 66-83, 127-137, 145, 153-188, 210, 206, 224, 235, 250, 262, 275, 296

다르마끼르띠 30, 53, 81, 87, 175, 202, 221, 266, 282, 285, 288, 290, 294, 296, 305

다르마의 언어 151, 154

돈오파 149

디그나가 29, 52, 79, 171, 199, 222, 241, 248, 258, 274

딜레마 160, 169, 183, 188, 193, 197

마티랄 35, 71, 79, 90, 144, 212, 214, 304, 311

말바니야 87, 138, 306, 312

매거법 193, 198, 207

바르트리하리 37, 58, 81, 280

바수반두 152, 222, 238, 247, 257

『바이다리야론』 155, 160, 167, 173, 178, 180, 182, 184-189, 197, 206

바이세시카 20, 42, 50, 58, 64, 70, 74, 78, 152, 198, 206, 228, 230, 238, 247, 262, 275, 288

『바이세시카수트라』 51, 58, 198

반논리학 141, 206

밧쯔야야나 21, 45, 48, 53, 68, 71, 117, 129, 137, 184, 199, 224, 233, 262

배제 218, 220, 229, 246, 256, 276, 284, 297

범주 42, 58, 61, 64, 152, 157, 200, 262, 280

범주론적 실재론 58, 60, 152, 181, 206

변충관계 241, 248, 260, 270, 282, 288, 291, 304

보편 42, 58, 82, 112, 119, 199, 214, 274, 279

본질적 결합관계 288

사마냐토드리슈탐 47, 50

사유분별 146

삼세실유설 153

삼시불성 174, 181, 188, 202

상대부정 161, 197, 203, 288

샨타라크시타 302

설일체유부 149, 151

세샤바트 47, 49, 50

속성 42, 50, 56, 58, 60, 62, 112, 120, 178, 198, 228, 238, 305

수반 201, 220, 222, 229, 235, 241-265, 277, 293, 300

순수부정 161-165, 197, 203, 260

슈타인켈너 306

실리론 20, 71, 82, 114, 116

실체 42, 50, 58, 60, 61, 72, 112, 198-201, 226, 281

심리적 언어 147

아비다르마 42, 149, 163, 172, 192, 206, 222

아포하 80, 274, 285, 288

안빅시키 20, 22, 71

야즈나발키야 91-100, 104

양성자 159, 161

연기설 69, 154, 288, 299

연역추리 29-30, 216, 293

우파니샤드 21, 25, 40, 68, 89, 99, 114, 118, 267

운동 42, 58, 62, 112, 199, 212, 235, 281

웃또타카라 66, 75, 253, 255, 261-270

워더 38, 89, 146, 313

유비추리 28, 168, 241, 242

유클리드 27, 214

육파철학 19, 43, 44

윤회 25, 40, 44, 54, 64, 67-70, 76, 90,
94, 146, 154, 299

임상어어 151

잔여법 50, 198

점오파 149

제논의 역설 202

『중론』 315

지각 29, 37, 45, 49, 54-57, 61, 71, 80,
112, 132, 158, 178, 199, 274, 298

『차라카상히타』 44, 47, 48, 58, 74, 79,
102, 109, 111, 114, 116, 132, 224,
236, 240, 301

찰나멸 150, 275, 284, 305

찰나멸 논증 202, 288, 305

추리 29, 45, 46, 50, 54, 62, 71, 80,
112, 132, 178, 179, 229, 242, 252,
262, 271, 276

카우틸리야 20, 114

카지야마 유이치 156, 311

테트라렘마 160, 163, 190-195, 206

토론 44, 71-76, 85, 100, 102-104, 131,
156, 181, 228

트리렘마 160, 166, 167, 174, 175, 182,
193, 195, 202

특수 42, 58-60, 82, 112, 199, 200, 280

파니니 204, 213, 214, 216, 249

푸르바바트 47, 49

프라마나 169

『프라마나바르티카』 296

『프라마나삼웃짜야』 79, 80, 81, 189,
199, 261, 274, 277, 279

프라상가 136, 160, 201

프라우발너 43, 70, 152, 306

프라판차 146

헴펠 269-270, 304

화이트헤드 89

인도인의 논리학 – 문답법에서 귀납법으로

첫판 1쇄 펴낸날 2009년 9월 7일

지은이 카츠라 쇼류
옮긴이 권서용
펴낸이 강수걸
펴낸곳 산지니
등록 2005년 2월 7일 제14-49호
주소 부산광역시 연제구 거제1동 1493-2 효정빌딩 601호
전화 051-504-7070 | **팩스** 051-507-7543
sanzini@sanzinibook.com
www.sanzinibook.com

ISBN 978-89-92235-61-7 93170

값 18,000원

• 이 도서의 국립중앙도서관 출판시도서목록(CIP)은
e-CIP 홈페이지(http://www.nl.go.kr/cip.php)에서
이용하실 수 있습니다.(CIP 제어번호 : CIP 2009002542)